全球大学评价智库丛书
Global Universities Evaluation Think Tank Series

安邦中国评价科学院
安邦中国教育评价文科实验室 组编

中国“双一流”大学评价研究报告 2022

Annual Report of Chinese World-class Universities Evaluation 2022

冯用军◎著

中国经济出版社
CHINA ECONOMIC PUBLISHING HOUSE
·北京·

图书在版编目（CIP）数据

中国“双一流”大学评价研究报告.2022／冯用军著.--北京：中国经济出版社，2023.1

ISBN 978-7-5136-7125-5

Ⅰ.①中… Ⅱ.①冯… Ⅲ.①高等学校-评价-研究报告-中国-2022 Ⅳ.①G649.28

中国版本图书馆 CIP 数据核字（2022）第 188597 号

责任编辑　夏军城
责任印制　马小宾
封面设计　任燕飞装帧设计工作室

出版发行　中国经济出版社
印 刷 者　河北宝昌佳彩印刷有限公司
经 销 者　各地新华书店
开　　本　710mm×1000mm　1/16
印　　张　19
字　　数　310 千字
版　　次　2023 年 1 月第 1 版
印　　次　2023 年 1 月第 1 次
定　　价　98.00 元
广告经营许可证　京西工商广字第 8179 号

中国经济出版社　**网址** www.economyph.com **社址** 北京市东城区安定门外大街 58 号 **邮编** 100011
本版图书如存在印装质量问题，请与本社销售中心联系调换（联系电话：010-57512564）

"全球大学评价智库丛书"编委会

冯惠敏（武汉大学教授、博士生导师，武汉大学博士）
任增元（吉林大学教授、博士生导师，大连理工大学博士）
黄　超（哈尔滨工业大学副教授、硕士生导师，哈尔滨工业大学博士）
王　飞（山东女子学院教授、博士生导师，南京大学博士）
刘清华（南开大学副研究员、硕士生导师，厦门大学博士）
申天恩（耶鲁大学研究员、大连海洋大学特聘教授、硕士生导师，耶鲁大学博士）
周　详（中国人民大学副教授、硕士生导师，北京大学/哈佛大学博士）
彭莉君（中国科学技术大学讲师，中国科学技术大学博士）
程　伟（天津大学副教授、硕士生导师，厦门大学博士）
姚　荣（华东师范大学副教授、硕士生导师，中国人民大学博士）
杨凌云（中山大学研究实习员，汕头大学硕士）
李玲玲（同济大学副教授，厦门大学博士）
鲁世林（北京大学博士后、上海交通大学博士）
李莉方（复旦大学/美国威廉与玛丽学院博士生、复旦大学管理学博士）
黄凌云（香港大学博士后、加拿大麦吉尔大学博士）
潘冬冬（澳门大学博士后、香港中文大学博士）
杨秋兰（台湾明新科技大学助理教授，台湾中原大学博士、厦门大学博士肄业）

总　序

冯用军
（陕西师范大学教授、博士生导师、“立德·树人”教育学派创始人）

智库，也称“思想库”，即智囊机构、智囊团，是指由各领域专家学者组成的为决策者处理政治、经济、社会、科技、军事、外交、民生、教育、文化、国防等各方面问题出谋划策，提供思想、理论、学说、方案、策略、方法、路径、手段、技术、方式、工具、措施等支持的多学科、跨学科、超学科、元学科公共性研究机构，严格意义上的智库是独立于政府机构的民间组织，但不少智库与政党、政府、军队、实验室、商业机构或大学等有千丝万缕的联系，部分以“研究所”作为名称。按照兰德公司（RAND corporation）的创始人弗兰克·科尔博莫（Frank Collbohm）的看法，智库就是一个“思想工厂”，一个没有学生的大学，一个有着明确目标和坚定追求，无拘无束、异想天开的“头脑风暴”中心，一个敢于超越现有智慧、挑战现有权威的“战略思想中心”。智库规模大小不等，或实体或半虚体，既可能仅有一两个人，也可能拥有几百位员工。20 世纪 70 年代之后，智库发展如雨后春笋，目前全球约有十几万家智库，发展中国家的智库在 80 年代之后增长尤其迅速。智库对于推动全球化、推进市场化、增强民众和政府的环保意识、加快公民社会建设、助力世界和平与发展等发挥了重大作用。大部分智库是民间性的，且是非营利性的。智库的主要职能是提出思想、教育公众和会集人才。在现代社会，智库主要扮演五种角色——政策研究者（the policy researcher）、政党代言人（the partisans）、政府代理人（the phantoms）、学者（scholar）、行动者（actor）。

智库在中国具有悠久的历史，如大禹治水团队、三国“桃园三结义”团队、西汉“麒麟阁十一功臣”、东汉“云台二十八将”、唐朝“凌烟阁二十四功臣”、北宋“义社十兄弟”、明代“淮西二十四将”等。自中华人民共和国成立以来，特别是党的十八大以来，党中央、国务院非常重视智库的建设。党的十八届三中全会通过的《中共中央关于全面深化改革若干重大问题的决定》明确提出，加强中国特色新型智库建设，建立健全决策咨询制度。2014 年 10 月 27 日，中央全面深化改革领导小组第六次会议召开，会议审议了《关于加强中国特色新型智库建设的意见》，习近平总书记在会上强调，我们进行治国理政，必须善于集中各方面智慧、凝聚最广泛力量，要从推动科学决策、民主决策，推进国家治理体系和治理能力现代化、增强国家软实力的战略高度，把中国特色新型智库建设作为一项重大而紧迫的任务切实抓好。2015 年 1 月 20 日，中共中央办公厅、国务院办公厅印发了《关于加强中国特色新型智库建设的意见》，并发出通知，要求各地区各部门结合实际认真贯彻执行，加快智库建设步伐，发挥智库重要作用。2016 年 7 月 8 日，习近平总书记主持召开经济形势专家座谈会，听取专家学者对当前经济形势和做好经济工作的意见与建议，这是落实智库作为“决策咨询制度”重要安排的最佳体现。可以说，自党的十八大以来，习近平总书记多次对智库建设做出重要批示，指出智库是国家软实力的重要组成部分，要高度重视、积极探索中国特色新型智库的组织形式和管理方式等。这些重要论述既表明智库建设是推进国家治理体系和治理能力现代化的重要内容，又为建设中国特色新型智库指明了根本方向、提出了总体要求。经过百余年的建设特别是近十年的快速发展，目前中国有上万家智库，全球性著名智库约 100 家。中国教育类智库作为中国特色新型智库的重要组成部分，主要扮演政策研究者和学者角色，偶尔会扮演行动者角色。

安邦中国评价科学院（AIBONA academy，AIA）暨安邦中国教育评价文科实验室（安邦研究院）作为教育评价领域有影响力的新型智库之一，发布的“全球大学评价智库丛书”（以下简称“丛书”）中的《中国“双一流”大学评价研究报告（2022）》由中国经济出版社出版。该书与以大学评价（排名）为核心的高考、考研、考博志愿填报指南相比，在评价思想、评价理念、评价方法、评价手段、评价技术、评价创新等方面更符合高等教育办学规律、人才成长规律、社会发展规律和新时代、新阶段、新格局下的中国国情、教情、学情，既有中国特色，又与国际接轨，属于选优评价。选择评价指标时遵循整体性、公正性、操作性、战略性原则。在确定评价指标的权重时，遵循激励性、基础性、前瞻性、引导性原则。在评价指标的指导思想和评价理论上，运用金字塔原理和“新闻洞”理论，用金字塔原理选取评价指标，以保证评价的可靠性、可比性、易操作性、可重复验证性；用“新闻洞”理论选择评价指标以保证评价的公正性、导向性、先进性、高端性。在指标体系的构建上，具有如下特点：指标拔尖，鼓励“双一流”建设高校在人才培养和科技研发上追求卓越、打造特色、产生影响、争创一流；贡献优先，在指标设计上全面考量指标的国际标准与中国特色，突出高校的世界影响、国家贡献与区域贡献；统筹兼顾，实现教学与科研、文科与理科、投入与产出等评价指标的兼容并重。在评价指标的选取上，具有如下特色：在国内率先将“党的全面领导”“思政教育”等纳入大学立德树人评价指标，在国内外率先将“杰出校友”等纳入大学毕业生质量评价指标，在国内率先将“校友捐赠”纳入大学社会服务评价指标，在国内率先将“大学博物馆”纳入大学文化传承与创新评价指标，在国内率先将“外国元首到访学校”纳入大学国际交流与合作评价指标。

大学评价（排名）是一个兼容科学与艺术的系统工程，既要遵循政治论的发展路径（讲政治），又要遵循认识论的发展路径（讲科学）。大学评价（排名）是主办者运用各种方法对大学进行一维、多维或跨维评价，按照一定的指标权重、顺序排列的过程与结果的综合体。所有的大学评价（排名）结果都受到三个关键因素制约，即评价指导思想、评价指标（体系）及指标权重。评价指导思想不同，大学评价的目的、评价指标选择、指标权重分配也不同。所有的大学评价（排名）结果都是主办者在不同的评价思想指导下，通过选择不同的评价指标、赋予指标不同的权重而排列出来的，因而同一所大学在不同排行榜上的位置顺序不同也是合理的，即“苏东坡效应”，正如“横看成岭侧成峰，远近高低各不同。不识庐山真面目，只缘身在此山中”（北宋 · 苏轼《题西林壁》）。

因此，无论是考生、家长，还是教育主管部门管理人员、教育投资者、企业负责人、国际组织主管，抑或是高校的管理者、师生，在阅读以大学评价为核心的志愿填报指南时，一要认真考察大学评价主办者的专业、职业、人员构成及其评价动机；二要考察评价指标体系是否公平、公正、公开、合理、科学。评价指标数据采集如使用高校自报数据或主办者自制数据库，不仅无法保证评价全过程的公正性、客观性、透明性和科学性等，还会失去第三方中介评价的公信力。所以，大学评价（排名）的使用者要跳出评价看评价，既看评价结果，又不唯大学排名，要遵循“王安石法则”，即“飞来山上千寻塔，闻说鸡鸣见日升。不畏浮云遮望眼，自缘身在最高层”（宋·王安石《登飞来峰》）。

大学评价的公信力是其得以生存和发展的生命线，而评价指标数据的中立性、客观性是公信力的重要基础。安邦中国评价科学院、安邦中国教育评价文科实验室的大学评价研究采用的评价指标体系相比于国内外同行而言，较公正、中立、专业、客观、科学、透明和系统。所谓评价指标数据的公正性、中立性、客观性，是指按照评价指标采集的数据是学者公认的、社会认可的、符合国家发展主流的、世界公认的、权威第三方公布的反映大学办学质量的客观数据，而不是没有经过校正的主观数据、高校自报数据、主办者自制数据。

由安邦中国评价科学院/安邦中国教育评价文科实验室组编，陕西师范大学教授冯用军博士等所著的《中国“双一流”大学评价研究报告（2022）》一书，作为中国特色新型教育智库研究“国家高等教育质量动态监测与跟踪评价”的重要成果，可为考生、家长、企业家、国际性组织主管等提供中国卓越大学办学的准确信息，为教育主管部门管理人员、教育投资者等了解中国卓越大学办学情况提供可靠参考，为中国卓越大学的管理者治校理政、师生协力提高教育教学质量指明方向。

在丛书的首本书即将付梓之际，略赘数言，是为总序。

序

教育是国之大计、党之大计。深入实施科教兴国、人才强国战略、创新驱动发展战略是我国的基本国策。党的十八大以来，我国高等教育规模不断扩大，2019 年，我国进入高等教育普及化阶段，建成了世界上规模最大的高等教育体系。与此同时，我们更加注重提升高等教育质量、实现内涵式发展，2021 年，习近平总书记提出要建设世界主要的科学中心和创新高地、建设世界重要人才中心和创新高地。在这种大背景下，我们加快建设中国特色、世界一流的大学和优势学科，旨在实现国家科技自立自强和全面提高人才自主培养质量。2022 年，经过各方面综合评价和择优遴选，教育部公布了新一轮“双一流”建设名单，147 所高校和 331 个（北京大学、清华大学自行公布自主建设学科）学科入选，实现了“双一流”建设的常态化、制度化、规范化、精准化、长效化和融合化。

教育、科技、人才是全面建设社会主义现代化国家的基础性、战略性支撑。扎根中国大地建设“双一流”大学，是新时代党和国家战略发展的迫切需要，也是对高等教育重点建设政策的传承发展。新时代在服务党和国家建设“双一流”大学战略中，应坚持立德树人的教育根本任务，不断扩大高等教育对外开放交流，加强一流大学和一流学科生态系统集群建设，重视“双一流”大学治理体系和治理能力现代化，同时严格按照中共中央、国务院《深化新时代教育评价改革总体方案》精神主旨和教育部、财政部、国家发展改革委《“双一流”建设成效评价办法（试行）》“破五唯”要求科学评价“双一流”大学建设进展和建设成效。

大学评价是一门科学，也是一门艺术；大学评价是一个系统工程，也是一个专门学问；大学评价是国家话语权的标志之一，也是国家教育主权的重要组成部分。“双一流”大学是“国之成均”，也是世界各国拔尖创新人才竞争战略的要地和高地，但是什么是世界一流大学、什么是世界一流学科、如何评价“双一流”大学、评价“双一流”大学的标准是什么等核心概念，学术界并未形成足够的共识。从已有研究文献来看，国内外关于“双一流”大学评价的项目成十上百、著作成百上千、论文成千上万，但按年度、成系列、较系统和可持续的研究成果不多。冯用军教授现供职于陕西师范大学教育学部，曾师从厦门大学刘海峰教授攻读博士学位、师从北京师范大学周作宇教授从事博士后研究，可谓名师出高徒。本人作为外审专家受邀参加了他在北京师范大学教育学博士后流动站的出站报告评审和答辩，在相关学会和学术会议上也多有合作与交流，对其研究兴趣和学术专长有所了解。最近适逢其新作《中国“双一流”大学评价研究报告（2022）》（以下简称《2022 报告》）即将付梓，邀我作序，遂欣然应允。

众所周知，大学评价是一个世界级难题。科学化与可行性是摆在大学评价者面前的“两难问题”，众多评价者一直在努力破解这个“两难问题”，并力图交上“自己的答卷”。《2022 报告》在大学评价的科学化与可行性等方面进行了积极探索，在高等教育学、教育评价学、大学评价学、计算教育学、教育计量学、元宇宙教育学等基本原理和方法论指导下，运用钱学森院士提出的从定性到定量的综合集成法，利用中国高等教育追踪调查项目（CHESP）大数据 AI 解决方案和云计算 EM 开放平台，全面分析中国“双一流”大学建设的理论基础，科学解读中国“双一流”大学建设的法理依据，精准监测中国“双一流”大学建设的成长绩效，系统构建中国“双一流”大学德治善治治理体系和校园文化遗产保护利用方案，预研预判第三轮中国“双一流”大学建设的未来态势和省域“双一流”大学建设的任务书、时间表、路线图和行动案。

梅贻琦先生有一句名言：“所谓大学者，非谓有大楼之谓也，有大师之谓也。”大学是养成专门人才、研究高深学问之所，大学的历史有多长，大学评价的历史和大学评价研究的历史就有多长。用军教授涉研领域宏广、学境立意高远、观点坦豁新锐、见解独到达观，从 2002 年就开始从事大学评价的理论研究与应用示范，《2022 报告》很好地体现了他的学术专长和研究特色。统揽全书，分析的视角较宏阔、运用的方法较多元、论述的内容较丰富，既有对国内外学术界已有研究成果的充分借鉴，又有自己的新观点、新论断、新思想，如在界定世界一流大学、世界一流学科的前提下，提出了世界一流大学的十个标准（一流的办学理念、一流的师资队伍、一流的办学特色、一流的学科专业、一流的科技成果、一流的校园文化、一流的校长和卓越管理团队、一流的毕业生校友、一流的生源质量和校友服务工作、一流的社会声誉和国际影响）和世界一流学科的十大特征（一流学术团队、一流教育教学、一流科技研发、一流学术声誉、一流毕业校友、一流创新创业、一流咨询服务、一流文化传承与创新、一流国际交流与合作、一流社会影响）等。《大学》有云："大学之道，在明明德，在亲民，在止于至善。"本人曾经提出，基于内在合法性和外在合法性两个维度，可以归纳出世界一流学科的五个标准：一流的学术队伍、一流的科研成果、一流的学生质量、一流的学术声誉和一流的社会贡献。用军教授的认识与本人的观点可谓殊途同归、不约而同，为党育人、为国育才的宗旨始终是不变的，况且在开放社会科学的场域，无论哪种论述，只要大学评价围绕大学立德树人的初心和使命，且持之有故，言之成理，就算一家之说。另外，《2022报告》作为"80后教育学人"研究"双一流"建设评价的新作，尚存在海外文献挖掘不全面、基础理论支撑不给力、评价模型建构待完善、第三轮"双一流"名单预测有待验证等需要进一步优化完善的研究领域，从而使大学评价研究系列成果不断同党和国家教育事业发展要求相适应、同人民群众的教育期待相契合、同我国综合国力和国际地位相匹配。

希望用军教授以此书为新起点，在"双一流"建设思想指导下，严格按照中共中央、国务院《中国教育现代化2035》描绘的宏伟蓝图，贯彻落实党的二十大"实施科教兴国战略，强化现代化建设人才支撑"的精神实质，积极与全国、全球教育评价、大学评价学术同仁一道，遵循教育评价、大学评价的科学化、公开性和可行性导向，坚持教育评价、大学评价的主体性、国际化和中国特色，推动中国和世界教育评价、大学评价改革和改进工作，形成更多的教育评价、大学评价理论和实践共识，在国际上讲好中国大学评价故事、传播中国大学评价声音，为全球提供教育评价、大学评价的中国智慧和中国方案，为全面推进"双一流"建设评价体系和评价能力现代化"添砖加瓦"，助力中国大学集群聚焦主责主业，转向以"优""强""好""高"为战略目标的内涵式高质量发展轨道，加快建设国家战略人才力量，努力培养造就更多大师、战略科学家、一流科技领军人才和创新团队、青年科技人才、卓越工程师、大国工匠、高技能人才，为全面建成社会主义现代化强国、实现第二个百年奋斗目标、以中国式现代化全面推进中华民族伟大复兴提供强大智力支撑、人才支撑、科技支撑。

远朋驰翰墨，胜地写丹青。值此佳作出版之际，略撰数言，是以为序。

[1]

2022 年 10 月 18 日于中国人民大学

① 周光礼，男，湖南武冈人，中国人民大学评价研究中心执行主任、杰出学者特聘教授、博士生导师，“长江学者”特聘教授，入选教育部新世纪优秀人才支持计划。兼任全国高校信息资料研究会副会长、全国院校战略规划专业委员会理事长、中国教育发展战略学会常务理事、中国教育发展战略学会高等教育专业委员会学术委员会主任委员、中国高等教育学会院校研究分会常务理事等。主要研究领域为教育政策与管理、大学发展与评价、院校管理与院校规划、区域高等教育发展等；在《教育研究》《高等教育研究》《中国高教研究》《新华文摘》等发表或被转载论文 150 余篇，出版《迈向社会问责的教育督导：大学评价体系研究》《教育与未来：中国教育改革之路》《中国博士质量调查：基于 U/H 大学的案例分析》《面向创新的大学教育：科教融合理念及其模式建构》等著作 10 余部；主持国家自然科学基金面上项目、国家社科基金重大项目、教育部人文社科重大课题等 40 余项；获教育部高等学校科学研究优秀成果奖（人文社会科学）二等奖、北京市高等教育教学成果一等奖等省部级以上奖励 10 余项。

目录

CONTENTS

导　论

“双一流”大学战略是中国梦在教育领域的重大部署，也是实现中国梦的重要支撑。中国大学历史源远流长，中国大学评价的历史同样久远，可以说，自大学诞生的那一刻起，就有了大学评价。无论是处于学术飞地“象牙塔”（Ivory Tower）的古典时代的大学，还是担当“社会轴心”引领新时代发展的大学，它们都被这样或那样评价着，不同的大学在政府、企业、社会、公众和大学人等那里被赋予了不同的地位及待遇。随着时代的发展、社会的进步和科技的创新，大学评价早已从19世纪的情感心理评价迈入20世纪的科学计量评价，众多因素推动“大学排名新时代”悄然到来，科学、合理、公正、透明的大学评价开始成为高等教育改革和发展进程中绕不开的热门话题。

大学评价是一项系统工程，属于高等教育评价的范畴，是大学评价学的独特研究对象。大学评价权是话语权，是国家教育主权和核心软实力的重要组成部分。所谓评价，是指评价主体根据特定标准体系对评价客体进行质化和/或量化排序的过程及结果的总和；所谓大学评价，是指评价主体根据特定标准体系对大学系统及其要素等进行量化排序的过程与结果的总和；所谓大学评价学，是运用钱学森院士提出的从定性到定量的综合集成法，研究大学评价中现象、活动、人物、问题、影响因素及运行规律等的一门专门学问。[1] 世界一流大学是发达国家抢占科技创新制高点的重要智源，建成若干中国特色世界一流大学和一批中国特色世界一流学科高水平大学是实现中国和平崛起与中华民族伟大复兴中国梦的战略使命。扎根中国大地办世界一流大学是中国人的百年梦想。[2] 自新中国成立70多年来，中国一流大学建设取得了历史性成就，在系统梳理中国一流大学评价法理依据基础上，解析中国“双一流”建设高校的概念框架，借鉴联合国教科文组织《国际教育标准分类法（2011）》和卡内基基金会《卡内基高等教育机构分类（2015）》高校分类正反两方面经验，对中国大学进行全新标准分类与特征质化，[3] 科学构建以知识创新为根、办学效益为本、综合贡献优先的有中国特色、与世界接轨的“双一流”大学建设成效评价的法理依据、方法论体系、动态监测机制和评价标准体系；运用世界高等教育发展大数据库（World Higher Education Development Database，WHEDD）中的原始核心数据和时序大数据，对中国第一轮“双一流”建设高校（A 类、B 类、C 类）的建设成效，对照标杆大学进行中期评价和实践验证，并利用灰色预测 GM（1，1）模型对其建设态势进行科学预测，据此开展中国第三轮“双一流”建设高校的科学遴选的前期研究，可为国家动态监测、跟踪评估、螺旋判别、柔性遴选、差异资助“双一流”建设高校提供参考借鉴。

知识创新、科技进步与人才辈出是“双一流”建设高校的内部原动力和联结外部世界的纽带，大学作为独特的高等教育组织是国家知识创新体系的主体和国家创新体系的智慧源。高等教育是对中华民族伟大复兴具有决定性意义的伟大事业，其发展成效事关中国和平崛起与中华民族美好未来。强国必先强教，建设世界一流大学是百年来中国人的伟大梦想之一。自中华人民共和国成立 70 多年来，为了加快建设中国特色社会主义的世界一流大学，中共中央和国（政）务院在完成公立院校、私立院校、教会院校社会主义改造和大规模院系调整等基础上，相继实施了重点大学工程（1959 年）、“211 工程”（1995 年）、“985 工程”（1998 年）和“双一流”战略（2015 年）。《统筹推进世界一流大学和一流学科建设总体方案》（以下简称《“双一流”建设总体方案》）对何谓“双一流”大学、为何要建“双一流”大学、建设什么样的“双一流”大学、怎样建设“双一流”大学、谁来建设“双一流”大学和如何评价“双一流”大学建设成效等重大问题进行了顶层战略设计，140 所大学（中国地质大学、中国石油大学、中国矿业大学，除了在北京，还分别在武汉、青岛和徐州办学）进入第一轮“双一流”建设高校序列，其建设成效的动态监测与跟踪评估体系、动态管理及进退机制等成为大学评价研究的新焦点。“教育强则国家强……实现中华民族伟大复兴，教育的地位和作用不可忽视。”[4] 高校办学质量是衡量国家发展水平和民族发展潜力的显著标尺，一流大学可持续知识创新、核心技术研发与卓越人才培育对新时代中国和平崛起日趋重要。

扎根中国大地办人民满意的教育是党与国家的承诺，也是人民与民族的期许，更是大学人的使命。改革开放 44 年来，特别是中华人民共和国成立 73 年来，中国获得了全方位高质量发展，“中国特色社会主义进入新时代，我国社会主要矛盾已经转化为人民日益增长的美好生活需要和不平衡不充分的发展之间的矛盾”。[5]在国家四轮高等教育战略工程的强推助力下，我国高等教育实现了从精英化、大众化到普及化“二级跳”，2017 年进入后大众化到普及化过渡的初级阶段，在校学生数达到 3779 万，居全球首位，高等教育主要矛盾随之发生转移——人民日益增长的优质高等教育需要和不平衡不充分的高等教育发展之间的矛盾。世界一流大学、世界一流学科高水平大学与世界一流本科教育、世界一流教学（一流专业）建设已成为新时代中国深化高等教育改革与发展的突破口，其水平与质量评价越发引人关注。世界一流大学、世界一流学科是世界一流国家、世界一流民族的重要名片、文化软实力与核心竞争力，也是推动构建人类命运共同体、共同促成合作共赢、建立世界新秩序的人力资源保障与重要智力支撑。[6]“扎根中国大地办大学”“办好中国的世界一流大学”，即建设世界一流的社会主义新大学，既要扩大高等教育对外开放度，积极与世界一流大学开展高水平合作办学，也要在守文持正的基础上推陈出新、在创新突破中传道弘法，传承大学精神坚守大学信仰、坚守大学理念重塑大学灵魂，通过“政产学研用”协同创新推动绿色大学发展，脚踏实地闯出一条中国特色世界一流大学创建的中国道路，进而为发展中国家建设符合本国国情、全球规则的世界一流大学提供中国智慧和中国方案。

世界一流大学是国家创新系统和人类命运共同体的核心模块，中华民族伟大复兴的重要战略依托是中国特色世界一流大学知识创新的速度、技术创造的效度、人才培养的高度。鉴古知今方能古为今用、学贯中西方能洋为中用，中国特色世界一流大学建设必须对中西方教育历史文化精髓进行综合凝练、融汇转化。中国高等教育源远流长，先后涌现出稷下学宫、岳麓书院、国立西南联合大学、国立西北联合大学、唐山交通大学、东吴大学、圣约翰大学等世界级高水平高等教育机构。昔日的“大学”曾是“象牙塔”，是“博雅广学”（Liberal）的世外飞地，是与研究基础学问、基本礼仪的“小学”（中国传统语文学）相对的高等学府；现代的大学已是“社会轴心”（Social Axis），迫切需要学术大师、技术大匠，即“所谓大学者，非谓有大楼之谓也，有大师之谓也”，[7]同时要充分发挥人才培育、科技研发、社会服务、文化传创与国际交合等核心职能的支撑引领作用。[8]周虽旧邦，其命维新，非新无以为进，非旧无以为守，古今大学其形相异但其质相同，古为太学今称大学，都在为天地立心，为生民立命，为往圣继绝学，为万世开太平。大学的根本使命是立德树人，大学的核心价值是知识创新、培育人才。大学是联通政府、企业、社会、家庭等的桥梁。大学是通向未来的桥梁，必须在道德层面有更大担当、在精神层面有更高追求，大师探求真理、大学培育英才——此“大学”之所以为大也。[9]

建设“双一流”大学是实现“教育中国梦”的重要目标。《中国教育现代化 2035》提出，高等教育是科教兴国、人才强国、创新富国战略的重要支撑，也是实现中华民族伟大复兴中国梦的重大动力。[10]世界一流学科建设已成为当代中国高等教育改革与发展的重大时代议题，世界一流学科是世界一流国家的重要品牌、核心竞争力和软实力。对于拥有五千年历史文明的古老中国而言，既创造了辉煌的先发内生型的古代高等教育体系，也经历了坎坷的后发外生型的近代高等教育变迁，建成一批中国特色鲜明的世界一流学科是中国人民百年来的伟大梦想，是建成世界高等教育中心助力中国和平崛起的重大举措，更是加快实现中华民族伟大复兴中国梦及建成人类命运共同体的重要动力。高等教育现代化助力高等教育强国梦，必然要求建设一流大学、一流学科、一流本科和研究生教育、一流专业和一流课程（“五个一流”），培育一流人才、产出一流科技、提供一流服务。[11]建设和建成一批中国特色世界一流学科，让中国高等教育真正由大变强、由强变优、由优变特，任重道远，只有先扎扎实实建成高等教育强省（自治区、直辖市），才能一步一个脚印建成高等教育强国和世界高等教育中心，并孕育出一批中国特色世界一流学科。毫无疑问，首批中国特色世界一流学科，如同国立西南联合大学的物理学、国立西北联合大学的地质学、唐山交通大学的土木工程、北洋大学的化学化工、圣约翰大学的医学等中国历史名校的一流学科群一样，必然诞生于“中国土壤”“中国生态”“中国场域”中，在中国大学集团内生长出享誉世界、引领人类命运共同体的伟大大学，即中国特色社会主义大学。[12]科学理论是指导实践的武器，建设“五个一流”大学，推动中国高等教育现代化，必须重视高等教育理论的作用。没有高等教育科学理论支撑，中国高等教育实践很难有强劲的可持续发展后劲，也不能行将致远持续突破，[13]即高等教育理论研究队伍怎么做、做什么、做得怎么样直接影响中国高等教育的未来。高等教育学理论研究与高等教育现代化是良性互动的，通过“五个一流”大学建设推动高等教育现代化，需要建设世界一流的高等教育学科、培育世界一流的高等教育学者、产出世界一流的高等教育研究成果，这是高等教育学人改造学科建设范式、化解“学科危机”的必由之路。[14]具体而言，学术界特别是高等教育理论工作者的道德使命和社会责任之一是建设中国特色世界一流的高等教育学科，形成一流高等教育思想体系。[15]

在理论构化层面，“双一流”大学是“国之重器”，建设中国特色世界一流大学是“国之大事”和“国家工程”，是国之大计、党之大计。“党中央作出加快建设世界一流大学和一流学科的战略决策，就是要提高我国高等教育发展水平，增强国家核心竞争力”，[16]必须坚持中国立场全球眼光、中国特色世界标准，从理论与实践之维上持续推动中国高校评价体系改革、科学构化中国特色世界一流大学评价系统，形成中国特色世界一流高等教育评价思想体系。具体地说，在遵循社会进步规律、人才成长规律和教育发展规律的基础上，科学构建“双一流”建设高校等的动态监测机制和科学评价标准体系，[17]从而为国家、政府和大学科学决策提供参考咨询。第三方独立评价有助于促进中国特色世界一流大学、世界一流学科高水平大学建设，是发展公平而高质量的高等教育、办好人民满意的高等教育、逐步解决新时代高等教育主要矛盾的重要保障。在高等教育学、大学评价学、计算教育学[18]、教育计量学、元宇宙教育学等基本原理和方法论指导下，第三方中介评价机构运用新科技独立开展中国“双一流”大学评价研究，有助于各方了解中国第一轮“双一流”建设高校的中期和期末建设绩效、中国第二轮“双一流”建设高校及学科的遴选结果，为党和国家开展第三轮“双一流”大学柔性遴选等提供参照，也可为中国学界的高教理论话语逐步转化为世界性实践话语提供中国表达，更可为中国大学评价标准上升为全球大学评价标准、破解全球大学评估难题提供中国方案，开辟发展中国家建成世界高等教育中心推动构建人类命运共同体的“中国道路”。

在具体应用层面，对广大学子而言，“高考”“研考”“博考”是人生发展的重要十字路口，大学教育和研究生教育是改变人生命运的重要阶段，本科挑大学、研究生选学科、博士生选导师，乃是人生命运转折的一次重要选择。今天的选择决定明天的命运，因此，对于2023年即将参加“高考”“研考”“博考”的同学而言，一本科学而又权威、简约而又系统、汇聚众多专家心血与智慧的报考志愿指南是其出入考场追求梦想的伴手宝典。为考生及家长“挑大学、选学科”等提供“贴心服务”和“精准资讯”，不浪费“高考”或“研考”的每一分，为成就人生梦想迈好人生的关键一步，是安邦中国评价科学院（安邦大学评价研究创新团队，AIA-Innovation Team of University Evaluation Research）和安邦中国教育评价文科实验室聚全国跨学科顶级专家精心打造《中国“双一流”大学评价研究报告（2022）》一书的主要目的。除此之外，该书也可作为中国大学书记、校长及其管理团队办学治校、建设一流大学和一流学科高水平大学的得力助手，国家教育行政主管部门制定出台相关教育法规政策等的决策参考，对外教育文化交流展示的民族品牌。

世界一流大学和世界一流学科建设已经成为当代中国高等教育改革与发展的重大议题。21 世纪什么最贵？人才。一流大学培育一流人才、一流人才成就一流大学，世界各国、各民族、各组织的博弈竞争归根结底是人力资源的博弈竞争。可以这样说，中国高校现在比历史上任何时期都更接近世界一流大学和世界一流学科高水平大学。科教兴国、人才强国，必然要求有一流的教育、一流的科技和一流的人才提供支撑。办好中国特色的世界一流大学[19]、建成中国特色的世界一流学科，让中国高等教育真正由大变强，不可能一蹴而就。一代人有一代人的使命和任务，时代是出卷人，人民是评卷人，我们是答卷人。在办好让人民满意的中国特色社会主义大学的美好期许中，在党中央、国务院的“双一流”战略顶层设计下，一所大学、一个市域、一个省域、国家的高等教育体系“要建什么样的一流大学和一流学科”以及“如何建成一流大学和一流学科”必须以中国特色为统领。对于党和政府高度关注、人民群众非常关心的“双一流”课题，所有中国大学、大学人必须做出回应、做好回答，争取考个好成绩。

在国家推进“放管服”政策的大政方针下，鼓励第三方中介机构开展高等教育评估和大学评价，是高等教育改革与发展的重要方向和时代趋势。安邦研究院是致力于大学评价和创业创富研究的第三方专业研究机构，是以博客、微博、微信、微视等为网络服务、数据支持和成果展示平台的国内教育评价领导品牌，重点开展中国大学评价、创业创富研究和高校发展咨询等专业工作的第三方独立评估组织。安邦大学评价研究创新团队基于 1987 年的中国大学评价课题组，是目前国内持续开展大学评价研究时间最长的研究团队，至今已有 30 多年。2003 年，该合作团队率先发布以“人才”“质量”“贡献”“影响”为主题特色的大学排行榜，并率先开展中国大学新分类标准的研制、应用和示范工作，首创覆盖中国大学“星级排行榜”，长期专注于世界大学排行榜的元研发与推广示范工作，被誉为中国透明绿色大学排行榜标准制定者。

内行看门道，外行看热闹。无论是国外机构还是国内机构，对中国大学的评价都存在不同程度的外行评价内行的情况，如有的机构的首席专家和核心成员来自计算机专业、化学专业、图书情报专业、冶金专业、传媒专业等。安邦中国评价科学院/中国教育评价文科实验室大学评价创新团队首席专家与核心成员几乎都在国内外一流大学接受过严格的学术训练和学科规训，具备深厚的教育理论功底和丰富的教育实践经验，基本是教育学科的专家能手。安邦大学评价研究创新团队由来自全国高等院校、科研院所、企事业单位、新闻媒体和社会各界的知名教授和专家构成，是目前我国高等教育评价领域理论创新专业、专家教授人数较多、知识结构和学缘结构等较为合理、学科领域分布广泛、大学评价研究持续时间长、共性关键技术研发应用示范效果较好的一流研究创新团队。安邦大学评价研究创新团队长期致力于高等教育、科学计量、大学评价和创业创富等理论、政策和应用研究，对国内外大学发展性评价与诊断性评估有着丰富的实践经验和高度的理论素养；在众多跨学科、跨领域资深专家学者的共同努力下致力于推动世界标准、中国特色、行业标杆的大学评价公益事业。迄今为止，安邦大学评价研究创新团队专家承担的有关中国大学评价和教育评鉴等方面的科研项目、发表的学术论文在数量、质量、影响力等指标上居全国前列。

30 多年来，安邦中国评价科学院/中国教育评价文科实验室核心成员联合推出了中国大学排行榜、中国“双一流”大学排行榜、中国大学研究生教育评价报告、中国大学学科专业评价报告和中国高考状元调查报告、中国大学富豪校友调查报告等一大批研究成果，经国内外权威媒体广泛报道和转载，在国内外产生了较大的社会和学术影响。自 2003 年以来，安邦中国评价科学院/中国教育评价文科实验室核心专家先后与国内外多家权威新闻媒体合作，连续发布了《中国大学评价研究报告》《中国“双一流”大学评价研究报告》《中国大学研究生教育评价报告》《中国大学学科专业评价报告》《中国亿万富豪调查报告》《中国大学创业富豪调查报告》《中国高考状元调查报告》《中国杰出人文社会科学家研究报告》等 60 多项国内领先、国际知名、中国特色的系列研究报告，研究成果结论和数据被教育部门、科研机构、高等学校、专家学者、新闻媒体和社会各界等转载、参考、报道和正面引用。30 多年磨一剑，安邦大学评价研究创新团队致力于创立中国大学评价、中国青年富豪调查的行业品牌、民族品牌、世界品牌，力争打造富有中国特色，具有公信力、影响力和知名度的教育调查、战略咨询公益领导品牌。

教育改变命运，学习成就未来。好大学要靠拼搏得来，好事业要靠奋斗开创。上大学尤其是上个好大学不仅是个人职业生涯的关键选择，更是家庭的一项重大长期投资，事关重大，更应小心谨慎、多方参照。[20]一步一个脚印，引领并伴随中国高等教育评估（大学排名）和创业创富等最新发展潮流，安邦中国评价科学院/中国教育评价文科实验室已成立30多年，此书既是对过往工作成果的阶段性总结凝练，也是送给2023年参加“高考”“研考”“博考”学子的一份人生见面礼和通行证，预祝大家“旗开得胜，金榜题名”，开启美好未来！

【参考文献】

[1] 冯用军，赵德国．中国大学评价研究报告（2015）［M］．北京：科学出版社，2015.

[2] 冯用军，赵雪，朱立明．中国特色世界一流大学建设成效评价体系理论建构与实践验证［J］．江苏高教，2019（1）：20-26.

[3] 冯用军，赵雪．中国“双一流”战略：概念框架、分类特征和评估标准［J］．现代教育管理，2018（1）：12-18.

[4] 张烁．习近平在全国高校思想政治工作会议上强调　把思想政治工作贯穿教育教学全过程 开创我国高等教育事业发展新局面［N］．人民日报，2016-12-09（1）.

[5] 习近平．决胜全面建成小康社会夺取新时代中国特色社会主义伟大胜利：在中国共产党第十九次全国代表大会上的报告［M］．北京：人民出版社，2017.

[6] 周作宇，马佳妮．人类命运共同体：高等教育国际合作的价值坐标［J］．教育研究，2017（12）：42.

[7] 梅贻琦．中国的大学［M］．北京：北京理工大学出版社，2012.

[8] 杜玉波．大学要切实承担起文化传承创新的历史使命［EB/OL］．（2018-04-09）［2019-10-28］．http：//old. moe. gov. cn//publicfiles/business/htmlfiles/moe/moe_176/201111/126434. html.

[9] 林建华．人民日报名家笔谈：守正创新，引领未来［N］．人民日报，2016-03-11（5）.

[10] 中共中央、国务院印发《中国教育现代化2035》［N］．人民日报，2019-02-24（1）.

[11] 冯用军，赵雪．教育现代化视域下高等教育学的世纪嬗变与未来构化［J］．陕西师范大学学报（哲学社会科学版），2019（5）：105-115.

[12] 陈宝生．认真学习贯彻习近平总书记高等教育重要论述　努力办好中国特色社会主义大学［J］．中国高等教育，2017（1）：4-5.

[13] 吴岩．教育部高教司司长吴岩在教育研究院40周年庆祝会上的讲话［EB/OL］．（2018-05-30）［2019-10-28］．http：//ihe. xmu. edu. cn/3e/54/c16595a343636/page. htm.

[14] 张继明．论我国高等教育学的学科危机及其范式改造［J］．现代大学教育，2019（1）：15-21.

[15] 冯用军．大学及学术人员的道德使命与社会责任：读《走向良性大学：学术

实践的道德基石》[J]. 大学（学术版），2010（7）：53-58.

[16] 习近平. 习近平谈治国理政 [M]. 北京：外文出版社，2014.

[17] 鲁世林，冯用军. “双一流”大学建设的监测机制与评估标准探究 [J]. 黑龙江高教研究，2018（10）：1-5.

[18] 刘三女牙，周子荷，李卿. 再论“计算教育学”：人工智能何以改变教育研究 [J]. 教育研究，2022（4）：18-27.

[19] 李元元. 办好中国特色世界一流大学（人民要论）[N]. 人民日报，2015-09-10（7）.

[20] 冯用军，赵德国. 中国大学评价研究报告（2015）[M]. 北京：科学出版社，2015.

第一章　大学评价学：破解全球大学评价“卡脖子工程”的“中国智慧”

导读： 大学评价伴随大学的产生而产生，与大学一样历史悠久、影响巨大。大学评价与大学发展共融共生，大学发展需要大学评价，先进的大学评价能促进大学的发展和提升。本章在回顾与梳理世界和中国主要大学评价组织发展脉络的基础上，科学辨析了大学评价的相关核心概念，重点分析和解读了安邦中国评价科学院/安邦中国教育评价文科实验室（安邦智库）的大学评价系列研究的发展历程、大学评价的原则和目的、大学评价的思想和特色、大学评价的贡献和影响。通过掌握全球和中国高等教育评估、大学评价、教育质量监测、学生成长跟踪评估等核心技术、专利标准和话语权等，安邦智库在国内外率先提出并构建了大学评价学的基本理论与方法论，初步建构了拥有完全自主知识产权和技术的中国大学新分类标准、大学评价战略学说、大学评价指标体系、大学评价方法论等，基本摆脱了对国外大学排行榜的路径依赖，极大降低了中国大学评价门槛和投入成本。安邦智库通过率先研发中国“双一流”大学评价系统，在丰富大学评价实践中不断探索完善大学评价学，不仅有效引领中国大学完整、准确、全面贯彻新发展理念走高质量发展道路，而且正在贡献破解全球大学评价“卡脖子工程”技术的“中国智慧”。

大学评价源远流长，可以说，自大学诞生的那一刻起，就有了大学评价，就面临着大学评价的“卡脖子问题”（如大学的教学与科研、数量与质量、大文科与大理科、教师与学生、行政与学术、投入与产出、过程与结果、入口与出口、学术与技术、官方与民间、实物与声誉、宗教与世俗、国际与民族、认识论与政治论等），从而产生了广义上的大学评价学。无论是处于学术飞地“象牙塔”的古代大学，还是担当“社会轴心”引领时代发展的现代大学，它们都被这样或那样评价着，并被赋予了不同的排序和地位。随着时代的发展、社会的进步和科技的创新，大学评价早已从19世纪的情感心理评价迈入21世纪的科学计量评价，众多因素推动着“大学排名时代”悄然到来。

第一节　大学评价的发展脉络

当时光之轮回转到1983年，《美国新闻与世界报道》（*US News and World Report*，US News，总部位于美国纽约）发布了第一份世界大学排名榜单，随后，全球大学排名如雨后春笋般涌现。众所周知，迄今为止，英国《泰晤士报高等教育增刊》（*The Times Higher Education Supplement*，THES）的世界大学排行榜（World University Rankings）、夸夸雷利-西蒙兹（Quacquarelli Symonds，QS）的世界大学排行榜（QS World University Rankings）、US News的最佳全球大学排名（Best Global Universities Rankings）和上海交通大学的世界大学学术排名（The Academic Ranking of World Universities，ARWU）、西班牙公共研究机构国家研究委员会（Consejo Superior de Investigaciones Cientificas，CSIC）下属的网络计量学实验室（Cybermetrics Lab）的世界大学网络计量学排行榜（Ranking Web of Universities，RWU，该排行榜创始于2004年，每年1月和7月更新一次）、荷兰莱顿大学科学技术研究中心（Centrum voor Wetenschap en Technologische Studies，CWTS）的CWTS莱顿大学排名（CWTS Leiden Ranking，依照文献计量指标建立的全球大学排名系统）等被公认为全球六大大学排行榜品牌。在国内，持续做中国大学排名且有较大影响、具有公信力的排行榜品牌，包括安邦中国评价科学院暨安邦中国教育评价文科实验室冯用军（陕西西安、北京）之“中国大学评价榜”（安邦版）、中国管理科学研究院武书连（广东深圳）之“中国大学评价”（武书连版）、艾瑞深中国校友会网大学研究团队蔡言厚（广东深圳）之“中国大学排行榜”（校友会版）、中国科教评价研究院邱均平（浙江杭州、湖北武汉）之“中国大学评价报告”（武大版）、广州日报数据和数字化研究院（GDI智库）刘旦（广东广州）的“GDI大学排行榜”（广日版）以及深圳市网大教育服务有限公司蒋继宁（广东深圳）的“Netbig大学排行”（网大版，已停更）等。

美国是发布大学排名最早的国家，随后跟进的有英国（1986年）、中国（1987年）、德国（1989年）、加拿大（1991年）、日本（1993年）、西班牙

（2004 年）、法国（2007 年）、荷兰（2007 年）、阿联酋（2012 年）、欧盟（2013 年）、俄罗斯（2020 年）。在中国，第一个大学排行榜由中国管理科学研究院科学学研究所于 1987 年创立，首创者包括赵红州、郑文艺、熊学敏、蒋国华等。随后跟进的有中南大学蔡言厚（1989 年）、广东武书连（1992 年）、中国科技信息研究所武夷山（1993 年）、香港《亚洲周刊》（1997 年）、深圳网大蒋继宁（1999 年）、中国校友会网赵德国（2002 年）、上海交通大学刘念才（2003 年）、安邦冯用军（2003 年）、武汉大学邱均平（2004 年）、浙江大学高等教育观察课题组（2006 年）、中国人民大学高等教育研究中心（2008 年）等。

分析大学评价的发展脉络可以清晰地发现一条规律，即国外大学排行榜兴起的主要因素是市场的消费需求，而中国大学排行榜兴起的主要因素是科学研究的需要。国外大学排名是顺应世界高等教育国际化、市场化、服务化潮流的产物，是冲着“有助于消费者”去的，肇始于市场，繁荣于市场，并且由此而进，作为一种新的思想和方法，作为西方国家文化软实力的重要部分，渐次输出，影响全球。在中国，大学排名只能以科学研究的名义在大学校长、大学投资人、教育专家、媒体记者、企业、家长、大学生等的批评（判）和反批评（判）声浪中生存。西方对于大学排行榜的批评主要是学术批评，而中国对于大学排行榜的批评更多属于道德审判。当然，随着中国改革开放的持续深化、中国高等教育从大众化到普及化、中国高等教育核心竞争力的提升，社会各界对于大学排行榜的包容性和理解度越来越高，对于大学排名工作的外部评价趋于理性、客观，特别是《国家中长期教育改革和发展规划纲要（2010—2020 年）》提出要“推进专业评价，鼓励专门机构和社会中介机构对高等学校学科、专业、课程等水平和质量进行评估，建立科学、规范的评估制度，探索与国际高水平教育评价机构合作，形成中国特色学校评价模式”，中国大学评价组织的生存环境有了一定程度的改善。

在中国，现代大学的科学评价历史较短，从大学评价学（运用钱学森院士提出的从定性到定量的综合集成法研究大学评价现象、评价问题及其运行规律的专门学问，笔者于 2015 年首次提出该专学名称）和大学评价史来看，[1]我国大学评价大致经历了四个阶段：初创期（1987—1993 年）、停滞期（1994—1998 年）、发展期（1999—2009 年）、成熟期（2010 年以来）。特别值得一提的是，我国第一个大学排行榜（“科学研究”单一指标）是 1987 年 9 月 13 日由《科技日报》发布，比《美国新闻与世界报道》晚了 4 年，该文题目是《我国科学计量指标的排序》，署名单位是中国管理科学研究院科学学研究所（实际作者为赵红州、郑文艺、熊学敏、蒋国华，赵红州时任所长，蒋国华任副所长）；我国第一个多指标大学排行榜［根据原国家教委科技司编的《高等学校科技统计资料汇编》中“国家级科研成果奖”“国外及全国性刊物发表学术论文”“专利批准数”三项指标数据，排出了全国（不含港澳台地区）86所理工农医类重点高校的综合次序］是1989年11月16日由中国管理科学研究院“高等院校比较研究”课题组在“全国高校科研管理研讨会”（湖南长沙）上发布的，题目是《我国重点高等院校科学计量多项指标排序及其分析》（主要执笔人是中南大学蔡言厚教授），1990年在中国科学技术协会主办的《学会》杂志公开发表。

安邦中国评价科学院/安邦中国教育评价文科实验室（2003年安邦大学评价课题组正式成立，2009年合组为安邦研究院，2017年更名为安邦中国评价科学院，2020年成立安邦中国教育评价文科实验室，以下简称“安邦智库”），作为国内大学评价和创业创富等领域理论研究、实践应用、标准示范方面的教育领军品牌，已有30余年的独立创业历史，发展经历了三个大的阶段：原始创业期（1987—2002年）、快速发展期（2003—2009年）、优化成熟期（2010年以来）。具体地说，从2003年开始，安邦智库为解决全球大学评价“卡脖子工程”，联合国内有关大学评价组织提出了大学评价学理论架构、合作研发“中国大学排行榜”系列报告，发布了世界范围内唯一以“校友”“质量”“影响”“贡献”为主题特色的“中国大学排行榜”“中国大学创业富豪榜”等60余个榜单。特别是2017年以后，安邦智库汇聚各方智慧、博采众家之长、综合集成创新，独家研发的以“立德树人”成效为根本的大学评价指标体系日趋稳定、成熟和科学化，其与时俱进、科学计量、教育计量特征越发明显，已逐渐成为衡量中国大学办学质量的重要外部参照和中国特色高等教育质量动态监测、跟踪评估、全程保障体系的重要组成部分，继续引领中国高等教育第三方评价的新时代潮流。

安邦智库最早可追溯到2003年，是中国高校中最早运用大数据等新型技术开展大学评价的新型高等教育数据智库，先后被认定为省级社科研究分支基地，入选“中国教育智库评价CETTE来源智库”，并被权威机构认定为国内主要大学评价智库之一，获评“五星级大学评价机构”。安邦智库“肇始北京、立足关中、服务中国、面向世界”，定位“教育平台、智库特色、数据驱动、共建共享”。在推进新型高等教育数据智库建设过程中，安邦智库组建了包括高等教育、创业创富、职业生涯规划、发展战略规划和教育决策咨询等在内的教育智库系统，为教育优先发展战略服务，在推动高等教育高质量发展中构建开放型高等教育新体制，为教育决策咨询发挥建设性作用。安邦智库秉持“微智库、大数据”的共建共享共治共创共赢理念，通过聚合全球高等教育资源，发布包括“安邦版大学排行榜系列”“国家中心城市高等教育发展报告”“国家战略区高等教育发展报告”等在内的各类高等教育指数榜单和研究报告，研发高等教育大数据、大学评价、高等工程教育等行业标准，抢占教育评价标准和全球大学排名话语权，瞄准党和国家教育中心工作及重大教育发展战略需求，重点服务全国高校，打造与国际接轨的中国特色新型教育智库。

总之，安邦智库在首席专家冯用军教授的带领下，团队专家20年潜心于大学评价、学科评估、专业认证、大学生职业生涯规划、创业创富等领域的理论研究和实践应用示范，已成为较有专业性、知名度、影响力、公信力、美誉度、公益性的国内大学评价领导品牌和大学评价标准制定者，致力于中国特色、中国风格、中国气派、中华民族品牌的大学评价范式的标准制定和实践示范，通过聚合全球大学评价与创业创富等领域的优质人力资源和大数据资源，为实现“中国教育梦”不断做出新贡献！

第二节　大学评价的核心概念

众所周知，大学评价是根据科学研究、教学、人才培养、社会服务、国际化等一个或数个标准，针对相关大学在上述标准上的数据、报告、成就、声望、影响、贡献等进行计量评鉴，通过加权形成的规模排序或选优排序。安邦智库发布的有关中国大学评价的相关系列报告，基本属于选优排序，即注重对高校的人才培育、科技研发、社会服务、文化引领、国际交流等质量效益的综合评鉴。为了更加客观、公正、科学、合理、可行地评价大学特别是中国大学集团，在高等教育学、大学评价学、计算教育学、科学计量学、教育计量学、元宇宙教育学等学科理论的综合指导下，我们对一些核心概念进行了专门界定并提出了具有中国特色世界水准的中国大学分类新标准，据此确定了每一份专题评价报告的具体评价指标体系。在大学评价领域，大学评估（university assessment）、大学评价（university evaluation）、大学评判

（university judge）、大学评鉴（university distinguish）、大学测量（university measurement）、大学测验（university examination）、大学考察（university investigation）和大学考试（university test）等核心概念是有区别的，这种区别来源于大学的后缀。

进入21世纪，高等教育的发展潮流由追求“外延式扩张”转向注重“内涵式发展”，由追求“规模数量至上”转向倡导“质量特色第一”，由追求“高速度发展”转向践行“高质量发展”。在新时代，我们顺应大学的新发展趋势和新发展阶段，毅然决然地抛弃了传统的大学分类理论，不再以“科研数量”和“师生规模”等简单化地评鉴大学的历史办学成就、现时办学能力和未来办学潜力。

2013年，安邦智库首次提出中国大学分类新标准，主要依据中国大学的办学定位、办学水平（杰出师资数量、毕业生质量和科技研发成效）和办学特色等进行分类：一是依据大学的学术研究水平和人才培养层次等将中国大学分为研究型大学、专业型大学、应用型大学和技职型大学等四种办学类型，每一类大学都可以办出特色，建成各自领域的中国特色世界一流大学；二是依据中国大学的学科专业设置和毕业生职业生涯发展领域等将大学分为“综合型”和“特色型”，其中，特色型又细分为财经、政法、医药、师范、语言、国际关系等行业特色型院校，以及美术、体育、传媒、音乐、警察、应急等特色专业型院校。该大学分类新标准有利于体现高校学术研究层次、有利于体现高校人才培养质量、有利于体现高校历史办学特色、有利于引导高校科学定位和合理分类。不仅如此，该大学分类新标准成为教育部2014年大学分类标准（学术研究型大学/应用技术型大学）和上海等省（区、市）大学分类的重要参考。

为了更好地引导中国高校科学定位、合理分类、办出特色、追求卓越，早日建成若干世界一流大学和一批世界一流学科高水平大学，我们还提出了中国研究型大学、区域研究型大学、行业特色研究型大学、世界一流大学、世界一流学科、世界一流本科、世界一流专业的判别标准。

研究型大学是一个国家经济社会发展处于教育—科技—经济一体化发展水平的“最高文化标志”，科研领先与校友杰出是判定研究型大学的两个核心标准。一所大学要办成研究型大学必须坚持“教学与科研并重”，必须拥有一支卓越的师资队伍并能持续产出世界范围内最高水平的学术研究成果和关键性技术发明创造；持续造就全球各领域的顶尖研究型人才和各行业产业企业顶级领袖人才，两者缺一不可。

区域研究型大学是一个地区社会经济状态处于教育—科技—经济一体化发展水平的“最佳文化地标”，其评价维度包括：①办学定位对国家和区域经济社会发展需求的适应度；②领导精力、师资力量、资源配置等对区域发展的保障度；③办学质量、人才培育和科技研发对区域现代化建设的贡献度；④学生、家长、企业、社会等对学业、就业、创业质量的满意度。

行业特色研究型大学是一个行业产业处于教育—科技—行业协同发展水平的“最好文化地标”，其主要衡量标准为：①对关键行业产业可持续发展做出不可替代的重大贡献；②科研取向主要是破解关键行业产业发展瓶颈和“卡脖子工程”技术；③人才培养规格是成为关键行业产业的中高层领袖。

世界一流大学作为世界大学集团金字塔的“塔尖”，其综合影响力无与伦比，是我国大学的奋斗目标。具体地说，世界一流大学具有十大特征：一流的办学理念、一流的师资队伍、一流的办学特色、一流的学科专业、一流的毕业生校友、一流的科技成果、一流的校园文化、一流的校长和卓越管理团队、一流的生源质量和校友服务工作、一流的社会声誉和国际影响。

世界一流大学必然有若干个世界一流学科，而拥有一个世界一流学科的大学不一定是世界一流大学。世界一流学科是拥有世界级的师资、软硬教学科研环境、学生、科技成果、影响力、贡献度和杰出校友等的学科集群。具体地说，世界一流学科是拥有一流学者队伍、一流学生质量、一流科技成果、一流学术声誉、一流社会服务的学科集群。换句话说，世界一流学科具有十大特征：一流学术团队、一流教育教学、一流科技研发、一流学术声誉、一流文化传承与创新、一流毕业生校友、一流创新创业、一流咨询服务、一流国际交流与合作、一流社会影响。

世界一流本科是坚持立德树人，培养学生的社会责任感、家国情怀、批判思维、创新意识和实践能力的博雅教育。

世界一流专业是坚持立德树人、教书育人、以本为本、推进“四个回归”、培养推动民族复兴的时代新人的学业门类。

第三节　大学评价的原则和目的

安邦智库秉持“公正、科学、合理、透明、公益”的第三方中立评价原旨，坚持为考生、家长挑大学、选学科、定专业、寻导师提供精准资讯，为党和政府及社会各界投资高等教育等提供权威参考，为高校科学定位、合理分类、办出特色、高质量发展提供科学依据，为教育界提升高等教育核心竞争力塑造中国大学排名品牌提供标杆，为党政企事业单位等招聘和选才用人提供比较标准。安邦智库发布的“大学排行榜”被誉为“绿色排行榜”“透明排行榜”“开源排行榜”“公益排行榜”。为有效达成上述大学评价目标，我们制定了严苛的指标遴选原则和相应的计算方法，尽最大可能确保大学评价结果的科学、公正、合理和符合常识。具体而言，“安邦版中国大学排行榜”在评价体系设计和指标遴选上，始终坚持公正性、系统性、导向性和可操作等四大原则，保证科学、公正、客观和系统地评价不同类型、层次、性质的高校，独立展示被评价高校的历史成就、现时能力和发展状况。

一、政治论原则

安邦智库系列大学评价研究报告以习近平新时代中国特色社会主义思想为总的指导思想，以习近平关于教育、高等教育、大学、世界一流大学、评价等的重要论述为行动指南，深入贯彻中共中央、国务院《深化新时代教育评价改革总体方案》精神，全面落实高校立德树人根本任务，完全遵循高等教育规律、人才成长规律和社会发展规律，坚决扭转不科学、不合理、不公正的“五唯”大学评价导向，[2]加快建立中国特色、世界水平的高等教育评价体系，系统提升我国大学学科建设水平和人才培养质量，加速推动中国高等教育完整、准确、全面贯彻新发展理念，走上高质量发展快车道。

（一）坚持党的全面领导，聚焦立德树人

按照党中央、国务院的决策部署，做好“十四五”时期我国发展开好局、起好步的重点工作要求，在大学评价中坚持党的全面领导，完整、准确、全面按照创新、协调、绿色、开放、共享的新发展理念开展大学评价工作。构建以立德树人成效为根本标准的大学评价指标体系，聚焦以师生发展为中心的大学评价思想，以办学“质量、成效、特色、贡献”为大学评价价值导向，以钱学森院士创立的从定量到定性的综合集成法为大学评价方法论体系，在保持大学评价基本定位和评价体系框架基本稳定的基础上，坚持深化改革开放、与时俱进、继承创新。

（二）强化分类评价，突出诊断功能

创新大学分类标准，提出新的中国大学分类设置标准和分类体系，防止用一套固定的、静态的、死板的大学评价标准评价所有中国大学，努力做到以一类大学群为评价单元，突出类型特色和层次特色，体现办学绝对优势和比较优势，加强不同类型、层次、形式、性质大学的分类评价。在具体大学评价中，强调立德树人成果的顶尖性，在国际层面、国家层面、同行层面进行比较，强化“杰出人才”“代表作”“典型案例”等的增值评价，设置开放性留白，突出自我评价，充分体现大学的办学定位与特色贡献。大学评价体系和评价结果信息服务突出诊断功能，坚持以评促建、以评促改、评建结合、重在建设。通过大学发展纵向分析和横向比较，既看历史贡献，也看现实表现，还看未来潜力，总结周期性建设成就，查找立德树人的结构性短板，呈现办学优势与发展不足，助力大学内部治理体系和治理能力现代化，推动大学特色化高质量发展。

（三）彰显中国特色，接轨世界标准

中国大学姓“中”，党领导的大学姓“党”，中国特色世界一流大学、中国特色世界一流学科，首先是中国特色，其次是世界一流，必须扎根中国大地办大学、建学科、建专业，为中国共产党治国理政服务、为中国崛起服务、为中华民族复兴服务、为中国人民满意服务、为世界和平与发展服务。中国大学评价必须立足中国国情和大学发展实际，借鉴国外有益经验，构建中国特色“双一流”大学评价体系，创新评价方法，制定中国标准，特别是评价以文科见长的大学时更要凸显中国风格、中国气派和中国学派。同时，中国特色大学评价体系预留开放接口，鼓励中国大学与外国大学在世界舞台上同场竞技，用同一套标准客观衡量中国“双一流”大学离世界一流大学有多远，真实差距在哪里、有多大。

二、认识论原则

安邦智库在大学评价指标遴选上采用金字塔原理和“新闻洞”理论，结合我国高校实际情况严格筛选出高层次、具有标志性、可操作的反映高校质量的指标和持续性质量提升的指标集，确保最终遴选出的大学评价指标具有简洁性、可比性、可操作性、可重复验证性和可持续性等特征。

（一）公正性原则

确保被选择的大学评价指标具有可比性，可比性是保证公正性的前提，符合可比性条件的指标是通过国家和社会权威机构、遵循严格程序与评选标准确定的人和事物，确保大学评价指标在评价理论上站得住脚，能客观反映高校的办学实际情况。同时，依据分区、分类、分级和分层评价的计量理论，确保每一所大学都尽可能获得公正的评价和合理的、符合常识的评价结果。

（二）系统性原则

大学评价必须采用闭环内的若干组合指标集进行系统衡量，指标间要互相联系、互相区别、互相制约，同一层次指标尽可能界限分明，体现出较强的系统性、层次性和区隔性。同时，保证大学评价指标体系中的每一个指标都有明确的内涵、科学的解释和可靠的数据来源，考虑指标遴选、指标权重设置和指标计算方法的科学性。

（三）导向性原则

大学评价指标是确认高等教育质量的关键，大学评价的重要功能之一是引导大学科学定位、合理分类、办出特色，不断提升教育教学质量、人才培养质量、科技研发质量、社会服务质量、文化传承与创新质量、国际交流与合作质量。确保被选择的大学评价指标具有持续性、导向性功能。大学评价的目的不是单纯评出大学的名次及优劣，更重要的是引导被评高校客观地了解、理性地认识和准确地把握本校的特色、优势、劣势、挑战、机遇等，鼓励被评高校更好地、有针对性地向正确的方向和目标发展，特别是向着党和国家、社会和经济发展需要的方向与目标发展，以此体现并发挥大学评价工作对高校发展的正向导引功能。

（四）可操作原则

大学评价存在理想的应然状态和不理想的实然状态。确保被选择的大学评价指标简单、实用、可重复验证以及指标数据可连续公开采集，是大学评价的基础要求。大学评价指标操作尽量简单方便，保证指标数据易于获取，且不能失真。确保评价指标体系繁简适中，计算方法简约可行，数据来源科学可靠，在保证大学评价结果的客观性、全面性、合理性的前提下，指标体系尽可能简化，运用高等数学方法和社会科学统计软件等减少或去除对结果影响甚微的指标。[3]严格控制指标数据的准确性和可靠性，不采用无法核实、缺乏公信力的自建数据库或自报数据及不持续的数据。安邦智库是国内外第一家公布全部指标体系、指标数据来源、指标计算方法和评价研究报告的第三方大学评价机构，评价结果可以按照同样的指标、程序、数据和方法复核验证或二次开发。

安邦智库开展中国大学评价和创业创富等领域的理论研究与应用示范的主要目的与重大意义在于：①引导中国大学提升立德树人质量，重视研究生教学工作，提高人才培养的层次及规格，培养更多拥有钻研精神和创新创业能力的优秀毕业生，真正提升中国大学的“立德树人”水平、培育优秀人才与杰出人才的能力；②促进中国大学提高科学技术研发水平，明晰高校办学类型和办学定位，鼓励高校在国家和区域的知识创新与技术创新工作中发挥重要作用，提高高校对国家、行业产业企业和社会的贡献力及其社会影响力；③帮助考生、家长选好大学、挑对学科专业，追踪调查大学毕业生的职场表现和职业成就，对大学的人才培养水平和毕业生在职场中的层次及规格进行分类定位，可为考研、考博学生及家长选择大学、挑选专业和做好未来职业生涯规划等提供权威参考，为考生“选大学、挑导师”提供精准资讯；④践行大学分类指导、分区评价理念，率先提出技职型、应用型、专业型、研究型大学分类新标准，服务中国高校科学定位及合理分类、制定发展战略规划、实现高质量发展，有效引导高校自主创新、错位发展、打造特色、树立品牌，积极适应并引领一国或一地区的经济社会发展态势，努力建设成为毕业生质量高、科技研发水平高、服务社会效果好、国际化程度高、杰出师资数量多的世界一流大学。

第四节　大学评价的思想和特色

安邦智库作为中国长期持续开展大学评价和创业创富等领域理论研究与关键技术应用示范的协同创新团队，率先提出中国大学评价的根本目的是引导中国大学科学发展、追求卓越，指导考生挑大学、选专业、规划未来。中国大学评价的指导思想应是坚持分区、分类、分级和分层评价，努力用一套标准不同权重解决所有大学的比较评价问题。因此，安邦智库历来非常重视大学评价指标体系的研发、构建和优化工作，努力成为全球大学评价领域的标准制定者。

一、大学评价的指导思想

为适应21世纪中国高等教育进入普及化新阶段的新发展趋势，创新中国大学评价思想理念，结合中国高校办学实践状况，借鉴国内外大学分类、分级评价的成功经验，安邦智库勇于探索、敢于创新、善于集成，首创依据中国大学的“人才培养”“科技研发”“社会服务”“声誉影响”“国际化水平”等核心职能，分别对中国大学进行分区、分类、分级和分层评价，构建起了既符合中国情况，又具独创性，公开透明、客观公正和可比性强的中国大学多元评价指标体系，以期科学、合理地评定中国不同类型、不同层次、不同区域、不同特色大学的人才培养质量、科技研发水平、社会服务效果、文化繁荣贡献、国际化程度和毕业生职业发展成就，形成了自身的大学评价战略学说。

（一）分区评价

安邦智库率先对海峡两岸暨香港、澳门大学进行星级评价，2010年，参与发布首个海峡两岸暨香港、澳门大学排行榜（海峡两岸暨香港、澳门大学星级排名）。由于历史原因，海峡两岸暨香港、澳门高校存在诸多差异，因此，为了给海峡两岸暨香港、澳门考生、家长、政府和企业提供客观可比较的参照系，我们对不同地区高校采用不同的星级评价指标体系。

（二）分类评价

安邦智库率先将“党的全面领导”“思政教育”“毕业生质量（杰出校友）”“校友捐赠”“社会捐赠”等指标引入中国大学分类评价标准，提出以人才培养质量和科技研发贡献为基准的中国大学分类新标准，将中国大学的办学类型分为研究型大学、专业型大学、应用型大学和技职型大学等四种类型。其中，研究型大学分为中国研究型、行业特色研究型、区域研究型、区域特色研究型等类型。

（三）分级评价

安邦智库率先提出对国家、对民族、对区域经济社会发展的贡献度是衡量大学办学水平高低、人才培养合格与否的核心指标，并依据中国大学办学实力和办学成就等将大学划分为十个（星级）等级，即用星（★）的数量表示大学的等级，从高到低分为十个星级，对每一类星级大学的内涵、外延、发展目标和未来愿景等进行了科学界定。

（四）分层评价

安邦智库率先依据中国大学办学水平和学术影响力等将海峡两岸暨香港、澳门大学从高到低划分为八个层次，对公立院校、民办高校和中外合作办学院校等进行分层评价，陆续发布中国顶尖大学、中国一流大学、中国研究型大学、中国高水平大学和中国知名大学等特色榜单。

二、大学评价的特色优势

安邦智库始终致力于大学评价理论研究与实践应用，努力构建既符合党的全面领导、世界通约标准、国家政策导向、时代发展要求，又具有中国特色、公开透明、客观公正、科学合理、绿色公益，适合不同办学类型和层次院校的可比较、可量化、可复制、可验证、可推广的中国大学评价指标体系，以发挥中国大学评价的科学分类、合理定位、错位激励和正向引导功能。安邦版中国大学排行榜是目前中国大学评价指标较为系统全面、评价思想及方法与世界无缝接轨、涵盖大学五大核心职能评价、较具特色和竞争优势的大学排行榜。与国内外其他大学排行榜相比，安邦智库拥有五大特色优势。

（一）思想先进，海纳百川

跨学科、跨领域、跨国界组合的教授专家团队虚心听取并接受党和政府、高校、企业和社会大众等的意见与建议，将持续反映大学办学成就、立德树人成效等公开数据转化纳入评价指标体系，保证了大学评价指导思想符合世界发展潮流、高等教育规律、人才成长规律、社会发展规律、大学评价标准和社会公认的教育评价常识，规避了外行评价内行、违背教育基本认知等弊端。同时，不断将最新科学技术发明如大数据、云计算（超级计算）、人工智能、高超速通信技术（5G、量子通信等）、虚拟现实、物联网、元宇宙等用于大学评价领域，确保在大学评价关键技术应用示范方面处于领先地位。

（二）质量优先，与时俱进

在大学评价过程中，不以“新生入学分数”“新生来源校”“在校学生数量”“毕业生数量”“毕业生就业率”“毕业生升学率”“毕业生创业率”等指标简单代替“毕业生质量”指标，而是从教学水平与毕业生质量两大方面考核大学教育教学质量和立德树人根本任务完成成效。毕业生质量重点强调毕业生校友的可持续发展能力（如升学率、创业率等）和所取得的职业成就、职场地位等，而非“入学分数”等简单化的“生源质量”，引导高校回归“立德树人”的办学根本。

（三）贡献导向，评价科学

在“破五唯”思想指导下，不以“论文、项目、著作、专利、奖励、人才称号获得者数量”“论文被引频次”等指标代替“科技研发水平”和“学术原创水平”等指标。[4]科研评价重点强调学术成果的国际影响、学术水平、国家贡献、区域贡献与经济贡献，科技研发评价重点考察能否解决“卡脖子工程”技术问题及解决的程度，有利于引导高校科技研发更加注重在服务国家和区域经济社会科技发展中的贡献与价值，而不是持续制造出一堆只能“束之高阁”的专利、著作、论文等。

（四）数据权威，确保公信

大学评价指标数据全部采用第三方权威机构、政府部门和新闻媒体公布与认定的客观数据，保证大学评价结果客观公正、公开透明、可重复验证，符合国家政策导向、国际发展趋势和基本常识。与其他大学评价机构不同，安邦智库未采用任何主观打分数据，不采用缺乏公信力、权威性不足和学界不普遍认可的自建数据库指标数据，规避了因采用自建数据库指标数据导致评价结果失去公信力、缺乏透明性、不能重复验证等弊端。

（五）结果合理，求同存异

大学评价坚持以人为本、以师生为中心，遵循“以评促建、以评促改、评建结合、重在建设”的原则，注重通过评建持续提升高等教育的宏观质量[5]、大学的中观质量和毕业生的微观质量。不重物轻人、不重理轻文、不重学轻术、不重科研轻教学、不重投入轻产出、不采用无法保证公正的同行评议或社会声誉调查。首倡大学分类、分层、分区、分级评价，避免了对不同类型、层次、区域、性质的高校的人为硬性同质化归一失真排名。有效实现了教学与科研、文科与理科、投入与产出、不同类型人才评价指标等的兼收并蓄、兼容并重，保证了各项大学评价结果的客观性、合理性和公正性，有利于引导中国各高校“走自己的路”，用自己的办法实现高质量发展。

第五节　大学评价的做法和程式

一、大学评价的做法

（一）强化立德树人中心地位

师生是大学的主人翁，师生的共同成长最终决定着大学的成长。教书育人是大学的第一职能和核心职能，必须把人才培养质量的评价放在首位，构建“党的全面领导”“思政教育成效”“教学过程质量”“在校生质量”“毕业生质量”五维度评价体系。一是注重“党的全面领导”情况的评价。大学必须依法办学、依法治学，完善党委领导下的校长负责制，重点考察大学在立德树人过程中是否完整执行党的全面领导，严格落实党和国家的教育方针政策。二是加强思想政治教育成效评价。把思想政治教育放在人才培养首位，重点考察课程思政和思政课程的教育成效、党—团—队一体化育人成效、“四史”（党史、新中国史、改革开放史、社会主义发展史）教育成效、“三全育人”综合改革成效，培养有志气、有骨气、有底气的时代新人。三是加强人才培养过程质量评价。全面实施教学相长、教研相长、理论联系实际，重点考察人才培养方案、课程体系、教材体系、教学体系、国际交流合作等方面情况，突出科学研究等对人才培养的支撑作用。四是加强在学质量与毕业质量相结合的学生质量综合评价。在学质量突出大学生德智体美劳全面发展代表性成果，注重大学生参与度和贡献度；毕业质量坚持整体就业质量和职业发展质量相结合，[6]淡化毕业生就业率，注重毕业生职业发展成就和用人单位反馈评价。

（二）坚决破除“五唯”顽疾

大学评价坚持破除“唯论文、唯帽子、唯职称、唯学历、唯奖项”等顽瘴痼疾，注重多元质量评价，采取跨学科评价方法。评价教师不唯学历和职称，不单独设置各级各类人才“帽子”指标，避免片面以学术头衔、人才称号等简单评价科技研发水平、创新能力、教学质量等粗暴做法。评价科技研发水平和创新能力等不唯论文、项目和奖项，设置“代表性学术著作”“决策咨询”“专利转化”“国家五大奖励”“新药研发”等指标，进行多维度科研成效评价。评价学术论文聚焦标志性学术成果，采用“计量评价与同行评价相结合”“中国期刊与外国期刊相结合”的“代表作评价”方法，不直接使用美国科学情报研究所（Institute for Scientific Information，ISI）的《期刊引用报告》（“Journal Citation Reports”，JCR）、中国科学院文献情报中心科学计量中心《中国科学院文献情报中心期刊分区表》、中国社会科学评价研究院《中国人文社会科学期刊 AMI 综合评价报告（2018 年）》、北京大学图书馆《北京大学中文核心期刊目录》等外国或非第三方中介评估机构的期刊评价结果，避免片面“以刊评文”“以人评文”“以文评人”，淡化论文的数据库收录情况、他引率，不将科学引文索引（Science Citation Index，SCI）、工程索引（The Engineering Index，EI）、基本科学指标（Essential Science Indicators，ESI）、社会科学引文索引（Social Sciences Citation Index，SSCI）、自然指数（Nature Index，NI）、中文社会科学引文索引（Chinese Social Sciences Citation Index，CSSCI）、中国科学引文数据库（Chinese Science Citation Database，CSCD）等论文收录数据库相关指标作为直接判断依据，规定 3~5 篇代表作中必须包含一定比例的中国期刊论文，突出标志性学术成果的创新质量、学术贡献和学术影响，对于发生学术不端和学术失范案例的高校试点亮牌警示或适当降低评价等级。树立包容性评价新理念，[7] 充分运用基于定量数据和定性证据的电脑—人脑融合评价方法，探索代表性成果同行评价与高水平成果定量评价相结合的循证评价新模式。

（三）改革大学教师评价

学高为师、身正为范，师德师风事关大学形象和声誉。为了应对师德师风失范行为和对教师做出道德约束，教育部出台的《深化新时代教育评价改革总体方案》规定了纠正师德师风、警示师德失范行为等条款，要求严格落实师德师风“一票否决”机制。把师德师风作为评价大学教师的第一标准，促进师德、师范、师能、师质相统一，对于发生师德师风负面舆情和案例的高校试点亮牌警示或适当降低评价等级。采用“教师团队整体结构与卓越教师个案相结合”的方法评价大学教师团队质量，重视青年教师发展情况和教师团队建设情况。教书育人是大学教师的首要职责和主责主业，增加大学教师教学工作情况和成效评价权重，降低大学教师科研工作、社会服务工作、国际交流工作情况和成效评价权重，把“教授上讲台”为本科生上课的数量、质量和指导研究生情况等作为重要观测点。教师称号及成果等严格按署名单位认定、不随人走，关注教师在本单位工作年限和授课情况，抑制东西部人才无序流动和东部高校“高价挖人”乱象。

（四）突出质量、贡献、特色和影响

贡献优先，兼顾质量，在大学评价整体导向上突出高校的办学质量、办学贡献、办学特色和办学影响。在大学科研评价上，淡化科研成果数量，强化科研成果质量，不以数量论英雄，不设置获得课题数、发表论文数、出版著作数、申请专利数、获取奖励数等数量化指标，突出科技研发成果的原创性、基础性、前沿性、突破性，引导高校教师扎根中国大地做科研，研究真问题、发表真成果、解决真问题，拿出经得起历史、时间、实践和人民检验的科技成果，发挥有限科研经费的最大经济效益和社会效益。强化大学对国家、区域重大战略需求和经济社会发展的人才与科技贡献，哲学社会科学学科强调发挥文化传承创新与智库决策咨询作用，自然科学学科强调基础理论突破与前沿领域开辟，工程科学学科注重科技成果转化应用与解决“卡脖子”关键核心技术问题。是骡子是马拉出来遛遛，强化大学分类特色评价，按新大学分类系统分别设置指标体系中不同指标的权重，充分体现大学的办学定位、办学优势和办学特色。创新解决不同类型、层次、形式、性质高校的可比性问题，采用一套评价标准、多种评价权重统一评价中国大学，让中国大学在一个舞台上竞技、在一个赛场上奔跑，才能真正评出社会公认和各方普遍满意的好大学。

（五）提升数据可靠性和评价科学性

数据准确性是大学评价公信力的重要保障，当然，中国大学评价的最大难题也是大学数据不依法公开和“数据注水”。为确保大学评价数据的可靠性和评价的科学性，我们创新采用了大学数据交叉核实方法，独立检验公开数据和非公开数据的拟合度、实务数据和非实务数据的一致性等。优化大学参评规则，坚持人财物“归属度”和“富集度”原则，鼓励大学教师团队攻关和大力发展新兴交叉边缘学科，确保跨学科成果合理分配和使用。完善大学评价信息采集标准，加大公开信息搜集力度，创新信息审核机制，提升信息智能核查水平，建立违规信息曝光机制，进一步提高大学评价信息的准确性、可靠性、有用性、全面性。试点扩大同行评议专家规模，制定专家评价指南，优化调查问卷设计，充分运用“融合评价”，建立同行专家“元评价”制度，进一步提升同行专家评价和问卷调查的科学性、有效性、准确性，从而保证

大学评价结果符合党和政府的预期、符合大学的校情、符合常识。借此机会，我们公开呼吁党和国家有关部门特别是中组部、国家发展改革委、教育部、科技部、工业和信息化部、人力资源社会保障部、财政部、国家外专局、国家统计局等和大学、企业、国际组织、非政府机构等依法全部公开中国大学的办学数据，依法逐步破除大学运行数据的垄断性、私密性和营利性，主动接受纳税人、投资人、独立研究者等的公开监督。

（六）大学评价结果多元化、多样化

让每一所中国大学都能在大学评价中出彩，不让每一所中国大学掉队。破除“唯分数”论，优化大学评价结果分档方法，不采用分数法而采用等次法，丰富大学评价结果呈现的多元化、多样化。按照分类、分层、分区、分级评价模式动态发布大学评价整体结果，同时提供大学单项评价结果分析服务。深化大学评价结果数据挖掘，向党和政府及参评高校等按需提供评价结果数据诊断分析服务，通过“望闻问切”帮助各大学“找准病根”“对症下药”，实现“药到病除”，促进各大学内涵建设和高质量发展，避免大学同质化和“千校一面”。

二、大学评价程式

大学评价是一个系统工程，也是一个螺旋迭代闭环过程，有输入有输出、有起点有反馈，需要遵循一定的评价程式。

（一）自愿参与

原则上，中国所有大学都可以自愿参与大学评价工作，如不愿参与，可官方声明或官方发函放弃参与大学评价工作。

（二）数据采集

按照大学评价指标体系的 300 余个四级指标观测点，采用“公共数据”与权威第三方验证的“开源数据”相结合的数据采集模式，逐步将通过公共渠道获取的数据以多种形式反馈参评高校确认或补充必要材料，一般不接受参评高校主动提供的数据和无法交叉核实的第三方数据，这既可以减轻参评高校的负担，也可以保证评价数据的中立性。

（三）数据核查

运用人—机智慧系统对公开数据进行自适应交叉检验和冗余度分析，对

人—机智慧系统标注的疑似数据采用人工核查方式进行重复校验，即让专业的数据调查专家通过材料形式审查、数据逻辑检查、公共数据比对、证明材料核查、重复数据筛查、重点数据抽查、学科归属分析等七项流程，对评价数据进行全面核查和“清洗”，力争抽样误差处于±3%、置信水平达到95%（$\alpha=0.05$），努力做到关键数据万无一失。

（四）数据公示

在确保大学评价数据安全、不损害各方合法利益的前提下，通过发布预评版评价报告等形式对部分评价数据进行网上公示，支持参评高校相互监督并依法提出异议。

（五）反馈复核

对大学评价数据核查和数据公示中发现的疑似数据，汇总反馈至安邦智库调查委员会进行复核，将有弄虚作假行为的参评高校纳入“大学评价失信名单”。

（六）同行评价

充分发挥安邦智库学术委员会及相关专题专家组的职能，请其对各定性评价指标名称、权重、数据等进行逐项咨询评价，避免出现外行评价内行和“劣币驱逐良币”现象。

（七）独立调查

通过第三方专业调查平台对大学教职工、在校大学生、大学毕业生和用人单位等进行独立调查。邀请安邦智库学术委员会委员及相关专题专家组专家对大学的国内声誉和国际声誉提供专家咨询。

（八）结果形成

将通过独立检验的全部大学评价指标数据导入高等教育大数据 AI 解决方案和云计算 EM 开放平台，根据定性指标和定量指标的权重分配，自动分析形成大学评价初步结果，再通过专家校验形成最终正式结果。

（九）结果发布

分类、分层、分区、分级发布中国大学总体评价结果，根据各方需要探索提供多维度大学评价结果。

（十）诊断分析

利用高等教育大数据云计算平台，提高大学评价数据的挖掘深度和社会效益，为参评高校及有关企业、考生家长等提供评价数据诊断分析服务，努力发挥大学评价、学科评估的诊断功能。[8]根据需要为党和政府提供中国大学整体分析研究报告，充分发挥安邦智库的决策咨询作用。

第六节　大学评价的贡献和影响

安邦智库的专家承担和完成了国家社科基金项目、教育部哲学社会科学重大攻关项目、全国教育科学规划项目、教育部人文社科项目、中国博士后基金项目、省级政府决策咨询项目等国家和省部级人文社会科学研究项目 20 多项，出版专著 20 余部，团队专家在国内外期刊发表学术论文 200 余篇，承担了国内多所高校的发展咨询规划课题研究，并向国家、省市有关部门提交了 20 余份政策研究咨询报告。安邦智库专家受邀到中国百余所著名高校和相关政府部门调研、讲学等，接受 50 余所中国高水平大学委托为其提供办学诊断评估、核心竞争力提升咨询和中长期发展战略规划设计，参加各种学术交流和专题讨论活动，虚心听取高校专家、企业主管等的意见和建议。安邦智库的全部成果多年来持续面向社会公开发布、免费下载、公益使用，得到了国内外社会各界广泛赞誉。同时，安邦智库拥有学术委员会、治理委员会、调查委员会三支专业队伍，拥有百余位国内外知名的高等教育学家，大学评价专家，教育测量专家，科学计量学家，教育政策学家，数据调查专家，大数据挖掘专家，云计算专家，元宇宙技术专家，企业管理专家和高考、考研、考博咨询专家，根据需要专门增设国家大学评价咨询专家组、国家“双一流”建设专家组、国家“双一流”建设动态监测与成效评价专家组、全球大学排名专家组等内部专题团队，是一个年龄、职称、学历、学缘、专业、职业、经历等非常合理的大学评价协同创新团队。20 年来，安邦智库公开发布的研究报告、公开出版的著作和论文的结论、数据及观点等得到了国内外权威主流媒体的广泛报道、引用与转载。

综合利用大数据解决方案、云计算开放平台和教育元宇宙技术，安邦智库正在成为大学评价和创业创富等领域的行业标准制定者，安邦版中国大学排行榜等研究成果已经成为中国高等教育评价领域的领先品牌和具有中国特色的世界大学评价民族品牌。安邦智库公布的研究报告、出版的论著以其科学性、权威性、公正性、透明性、公益性、可读性和可比较性、可重复验证性，得到了教育部门、新闻媒体、高等院校、专家学者、企业组织和社会各界等的广泛关注与充分肯定，其成果受到中国百家著名高校广泛报道、转载宣传和参考，并被众多专家学者广泛引用和正面评述，在中国高等教育评价领域有着良好的学术声誉、社会影响和品牌口碑，是广受全国考生及家长等认可和关注的大学排行榜品牌。展望未来，从“十四五”规划到2035年中长期规划，我们愿与社会各界一起“撸起袖子加油干”，将安邦版中国大学排行榜系列研究报告打造成各大媒介向全国考生家长优先推荐的权威报考指南。

【参考文献】

［1］冯用军，赵德国．中国大学评价研究报告（2015）［M］．北京：科学出版社，2015：1-14.

［2］刘虹．第五轮学科评估指标体系变化刍议［J］．黑龙江高教研究，2022（6）：86-90.

［3］刘六生，冯用军．高等教育研究中的数学方法［M］．北京：科学出版社，2009：1-5.

［4］蔡言厚，杨华．论被引频次评价的适应性、局限性和不合理性［J］．重庆大学学报（社会科学版），2009（5）：59-62.

［5］殷新，蔡言厚，蔡莉．大学评价对高等教育质量的促进作用［J］．宏观质量研究，2014（3）：114-120.

［6］冯用军．高校学科评估应加强毕业生就业质量评价：《第五轮学科评估工作方案》解读［J］．中国大学生就业，2020（9）：4-6.

［7］黄宝印，林梦泉，任超，等．努力构建中国特色国际影响的学科评估体系［J］．中国高等教育，2018（1）：13-18.

［8］杨卫，龚旗煌，杨斌，等．《第五轮学科评估工作方案》专家解读［J］．大学与学科，2021（1）：117-128.

第二章　中国“双一流”大学评价基本理论问题研究

导读：“双一流”战略是党之大计、国之大计。早日建成一批文明文化意义而非大学排行榜意义上的中国特色世界一流大学，是中国人民100多年来努力奋斗的“教育梦”。世界一流本科教育、世界一流研究生教育是培育拔尖创新人才和复合型创新人才的基础柱石，世界一流大学和世界一流学科是提供一流本科教育、一流研究生教育等的关键平台，是支撑世界高等教育中心和世界强国的核心力量。中国和平崛起和中华民族伟大复兴中国梦的接续实现，客观上要求建成若干所中国特色的世界一流大学和一批世界一流学科与专业，开展世界一流本科教育和世界一流研究生教育。在科学构建中国特色世界一流大学、学科与本科教育、研究生教育范畴架构前提下，对中国大学进行客观分类和特征化，进而积极探索科学构建中国特色、与世界接轨的“双一流”大学评价标准，有助于为国家公开遴选和动态评估新一轮“双一流”建设高校及建设学科，推动一流学前教育、一流基础教育改革发展等提供参考借鉴。

世界一流大学、世界一流学科和世界一流本科建设等已成为21世纪中国高等教育改革与发展的重大议题。一流本科教育是一流大学的精气神，一流研究生教育是一流大学培育拔尖人才的“秘诀”。一流大学培育一流人才（一流校友），一流校友成就一流大学，一流人才造就一流国家和一流民族，世界各国、各民族、各组织等的博弈归根结底是人力资源的博弈。世界一流大学、世界一流学科是世界一流国家、世界一流民族的重要品牌和核心竞争力。对于拥有5000年历史文明的古老中国而言，既创造了辉煌的先发内生型古代高等教育体系，也经历了坎坷的后发外生型近代高等教育变迁，建成若干所中国特色的世界一流大学与一批一流学科是中国人民的百年重大梦想之一，是建成世界高等教育中心助力中国“和平崛起”和全面实现中国特色社会主义现代化的重大举措，更是在“两个一百年奋斗目标”内加快实现中华民族伟大复兴中国梦及建成人类命运共同体的重要动力。2017 年 5 月 14—15 日，北京市成功举办“一带一路”国际合作高峰论坛，世界开始进入“中国时间”，标志着中国高校比历史上任何时期都更接近世界一流大学的梦想。科教兴国、人才强国，必然要求有一流教育、一流科技和一流人才支撑。建设和建成一批中国特色世界一流大学、学科，让中国高等教育真正由大变强、由强变优、由优变特，任重道远。只有先扎扎实实建成高等教育强省，才能一步一个脚印建成高等教育强国和世界高等教育中心，并孕育出一批中国特色、世界一流大学与若干世界一流学科。毫无疑问，首所中国特色、世界一流大学，必然像国立西南联合大学、唐山交通大学、北洋大学、国立西北联合大学、圣约翰大学等中国历史名校一样，诞生于“中国土壤”“中国空气”“中国生态”“中国场域”，进而从中国大学集团中成长出享誉世界、引领人类命运共同体的伟大大学，让全世界最卓越师生都向往的“稷下学宫”。在办好让人民满意的中国特色社会主义大学和实现中国高等教育高质量发展的美好期许中，在党中央、国务院“双一流”战略顶层设计下，中国高等教育集团对“为什么要建设一流大学和一流学科”“建设什么样的一流大学和一流学科”“如何建成一流大学和一流学科”这些问题，对党和政府高度关注、人民群众非常关心的“双一流”大学这个理论与实践问题，必须以特色为统领、以贡献为先导、以潜力为依规，做出回应、做好回答。[1]哲学社会科学界特别是高等教育理论工作者的重要使命和社会责任就是开展“双一流”大学基础性理论研究，要搞清楚“双一流”大学概念框架、分类特征，在遵循社会进步规律、人才成长规律和教育发展规律等基础上科学构建“双一流”大学评估标准，形成中国特色世界一流高等教育思想体系和评价战略学说，从而为党、政府和大学等开展科学决策提供参考咨询。

2015 年 8 月 18 日，《“双一流”建设总体方案》获中央深改组审议通过，《“双一流”建设总体方案》明晰了中共中央、国务院建设中国特色世界一流大学与学科的坚定决心、指导方针、战略目标、运行机制和保障措施。2015 年 10 月 29 日，《中共中央关于制定国民经济和社会发展第十三个五年规划的建议》颁行，重申要持续提升大学教学水平与协同创新能力，使一批大学与若干学科达到或接近世界一流水平，提升高校综合实力和国际核心竞争力，培育一流人才，产出一流成果。一流本科教育是一流大学的灵魂，“建设一流本科教学、提高教学质量，是加快推进‘世界一流大学和一流学科建设’的迫切需要……一流的本科教育是一流大学的重要基础和基本特征”。[2] 2017 年 1 月 24 日，教育部、财政部、国家发展改革委联合出台《统筹推进世界一流大学和一流学科建设实施办法（暂行）》（以下简称《“双一流”建设实施办法》），“双一流”战略顶层设计、配套制度、工作方案、遴选标准、遴选机构、工作程序日益完善，9 月 20 日正式名单“出炉”，一流大学建设高校 42 所、一流学科建设高校 95 所。一流大学、学科和专业的遴选是动态开放的，“按照中国特色、世界一流的标准，需要第三方评估，需要专家委员会评估……竞争优选、专家评选、政府比选、动态筛选”。[3] 此后，涉及“双一流”大学的评价等，党和政府又陆续出台了一系列法规政策，如 2020 年 10 月 13 日，中共中央、国务院印发《深化新时代教育评价改革总体方案》；2020 年 12 月 15 日，教育部、财政部、国家发展改革委印发《“双一流”建设成效评价办法（试行）》；2022 年 1 月 26 日，教育部、财政部、国家发展改革委印发《关于深入推进世界一流大学和一流学科建设的若干意见》等。

第一节　中国“双一流”大学评价前期研究文献

“一流大学”“一流学科”是世界性概念，早在 20 世纪 60 年代就受到学者关注并予以研究，[4] 这两个词传入中国始于改革开放以后，准确地说是 80 年代，[5] 成为中国学界的重要学术概念则是 90 年代中期了。虽然之前偶有学者提及“一流”这个词，但与高等教育、大学等关系不大。国家出台“211 工程”后，一流大学、一流学科开始成为政界、学界等“热门词”和“高频词”。“双一流”概念正式成为中国学界的重要学术概念，应该是 2015 年 10 月 24 日《“双一流”建设总体方案》颁发之后。中国知网（CNKI）的文献检索结果印证了这一点，最早的研究文献始于 2015 年 11 月 6 日，中国教育报记者柴葳发表了学术新闻《“双一流”目标已定，中国大学吹响冲锋号——冲击“世界一流”的中国路径》，首次提出了“双一流”大学的概念。[6] 可以说，改革开放 44 年，是我国学界特别是哲学社会科学界大规模开展一流大学、一流学科（双一流）、一流本科、一流专业、一流研究生相关理论和/或应用研究的 44 年，取得了丰硕的学术研究成果（如表 2-1 所示）。

表 2-1　中国一流大学、一流学科、“双一流”、“双一流”大学、“双一流”学科、一流本科、一流专业、一流研究生相关研究文献量化统计

篇名	数量	首发日期	篇名、关键词、摘要	数量	首发日期
一流大学	6907	1984-03-31	一流大学	20246	1984-03-31
一流学科	2294	1989-10-18	一流学科	15775	1994-03-10
“双一流”	6675	2015-11-06	“双一流”	15615	1994-03-15
“双一流”大学	312	2015-11-06	“双一流”大学	3698	1994-03-15
“双一流”学科	95	2015-11-06	“双一流”学科	2626	1994-03-15
一流本科	1313	1996-02-15	一流本科	5721	1996-07-25
一流专业	1615	1990-03-02	一流专业	3698	1990-03-02
一流研究生	574	1995-01-10	一流研究生	3034	1984-03-31

注：CNKI 检索截止时间为 2022 年 8 月 15 日 24：00。

由表 2-1 的相关数据可以发现，我国学者对“双一流”大学的相关研究较少，绝大部分学者习惯于研究一流大学或一流学科，还不习惯把两者整合起来进行研究。换句话说，“双一流”大学还不是一个比较成熟、规范的专有学术用法，这从 2015 年来相关研究的论文发表情况得到印证（见图 2-1）。

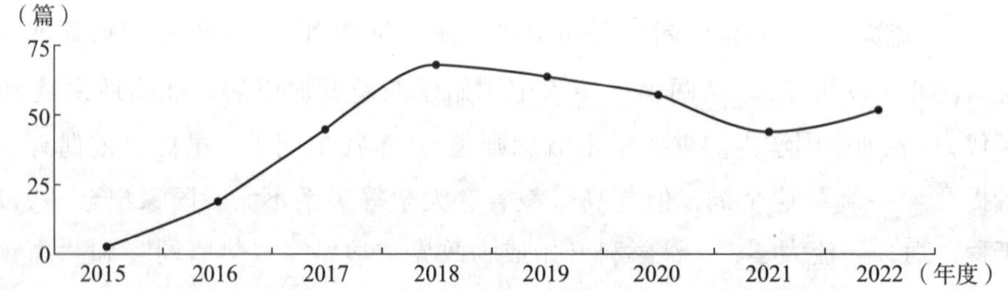

图 2-1　中国学界“双一流”大学研究论文发表年度趋势

具体地说，2015 年《“双一流”建设总体方案》出台前后，学界仅有 2 篇文献涉及“双一流”大学，2017 年教育部、财政部、国家发展改革委《关于公布世界一流大学和一流学科建设高校及建设学科名单的通知》发出后，2018 年学界的相关研究达到了历史最高峰（68 篇），此后基本保持平均约 55 篇/年的水平。由此可见，“双一流”大学仍是一个比较热门的研究选题。自 2022 年 2 月 9 日教育部、财政部、国家发展改革委发布《关于公布第二轮“双一流”建设高校及建设学科名单的通知》（教研函〔2022〕1号）以来，又掀起了一波“双一流”大学研究小高潮，以此预测，2023年相关研究成果的数量会有小幅上涨。

文献检索发现，2001—2022年，312篇“双一流”大学相关研究成果中，180篇涉及“双一流”大学评价。从论文发表年度趋势来看（见图2-2），2018—2019年是一个研究高峰期，2018年发表了30篇，2019年发表了36篇。分析发现其主要原因是按照《“双一流”建设总体方案》，第一轮“双一流”大学建设周期是5年（2017—2022年），2019年首轮“双一流”建设高校及建设学科迎来建设绩效的“期中考试”，即教育部组织“双一流”大学专家委员会或第三方评价组织对首轮140所“双一流”建设高校进行中期绩效评价。这既是一次过程评估，也是一次诊断评估，相关高校和研究者都比较重视。其他年份，相关研究不多，其中2017年、2020年、2021年平均维持在17篇/年的水平上。在发表者维度上（见图2-3），一是杭州电子科技大学/武汉大学“双料学者”邱均平发表的论文最多（24篇），二是武汉大学赵蓉英（10篇），她是邱均平团队的核心成员；三是杭州电子科技大学的祖文玲（6篇），她也是邱均平团队的核心成员。发表5篇的有山西大学的马瑞敏、华东师范大学的娄雯、杭州电子科技大学的张蕊、山西医科大学的吴胜男，发表4篇的有北京工业大学的王菲菲、上海交通大学的冯倬琳，发表3篇的有南京大学的赵月华、清华大学的陈星博、浙江师范大学的欧玉芳、杭州电子科技大学的董西露、武汉大学的周为、中国科学技术大学的崔育宝、杭州电子科技大学的舒非、上海交通大学的姜雅萃。分别来自陕西师范大学和唐山师范学院的冯用军、赵雪合作发表了2篇相关论文，与北京理工大学的王战军、上海交通大学的刘念才和董彦邦、湖南大学的余小波、中国科学技术大学的裴旭和李金龙、武汉大学的马凤和牛培源及柴雯等持平。在发表机构维度上（见图2-4），一是武汉大学发表的论文最多（24篇），二是上海交通大学（13篇），三是杭州电子科技大学（9篇），清华大学发表7篇位列第四。北京师范大学、北京理工大学、浙江大学均发表5篇，郑州大学、南京大学发表4篇，华东师范大学、中国科学技术大学、厦门大学、燕山大学、中国科学评价研究中心（挂靠武汉大学）、南京航空航天大学、山西大学、吉林大学发表3篇，中央财经大学、陕西师范大学、河南科技大学、唐山师范学院等发表2篇。结合上述两个指标维度可以发现，来自“双一流”建设高校的学者发表了50%左右的“双一流”大学评价研究成果。

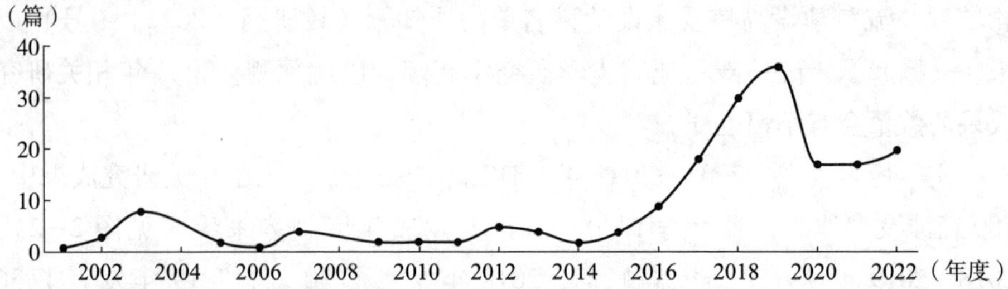

图 2-2　中国“双一流”大学评价研究成果年度发表量

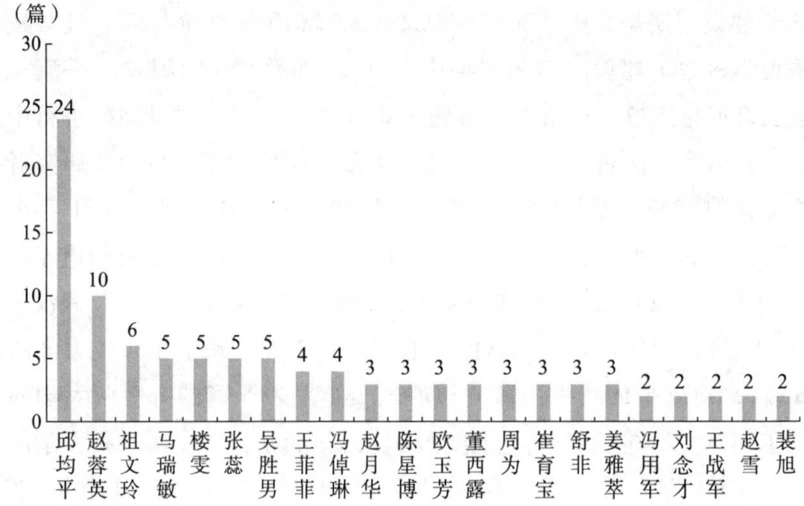

图 2-3　中国“双一流”大学评价研究成果发表者

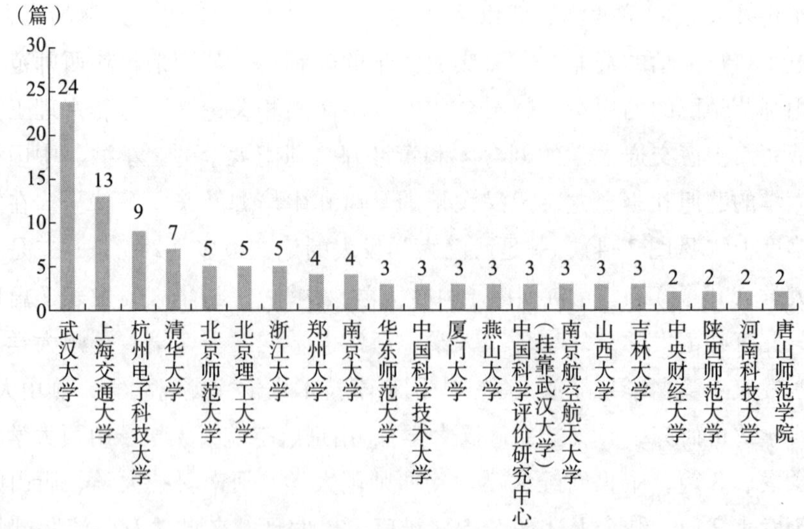

图 2-4　中国“双一流”大学评价研究成果发表机构

第二节　中国“双一流”大学评价概念框架解析

中国特色世界一流大学、世界一流学科、世界一流本科教育、世界一流专业、世界一流研究生教育等不应同质化，在应然或实然理论状态中，特别是在中国话语体系里，需要多样化。所谓世界一流大学，是指已经和正在持续培养引领未来的人（伟大校友），持续产生推动国家和人类社会进步的创新思想（哲学家）、前沿科学（科学家）、未来技术（大国工匠）等大学集群。世界一流学科是指拥有一流学者队伍、一流学生质量、一流科技成果、一流学术声誉、一流社会服务、一流国际影响等学科聚合。世界一流本科教育是指能够坚持立德树人，持续培育具备全球担当、家国情怀、创新意识、批判思维、实战能力的杰出校友的博雅教育，目标是破解“钱学森之问”，即能持续培养拔尖创新人才。党中央、国务院已经指明了“双一流”大学建设的前进方向，教育战略决策者、理论研究者、政策执行者必须深入领会“双一流”战略精髓，准确把握“双一流”大学建设的实质，科学解构国家“双一流”大学建设框架（见图 2-5），才能科学定位、合理分类、全面落实“双一流”战略部署。

由此可见，世界一流研究生教育需要世界一流本科教育，世界一流本科教育需要世界一流中等教育、世界一流小学教育、世界一流学前教育。同理，要建设世界一流大学，就需要建设世界一流中学、世界一流小学、世界一流幼儿园，用世界一流教育系统成就世界一流人才、产出世界一流科技。

第三节　中国“双一流”大学评价分类特征质化

世界一流大学是世界大学集团中各类型、各层次、各形式大学的佼佼者、引领者和带头人的集合，世界一流学科是世界大学集团中各大学内最有特色、最有优势、最有成就学科的群域。可以预见，“双一流”战略必是未来 30 年中国高等教育改革与发展的中心议题，将与国家引导地方本科高校向应用型转变的重大举措一道形成高等教育发展的“两翼”，重塑中国大学的全新面貌、重建中国大学的世界格局。

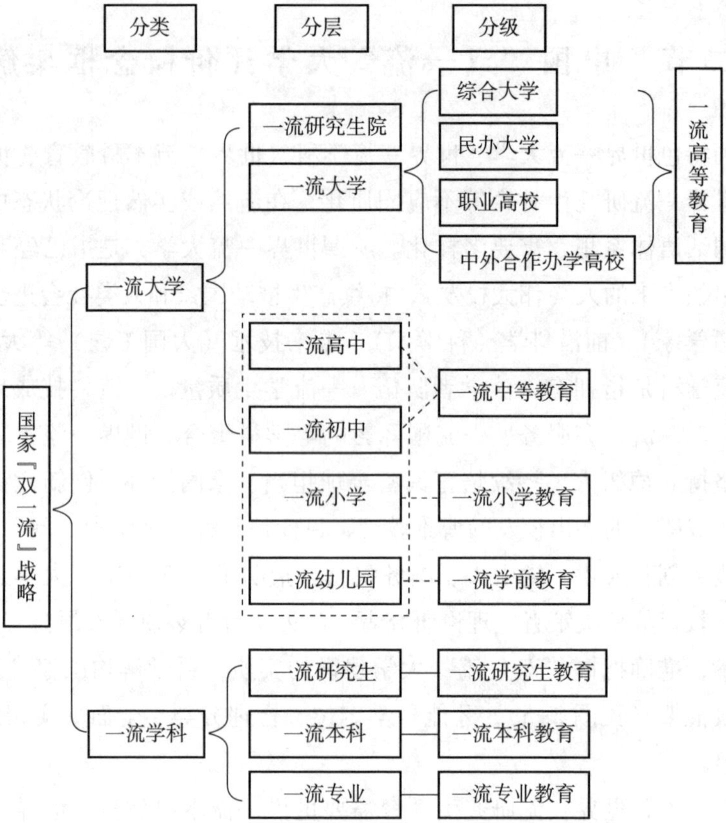

图 2-5 国家“双一流”战略内涵框架

一、中国高校分类体系及其判别标准研制

2014 年 5 月 4 日，习近平总书记在视察北京大学时指出：“党中央作出了建设世界一流大学的战略决策，我们要朝着这个目标坚定不移前进。办好中国的世界一流大学，必须有中国特色。没有特色，跟在他人后面亦步亦趋，依样画葫芦，是不可能办成功的。这里可以套用一句话，越是民族的越是世界的……我们要认真吸收世界上先进的办学治学经验，更要遵循教育规律，扎根中国大地办大学。”[7] 习近平总书记关于世界一流大学的重要论述，明确了“双一流”战略所要建设的世界一流大学、世界一流学科必须是中国特色的、自主创新的，而不是欧美世界一流大学、世界一流学科在中国的简单照搬或模仿复制，这就客观上要求对中国大学集团进行科学定位、合理分类，

引导它们办出特色、高质量发展。

按照笛卡尔的一元二分法哲学思想，东方高等教育体系和西方高等教育体系如同东、西方文化一样虽神驰两端，但元神归一。东方高等教育传统最终形成于中国（如荀子所在的稷下学宫），而西方高等教育传统最终形成于希腊（如柏拉图的阿加德米学园），此后经不断强化、变迁和传播，对周边国家产生深远影响，分别形成儒家文化圈和拉丁文化圈；圈内大学分别形成不同的生存模式和学术文化，东方大学更多选择与政府合作并适度接受其管制，西方大学更多选择与政府保持适度距离并有条件接受其资助，东方大学如同生命之树讲求玄虚，西方大学如同知识之树讲求实用。东方高等教育历史悠久，在努力学习一个多世纪西方模式后，基本构建起了现代高等教育体系。但是陷入文化困境和数字鸿沟中的东方大学集团，作为除北美、欧盟之外的世界第三大高等教育体，有的还继续依附在西方发展模式中“迷失自我”，找不到独立自主发展的出路；有的已经迷途知返开始走上艰难的自主创新发展道路，取得了相比非西方大学的卓越成就，在此形势下中国大学开始反思自身的发展路径。进入 21 世纪，面对欧美大学集团的世界一流大学评价标准体系，中国大学集团开始学会说“不”，因为中国大学已经渡过了引进和依附发展阶段，进入借鉴消化阶段后期与吸收创新阶段前期，高质量发展目标是自我超越，在校生规模达到世界第一后在校生质量逐步达到世界领先，通过高度自主的学术创新和科技研发，到 21 世纪中叶成为世界科技教育中心。

“建立高校分类体系，实行分类管理”是《国家中长期教育改革和发展规划纲要（2010—2020 年）》（以下简称《中长期教育规划纲要》）提出的新任务，也是中国教育行政管理部门和学术界的共同追求。但中国大学集团在发展模式上超越欧美大学集团任重道远，毕竟现代中国大学，从内容到形式几乎完全建基于欧美模式。不过在大学分类方法上，借鉴联合国、卡内基分类法，完全可以有所创新，建立中国特色大学分类标准和体系。众所周知，高校分类是一个世界性难题，同时是制定分类发展政策的基础和前提。国外有关高等教育与高校分类的研究始于 20 世纪 70 年代，有重大影响的有联合国教育、科学及文化组织（United Nations Educational，Scientific and Cultural Organization，UNESCO）制定的《国际教育标准分类法（2011）》（*International Standard Classification of Education* 2011 *edition*，ISCED2011）、卡内基教学促进基金会（Carnegie Foundation for the Advancement of Teaching，CFAT）的《卡内基高等教育机构分类》（2018）（*The Carnegie Classification of Institutions of Higher Education* 2018 *edition*，CCIHE2018）。我国高校分类研究始于20世纪90年代，做了许多前期研究工作，也取得了一些成果。[8] 在国家“双一流”战略执行期，重启中国高校分类体系及其设置标准研究具有必要性：一是构建高校分类体系以促进其多样化、错位化、有序化、差异化和高质量发展，已成为包括我国在内的世界各国高等教育改革发展的迫切要求；二是国外高等教育分类或高校分类已不能适应21世纪中国高等教育改革发展潮流，中国大学新时代发展趋势、发展阶段和发展格局，即中国高等教育已经从20世纪的外延式扩张、规模数量至上转向21世纪的内涵式发展、质量特色第一；三是中国高等教育分类体系或大学分类方法存在重大偏向问题，评价指标体系偏向科研总量或平均数、师生规模等而很少关注教学质量、办学特色、校友职业发展能力和职场成就等，导致重科研轻教学、重数量轻质量、无法区分人才培养层次、不适合特色类院校等问题。

中国大学分类问题真的无解或没有帕累托次优解吗？答案显然是否定的。为了更加科学合理地对我国高等教育的布局、形式、科类、层次、治理结构等进行优化调整，[9] 建设中国特色社会主义世界一流高等教育系统，通过比较、筛选和透析全球典型分类方法，借鉴其有益做法，依据符合高等教育规律、中国特色、世界独创性、公开且客观公正的评价思想，从国际影响、国家发展与社会贡献三大视角审视和考量大学办学成就，以高校对世界、国家和地区的科学与人才贡献能力为评价原则及“先类后层再级”为原则，提出了一种二维中国大学新分类体系和判别标准（如表2-2所示），即大学的人才培养层次、科技研发水平等（一维）与中国高校设置的学科专业情况、毕业生职业发展状况等（二维）的交叉组合。除了确定国家高校分类体系及其判别标准外，还必须对相应象限内的大学进行特征分析：①研究型院校侧重培养学术型人才和开展基础性科研；②专业型院校侧重培养工程型人才和开展专业性科研；③应用型院校侧重培养技术型人才和开展应用性科研；④技职型院校侧重培养技职型人才和开展技能性科研。[10]

表 2-2　中国大学分类体系及其判别标准（二维分类）

序号	维度一	维度二	分类标准	目标愿景
1	研究型	综合研究型大学	（1）师资水平（教师质量） （2）教学水平（教学质量） （3）学术水平（科研质量） （4）学生水平（校友质量） （5）办学定位（愿景规划） （6）办学特色（校园文化）	世界、 国家、 区域、 类型、 一流大学
		行业特色研究型大学		
		区域研究型大学		
		区域特色研究型大学		
2	专业型	普通专业型大学		
		特色专业型大学		
3	应用型	应用研究型大学		
		普通应用型大学		
4	技职型	技职型大学		

国外的高等教育分类或高校分类缺乏中国特色和中国元素，国内的高等教育分类或高校分类存在重科研轻教学等不良倾向，误导高校发展战略方向。科研教学二分法不符合21世纪大学发展的时代潮流、一维分类让行业特色型和底层大学（应用型大学、技职型大学等）无法共享发展阳光，如高职院校、专科院校、市属院校、省属院校、行业特色型院校等被人为判定为“教学型大学”或“教学研究型大学”，特别是一些“小而精”大学，如中央音乐学院、北京电影学院等，一旦被贴上这样的标签，基本就与高水平大学无缘，[11]也就是在“双一流”建设上被判了“死刑”。新的二维大学分类标准有利于体现人才培养层次（研究型、专业型、应用型和技职型人才）、有利于体现高校学术研究层次（研究型和非研究型院校）、有利于体现高校办学特色（行业特色、学科专业特色、人才特色），初步实现了教学与科研并重、教师与学生并重、投入与产出并重、学术与实践并重、规模与质量并重、特色与通识并重等，让中国各类型、各层次、各形式的大学都能共享改革开放发展机遇，即通过科学定位、合理分类、错峰发展、高质量发展、办学特色彰显、综合实力突出，有望在未来5~20年进入国家世界一流学科、世界一流大学建设行列，获得更多、更优质的高质量发展资源。

二、世界一流大学与一流学科的特征凝练

（一）世界一流大学通约特征

世界一流大学作为世界大学集团的“排头兵”和“领头羊”，拥有独一无二的气质和基因，[12]具有十大基本特征（评价标准）。一是一流办学理念。办学理念是大学的灵魂，是全体大学人关于“什么是大学”“为谁办大学”“怎样办大学”“谁来办大学”“培养什么人”“为谁培养人”“怎样培养人”“谁来培养人”等的深度思维结晶，如普林斯顿大学坚守“为国家服务、为世界服务”，并在教育教学中全面渗透。二是一流师资队伍。师资队伍是大学的根基，大学者大师之谓也，如剑桥大学有百余位教职工获得诺贝尔奖等。三是一流办学特色。办学特色是大学的标签，如耶鲁大学实行住宿学院制和重视本科教学。四是一流学科专业。学科专业是大学的细胞，如加州理工学院的物理学、化学、天文学、生物学等排名世界前列。五是一流毕业生校友。毕业生校友是大学的名片，一流大学培育一流校友，一流校友成就一流大学，如牛津大学培养了30余位英国首相、60多位诺贝尔奖得主等。六是一流科技成果。科技成果是大学的答卷，如麻省理工学院研制了全球首台能够实时处理信息的“旋风电脑”，发明了磁芯存储器等。七是一流校园文化。校园文化是大学的个性，融入大学的血脉和骨髓，如“小而精”的巴黎高等师范学校。八是一流校长和卓越管理团队。校长团队是高校的掌舵人，筹集资金、聘请人才是校长的核心工作，艾略特（Charles W. Eliot）、科南特（James Bryant Conant）、德里克·博克（Derek Bok）等顶尖校长的“不忘初心”造就了今日的哈佛大学。九是一流新生质量和校友服务工作。生源是大学的原材料，如号称比哈佛还难进的深泉学院，每年录取学生10余人。十是一流社会声誉和国内外影响力。声誉是大学的颜面，如“硅谷之母”斯坦福大学，无论是学术声誉还是社会声誉都举世闻名。按照上述世界一流大学的十大基本特征，考量世界大学数量（世界各类型高等教育机构约3万所）并参照世界性大学排名结果（考虑学术性和社会性双维度），可以确定世界一流大学的基本比例（如表2-3所示）。

表 2–3　中国特色世界一流大学比例

<table>
<tr><th colspan="4">办学类型</th><th>大学层次/%</th></tr>
<tr><td rowspan="9">综合研究型/
应用型/
技职型大学</td><td rowspan="9">行业特色
研究型/
应用型/
技职型大学</td><td rowspan="9">专业应用型/
技职型大学</td><td rowspan="9">技能型/
技职型大学</td><td>世界顶尖大学，0.01</td></tr>
<tr><td>世界一流大学，0.10</td></tr>
<tr><td>亚太一流大学，0.50</td></tr>
<tr><td>亚洲一流大学，1.00</td></tr>
<tr><td>中国一流大学，2.00</td></tr>
<tr><td>中国（不含港、澳、台地区）一流大学，5.00</td></tr>
<tr><td>区域一流大学，10.00</td></tr>
<tr><td>省域一流大学，30.00</td></tr>
<tr><td>市域一流大学，50.00</td></tr>
</table>

（二）世界一流学科基本特征

学科是高等教育的独特范畴，必须纳入高等教育学学科分析框架。学科承载了高等教育的两大基本功能和大学的五大核心职能，既是促进个体成长的平台，也是推动社会发展的平台；既是教育教学的平台，也是科技研发的平台；既是产学融合的平台，也是科教融合的平台；既是协同创新的平台，也是创业创富的平台；既是大师工匠会聚的平台，也是青年才俊扎堆的平台。世界一流学科与世界一流大学究竟是什么关系？在正式回答这个问题之前，必须破除一种误解或错误观念，即中国以前没有世界一流大学或未来建不成世界一流大学或学科，不能理性地看到世界一流大学并非全部学科均为世界一流学科，没有世界一流学科就没有世界一流学科的高水平大学，没有世界一流学科的高水平大学就难以成长为世界一流大学。建设世界一流大学必须以建设世界一流学科为基点和抓手。[13]这是因为学科是大学的细胞、专业是大学的基因，世界一流学科是创建世界一流大学的基石。教育大数据推演发现，学科建设水平与高校发展水平呈现高度正相关关系，学科建设质量、成效会明显影响高校的学术声望与世界地位，所以“办大学”的中心工作就是“办学科”。[14]世界一流学科不仅要有中国特色，还需得到世界公认，拥有一些基本特征。一是一流学术团队。一流学科必然聚集一流教师团队，特别是以诺贝尔奖获得者等为代表的顶尖科学家、哲学家团队。二是一流学生质量。一流学科拥有一流教师，既能吸引一流学生报考，也能培育出一流毕业生。三是一流学科特色。一流学科必然是人无我有、人有我优、人优我特。四是一流科技成就。一流学科不仅拥有一流科研平台、顶级科研项目、高级科研奖励，还拥有一流科技成果。五是一流办学资源。一流学科拥有充足的经费和物力资源，特别是巨额办学经费。六是一流学术声誉。一流学科能产出世界级水平的学术论文和高被引论文。七是一流社会服务。一流学科基本是产学研一体化的典范，合作对象多是世界级企业或国家级政府机构等，易将发明专利、咨询报告等成果转化为社会服务。八是一流国际交流与合作。一流学科的师生大多数是国际学术会议的报告人，跨国学术交流的对象基本是世界一流大学。世界一流学科的评价既要注重中国特色，这是社会需求的逻辑；也要注重国际标准，这是学术发展的逻辑，这双重逻辑限制了世界一流学科、专业的分布情况（如表2-4所示）。在学术逻辑上，评价指标包括一流科技研发、一流学术论文、一流学术团队、一流教育教学、一流文化传承等；在社会逻辑上，评价指标包括一流毕业生、一流发明专利、一流咨询服务、一流国际交流等。[15]所以，科学的世界一流学科、专业评价，必然要平衡学术逻辑和社会逻辑。

表2-4　中国特色世界一流学科、专业的比例

学科类型				学科层次/%	专业层次/%
综合研究型/应用型/技职型学科/专业	行业特色研究型/应用型/技职型学科/专业	专业应用型/技职型学科/专业	技能型/技职型学科/专业	世界顶尖学科，0.01	世界顶尖专业，0.01
				世界一流学科，0.05	世界一流专业，0.05
				世界知名高水平学科，0.10	世界知名高水平专业，0.10
				世界高水平、中国顶尖学科，0.50	世界高水平、中国顶尖专业，0.50
				世界知名、中国一流学科，1.00	世界知名、中国一流专业，1.00
				中国高水平学科，5.00	中国高水平专业，5.00
				中国知名学科，10.00	中国知名专业，10.00
				中国区域高水平学科，20.00	中国区域高水平专业，20.00
				中国区域知名学科，50.00	中国区域知名专业，50.00

【参考文献】

[1] 李元元．办好中国特色世界一流大学［N］．人民日报，2015-09-10（7）．

[2] 储召生．一流大学本科教学高峰论坛举行［N］．中国教育报，2016-05-07（2）．

[3] 中国教育报．十二届全国人大五次会议举行记者会　陈宝生就“教育改革发

展”答记者问［N］. 中国教育报，2017-03-13（1）.

［4］WOLFLE D. Forty first-rate universities［J］. Science，1964（3625）：144.

［5］陆文岳．美国五类一流大学名次一览［J］. 外国教育动态，1984（6）：58.

［6］柴葳．“双一流”目标已定，中国大学吹响冲锋号：冲击“世界一流”的中国路径［N］. 中国教育报，2015-11-06（5）.

［7］徐京跃，霍小光．习近平在北京大学考察时强调：青年要自觉践行社会主义核心价值观与祖国和人民同行努力创造精彩人生［N］. 人民日报，2014-05-05（1）.

［8］史秋衡．国家高校分类体系及其设置标准实证研究［M］. 北京：科学出版社，2016.

［9］伊继东，冯用军，杨超．基于非均衡发展理论的省域高等教育布局结构调整：以云南省为例［J］. 云南师范大学学报（哲学社会科学版），2013（1）：64.

［10］冯用军，赵德国．中国大学评价研究报告（2015）［M］. 北京：科学出版社，2015.

［11］冯用军．中国特色世界一流大学和世界一流学科建设若干基本问题研究：以湖北为例（上、下）［J］. 决策与信息，2016（11/12）：81-82.

［12］冯用军，赵雪，朱立明．中国特色世界一流大学建设成效评价体系理论建构与实践验证［J］. 江苏高教，2019（1）：20-26.

［13］瞿振元．积极推动一批大学和学科跻身世界一流［N］. 中国教育报，2016-09-29（8）.

［14］周光礼．世界一流学科的中国标准是什么［N］. 光明日报，2016-02-16（13）.

［15］冯用军，赵雪．中国“双一流”战略：概念框架、分类特征和评估标准［J］. 现代教育管理，2018（1）：12-18.

第三章　中国“双一流”大学建设成效监测机制与评价标准前期研究

导读：制定与完善“双一流”大学建设成效的监测机制及评价标准具有紧迫性和重要性，影响每一轮“双一流”大学建设成效评价的制度“效度”和社会“信度”。“双一流”大学建设成效的监测机制涉及建设目标、利益主体、监测方法与监测结果等，主要构成要素包括政府、高校、专家委员会和社会公众；评价标准要涵盖高等教育的基本功能，突出促进个体发展与社会发展的导向；评价指标体系要涉及教书育人、科学研究、社会服务、文化传承、国际交流与合作等大学核心职能，涵盖师资质量、雇主声誉、国家需求等多个指标；评价方式要逐渐形成制度化机制与安排，以此推动“双一流”大学建设成效监测机制和评价标准的不断完善。监测机制与评价标准要经得起历史和实践的双重检验，促进我国高等教育强国和世界高等教育中心的建设，为我国经济社会可持续高质量发展和实现中华民族伟大复兴中国梦做出新贡献。

2015 年国务院公布《统筹推进世界一流大学和一流学科建设总体方案》（以下简称《总体方案》），2017 年教育部、财政部、国家发展改革委印发《统筹推进世界一流大学和一流学科建设实施办法（暂行）》（以下简称《“双一流”建设实施办法》），标志着我国世界一流大学建设跨上新台阶、迈上新征程。“双一流”大学建设时间紧、任务重，到 2022 年第一轮“双一流”大学建设周期结束，按照《总体方案》和《“双一流”建设实施办法》的“三步走”路线规划与行动要求，对第一轮“双一流”大学建设高校的质量监测与成效评价进行跟踪调查。因此，研制和完善“双一流”大学建设成效的监测机制与评价标准等具有紧迫性及必要性，影响“双一流”大学建设成效评价的制度“效度”和社会“信度”，具有非常重要的理论意义和实践价值。

第一节　中国“双一流”大学监测与评价是新时代的重大教育议题

我国正从高等教育大国走向高等教育强国，高等教育已经从大众化阶段迈入普及化阶段，高等教育制度、体制、法规等相关体制机制建设还不完善，这方面的探讨不仅关系着我国高等教育建设能否走得持续、走得顺畅、走得高效，还关系着我国高等教育能否高质量发展、具有完全自主的中国特色以及达到世界一流大学水准。质量监测与成效评价关系着中国高等教育的制度建设、体制确立和法律完善，具有全局性、层次性和规范性。如何对“双一流”建设高校开展质量监测与成效评价，不仅关系着“双一流”大学建设能否按照“动态管理、有进有出”的原则继续螺旋迭代，同时关系着如何通过绩效评价推动我国高等教育高质量发展等相关问题，具有重要的理论意义和现实价值。

制定以学科为基础的“双一流”大学建设绩效评价方法，专家委员会根据高校的建设方案、自评报告并参考有影响力的第三方评价对“双一流”高校开展中期和终期评价，是《“双一流”建设实施办法》规定的动态管理方式。[1]但是绩效评价方法如何科学制定，专家委员会如何对高校建设方案、自评报告等进行公正评价，以及参考哪些有影响力的第三方评价结果等问题并没有一贯的方法和标准及制度性安排。“双一流”大学建设监测机制的确立与发展，以及评价标准的制定与完善，对于遴选新一轮“双一流”建设高校及建设学科等非常重要、紧迫，是一项需要提上高等教育决策者工作日程并组建专业团队进行组织性科研攻关的重大教育议题。

第二节　中国“双一流”大学建设成效监测与评价的前期研究分析

在政府决策、经济管理等领域监测机制（monitoring mechanism）研究成果较多，但是在教育领域关于监测机制的高质量研究成果较少。韩峰和隋福民运用 CiteSpace 分析了 2015—2017 年我国主题为“双一流”大学建设与高校质量监测的相关研究文献，发现对于监测机制的相关研究比较少。[2]李桂荣和尤莉通过介绍 OECD 教育发展监测框架，分析了 INES 联合监测、LSO 数据驱动平台、CIPP 指标体系和 GPS 可视化系统，并阐述了监测体系各部分的功能和特点。[3] 任喜峰利用数据挖掘技术，通过朴素贝叶斯分类方法探索了有效监测学生考试成绩变化趋势的机制。[4] 徐子媛提出 ESI 作为评价国家和地区以及学术机构与学科水平的重要指标，可以纳入高校学科的动态监测机制，并建立了指标体系和预警等级。[5] 已有相关研究成果强调将各种技术手段和数据挖掘方法迁移至教育的监测体系中，为我们开展“双一流”大学建设成效监测机制的前期研究提供了一定的思路和启示。

评价标准，即评价的具体指标、权重、算法等。余小波等提出了“双一流”大学建设要引入评议机制、排名机制和认证机制等三种类型的社会评价机制。[6] 刘海涛认为“双一流”大学建设下高校应该开展学科国际评价，注重学科评价的国际化理念、体现自身发展特色等。[7] 冯用军和赵雪在国内外率先阐释了我国“双一流”战略的概念框架与分类特征，融汇中国特色和中国元素，在借鉴国内外第三方评价的基础上提出了中国特色世界一流大学评价标准，从定性与定量的历时数据出发分别选取侧重中国特色和世界标准的评价指标。[8] 已有相关研究成果关注社会评价、第三方评价以及中国特色在“双一流”大学建设评价标准中的重要作用，这些都是我国“双一流”大学建设成效的评价标准应该改进和完善的领域。

政策改革是推动高等教育高质量发展的重要动力。周光礼认为，“双一流”大学建设应该突破宏观层面的“体制与结构”问题、中观层面的“组织与管理”问题、微观层面的“知识与课程”问题等三重障碍，并强调了不同主体的能动性发挥。[9] 李威在分析德国“卓越倡议”计划的基础上提出了“双一流”的动态建设机制相关建议，[10] 并基于德国、日本、韩国和新加坡的案例运用治理理论论证了“双一流”大学建设中政府应该扮演“公共人”角色。[11] 已有相关研究成果强调制度改革和国际做法，对于完善“双一流”大学建设过程中体制机制具有重要作用，对于完善我国“双一流”大学建设成效的监测机制与评价标准具有一定的启示作用。

总之，国内外学术界关于教育发展成效监测机制、“双一流”大学建设成效评价标准及政策改革等的研究文献不多，关于“双一流”大学建设成效的监测机制和评价标准等直接相关研究成果更为稀少，缺少相关方面的系统探讨和深度研究。因此，从“双一流”大学建设成效的监测机制出发，探讨监测机制的结构及体系，从其中关键环节即评价标准出发探讨“双一流”大学建设的质量保障和成效评价，着重分析评价原则、评价范围、评价指标体系及评价的制度化，可以为有关部门进一步优化完善“双一流”大学建设相关政策和改革措施等提供科学借鉴。

第三节 中国“双一流”大学建设成效监测机制的确立与发展

一、监测机制的系统分析

中国“双一流”大学建设成效的监测机制涉及“双一流”大学建设的目标、利益主体、监测方法与监测结果等。其中，“双一流”大学建设的目的（建设什么样的“双一流”大学）影响着监测机制的建立基础和方法论指导；利益主体则是“双一流”大学建设中的主要行为者（谁来建设“双一流”大学），利益主体的关系定位和行为准则与监测体系密切相关；监测方法直接影响着“双一流”大学建设监测机制的结果（如何评价“双一流”大学建设进程），对于“双一流”建设高校及建设学科各利益主体包括政府、高校、专家学者以及社会公众等来说，是重点、热点、焦点、难点和痛点，其效度和信度由评价方法的可靠性程度决定；而监测结果则关系各利益主体的认知和行为（“双一流”大学建设得怎么样），并影响整个监测机制的运行和发展。

通过对中国“双一流”大学建设成效的监测机制进行系统分析可以发现：从监测目的来说，“双一流”大学建设成效的监测机制服务于我国推进具有中国特色的世界一流大学和一流学科建设的总体布局，服务于国家和区域经济发展、社会进步的目标，如国家中心城市建设、京津冀协同发展等国家战略、“一带一路”等国际倡议；从监测的利益主体来说，“双一流”大学建设成效的监测机制关系政府、高校以及社会公众等不同的利益主体，要兼顾不同利益主体的合理诉求；从监测方法来说，“双一流”大学建设成效的监测机制主要通过专家委员会、第三方评审等对“双一流”建设高校的效果进行科学评价，注重以学科为中心；从监测结果来说，“双一流”大学建设成效的监测机制主要通过绩效评价对“双一流”建设高校进行动态管理，避免出现名单身份固化、发展动力不足、缺乏足够竞争力、办学同质化等不良现象。

二、监测机制的结构要素

中国“双一流”大学建设的质量监测和成效评价得以顺利实施，需要首先明晰“双一流”大学建设成效监测机制的内外部构成，明确监测机制的结构及组成要素。政府、高校、专家委员会和社会公众等是“双一流”大学建设成效监测机制的主要构成要素，是监测机制的主要参与者和行为者。我国“双一流”大学建设直接由政府来推动和实施，在整个监测机制中政府处于宏观调控和指导地位；高校是“双一流”大学建设的主要参与者和行动者，具体实施“双一流”大学建设方案并努力建成世界级卓越大学；专家委员会则是监测机制的关键环节，其评价结果关系整个监测机制的认可度和运行，其地位和角色十分重要；社会公众则是“双一流”大学建设成效监测机制的监督者，为监测机制提供外部用户参考意见。

中国“双一流”大学建设成效的监测机制要逐渐实现制度化、组织化和规范化，这是“双一流”大学建设能够取得良好成效和持续运行的重要机制保障。在监测机制运行过程中要针对出现的问题不断调整，逐渐发展和完善“双一流”大学建设成效的监测机制与体系结构，保障“双一流”大学建设的质量监测和成效评价顺利开展。要注意监测机制的关键部分，预防专家委员会受利益干扰和滥用权力，严格按照学科建设和大学发展的规律来对高校“双一流”大学建设成效进行科学评价，由政府和社会公众按照相关规定对建设成效进行指导与监督。

三、监测机制的体系框架

明晰监测机制的体系框架，就是明确监测机制各组成要素的具体行为及其相互关系。在监测机制的体系框架中，政府主要负责建设方案和建设计划并进行宏观统筹管理，提供资金支持并组织质量监测与成效评价，决定计划的调整和运行；高校主要根据建设的具体情况提供自评报告，并受专家评价结果和政府财政拨款的影响，在专家意见和政府调控的指导下调整自身的行为方向；专家委员会负责根据高校提供的建设方案、自评报告以及有影响力的第三方评价结果等对高校“双一流”大学建设的成效进行评价并提出评价意见；社会公众负责对政府的投资方案、专家的遴选评审、高校的建设情况等进行外部独立监督并提供公众意见。中国“双一流”大学建设成效的监测机制及体系框架如图 3-1 所示。

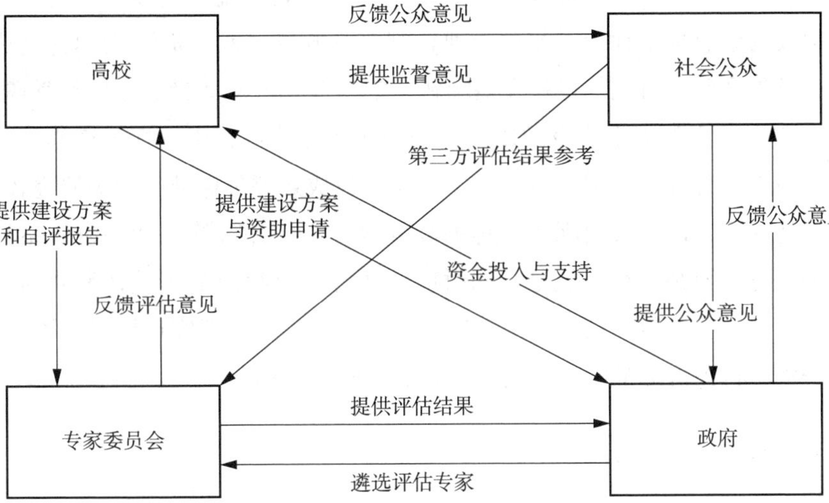

图 3-1　中国“双一流”大学建设成效的监测机制及体系框架

优化完善我国“双一流”大学建设成效的监测机制及其过程，要注意引导监测体系框架中各行为主体严格按照其角色功能开展行动，不得超越自身的行为边界跨界干涉。在中国“双一流”大学建设行动中，政府尤其要注意遵守《中华人民共和国高等教育法》等法律法规，给予高校和专家委员会一定的自由度，不对高校的具体建设方案和规划以及专家委员会的评审过程进行过多行政干涉；高校应该在法律法规和学校章程规定的范围内发挥办学的主观能动性和创造性，创新建设世界一流大学和一流学科的方式方法，不断完善现代大学制度和治校理政模式；专家委员会要遵循学科建设和大学发展的教育规律、人才规律、社会规律，对“双一流”建设高校进行客观评价，合理采纳政府指示和公众意见；社会公众要积极发挥自己的外部监督权，对“双一流”大学建设中存在的瓶颈问题等积极建言献策。

第四节　中国“双一流”大学建设成效评价标准的编制与完善

高等教育质量监测标准的编制不仅是一个科学问题，[12]还是一个政治问题，中国“双一流”大学建设成效评价标准的编制也不例外。除了监测体系的确立与发展外，中国“双一流”大学建设成效评价标准的编制与完善还需要进行专门研究。评价标准作为专家委员会为“双一流”建设高校提供评价意见以及为政府提供评价结果的重要标杆，影响着“双一流”大学建设成效的评价结果及监测机制的运行发展和新一轮“双一流”建设高校的科学遴选，在整个“双一流”大学建设的质量监测和成效评价过程中发挥关键作用。目前，国内外学者针对中国“双一流”大学建设成效评价标准的相关研究较少，借鉴其他国家、地区或国际组织等的高等教育发展评价标准和评价体系具有一定的可行性与必要性。但是，同时应该注意结合我国高等教育发展的现状和我国经济社会发展的现实基础等进行综合集成创新，即实现世界一流大学、世界一流学科评价标准的“引进、消化、吸收和再创新”。

一、大学评价原则

中国“双一流”大学建设成效评价要遵循科学性、创新性和公正性原则。

科学性原则，是指中国“双一流”大学建设成效的评价应该注重运用实证分析和可重复动态检验的指标体系，对高校的建设和发展情况进行综合判断与赋值，不断对评价指标和评价体系进行优化完善。要将绩效评价导向贯穿“双一流”建设高校的全过程、全要素、全方位，对表现优异的“双一流”建设高校（学科）可以标记为“绿牌”进行倾斜性经费投入和政策支持，对表现一般的“双一流”建设高校（学科）可以标记为“黄牌”进行建设方案诊断和专家指导，对表现不好的“双一流”建设高校（学科）可以标记为“红牌”进行警示和隔年复查，这样能够在一定程度上减少“双一流”建设高校名单身份固化、高校间缺乏竞争主动性和动力、建设重点淡化和建设方向出现偏差、评价和遴选结果难以令人信服等负面情况的发生。

创新性原则，是指中国“双一流”大学建设成效的评价除科学研究外，还应重视对党的全面领导、立德树人、思政教育、教书育人、社会服务、文化传承与创新、国际交流与合作等高校核心职能和主责主业履行情况的评价，创新评价的理念、方式、方法、手段等并接受社会各界的外部监督。已有学科评价和大学评价中大多数过于看重科学研究，对难以定量衡量的指标如党的全面领导、思政育人等不够重视，使许多大学排名结果受人诟病（如“花钱买榜”等）或被批评“暗箱操作”。中国“双一流”大学建设作为新时代中国特色社会主义建设的国家战略，应该基于时代发展和引领未来的立场与角度创新专业、学科、高校评价思想理念及方式方法，掌握国际专业、学科和大学评价的主动权与标准制定权。

公正性原则，是指中国“双一流”大学建设成效的评价要注意专家委员会遴选的科学机制和评价结果处理方式的透明，要公开“双一流”建设高校评价的专家名单以及专家委员会对“双一流”建设高校的评价结果，接受高校和社会公众等的全程监督。除了极少数涉及国家安全、国家机密等专业、学科和高校的评价结果不公开外，应该将“双一流”建设高校的专家评价结果对外公布并接受社会公众等的外部监督。阳光是最好的防腐剂，权力的行使需要监督，只有主动接受监督才能促使政府、专家和高校去推动“双一流”大学高质量建设，早日建成经得起历史和人民检验的“双一流”大学。

二、大学评价范围

中国“双一流”大学建设成效的评价标准要涵盖高校的基本职能和核心职能，突出党的全面领导、教育教学、社会服务、文化传承、国际合作等核心职能。世界一流大学的“一流”是各方面指标的相对一流，不仅是单个指标如科学研究的世界一流。因此，只有评价标准涵盖高校的基本职能和核心职能，才能对高校的总体发展状况和综合实力进行系统评价，从整体上而不是表面上推动“双一流”建设高校与世界一流大学及顶尖大学同场竞技、比肩发展。

立德树人作为高校的本质目的和重要职能，应该在“双一流”大学建设成效的评价标准中得以体现。鉴于目前教育评价并没有很好衡量学生培养质量的相关指标，因此可以考虑参考具有国际影响力的大学排名，其中的师生比、国际教师和学生数、雇主声誉调查、杰出校友等在一定程度上反映了高校的人才培养质量情况。同时，应该将“全国教书育人楷模”等奖项、毕业生职业生涯规划发展和校友满意度问卷调查等调查数据纳入评价标准，不断创新和完善高校立德树人成效的评价方法。

科学研究作为世界一流大学的重要职能，在世界性大学排名的评价标准中占有很大比重，鉴于其评价方法论经过了不断检验和完善，具有重要的参考价值。创新是第一动力，[13]大学的科研评价主要是看大学科技成果的创新度和贡献度。中国“双一流”大学建设科学研究评价标准应该充分利用有影响力的全球第三方评价结果作为参照，借鉴其合理化指标、利用其评价结果。同时，科学研究的评价应该关切党和国家重大战略需求，重点评价“双一流”大学在支持国家经济发展规划中提到的关键行业和先导领域、突破“卡脖子工程”关键技术、科技前沿重大基础性理论突破、引领世界科技研发方向等方面的积极表现与贡献度。

另外，应该将高校的社会服务能力纳入“双一流”大学建设成效的评价标准，特别是将校企合作质量、产教融合程度、横向项目效益、专利转化情况与高校的技术转化收入等指标数据纳入高校的质量监测和成效评价。中国“双一流”建设高校的监测与评价，还应该关注高校的文化传承与创新职能，建议评价和支持某些具有特色的学科与大学，考察其在推动我国哲学社会科学繁荣中的原创性理论贡献情况，特别是在努力建设中国特色、中国风格、中国气派的中国学派中的表现，为不断开辟马克思主义中国化时代化新境界、阐释中国话语、增强文化自信等提供基础。在全球化时代，大学是国与国之间交流和合作的重要主体，中国“双一流”大学建设成效的监测和评价还应考察其在国际交流与合作中的表现，特别是加强中外文化交流、输出中国大学先进成果、吸引外国优秀师生、培养杰出留学生等方面的情况，重点评价“双一流”大学在服务党和国家的改革开放国策、“一带一路”倡议、构建人类命运共同体等方面的创新贡献，引导“双一流”大学对外讲好中国故事、传播中国声音。

三、大学评价指标体系

中国“双一流”大学建设成效的评价指标体系直接关系“双一流”大学建设质量监测和成效评价的结果，要不断经过理论优化和实践检验。不涉及保密的学科和高校的评价指标体系应当依法公开，既接受专业领域的评议，也接受社会公众的评议，还包括来自用人单位的评议，以不断发展和完善相关评价指标体系。针对国内外已有的相关研究成果，评价指标体系要涉及党的全面领导、教书育人、科学研究、社会服务、文化传承与创新、国际交流与合作等核心职能，涵盖思政教育、师资质量、雇主声誉、重大奖项、国际化水平、研究水平、教研环境、产学研合作等多个指标，并通过问卷调查、书面调查、实地考察、文献计量等方式进行跟踪评价。中国“双一流”大学建设成效的初级评价指标体系及评价方法如表 3-1 所示。

表 3-1 中国“双一流”大学建设成效的初级评价指标体系及评价方法

一级指标	二级指标	评价方法
党的全面领导	党委领导下的校长负责制	文献计量
教书育人	思政教育	问卷调查、访谈等
	师资质量	大学排名、书面调查等
	学生质量	新生入学分数等文献计量
	培养平台	问卷调查、实地考察等
	毕业生质量	杰出校友等的调查统计
	雇主声誉	问卷调查、统计资料等
科学研究	重大奖项	书面调查、统计资料、大学排名等
	研究规模	书面调查、大学排名等
	研究质量	书面调查、大学排名等
	党和国家战略需求贡献度	书面调查、统计资料等
	科研软硬件	书面调查、实地考察、问卷调查等
社会服务	产学研合作	书面调查、统计资料、文献计量等
文化传承与创新	文物保护与文化繁荣	书面调查、专家评价等
国际交流与合作	国际化办学	问卷调查、文献计量等

党的全面领导指标体系及评价方法。中国共产党领导是中国特色社会主义制度的最大优势和最本质的特征。党委领导下的校长负责制是根据《中国共产党普通高等学校基层组织工作条例》和《中华人民共和国高等教育法》等法律法规规定，在认真总结历史经验基础上提出的符合中国国情、中国高校校情的领导体制，是中国共产党对中国高校领导的根本制度，是中国高校坚持社会主义办学方向的重要保证。党中央出台的《关于坚持和完善普通高等学校党委领导下的校长负责制的实施意见》，再次明确这项制度在我国高校管理体制中的根本性、决定性和指导性地位。中国大学坚持党的全面领导是加强党委领导下的校长负责制的关键，形成了“党领导一切”根本原则下的治校理政系统思路。所以，党的全面领导的评价主要包括四个方面：一是高校党委对本校工作实行全面领导，对本校党的建设全面负责，履行管党治党、办学治校的主体责任，严格执行与维护政治纪律和政治规矩，落实党建工作责任制，切实发挥领导核心作用的情况；二是坚持党管干部、党管人才，落实“三重一大”决策制度，重要干部任免、重要人才使用、重要阵地建设、重大发展规划、重大项目安排、重大资金使用、重大评价评奖活动等要经党

委集体研究决定的情况；三是把握高校发展方向，决定高校重大问题，监督重大决议执行，支持校长依法独立行使职权的情况；四是校长作为高校法定代表人在校党委领导下，贯彻党的教育方针，组织实施校党委有关决议，行使教育法律法规规定的各项职权，全面负责教学、科研、行政管理工作的情况。

教书育人指标体系及评价方法。首先是思政教育的情况，即评价高校思政课程和课程思政的数量及质量，衡量高校思政育人的效果。师资力量作为育人的重要资源，是评价一所高校教书育人职能的重要指标，可以运用较为成熟的大学排名相关指标来进行评价，如中国科学院院士、中国工程院院士、“千人计划”学者、“万人计划”学者、“百人计划”学者、长江学者特聘教授、国家级教学名师、中宣部文化名家暨“四个一批”理论人才等；同时，也可以通过书面调查评价卓越教师的数量及实力。名师出高徒，学生质量是影响高校人才培养质量的基础因素，虽然存在个别“高分低能”的情况，但高考分数、研考分数、博考分数在一定程度上可反映学生的学习能力和学习水平。培养平台是高校进行人才培养的重要软硬件，包括教学用房、图书资料、仪器设备、生活设施等硬件和各种人才培养计划等软件。毕业生是高校的最大“产品”，毕业生质量是衡量高校办学质量的最可靠指标，校友是高校最宝贵的财富，校友的职业生涯发展成就决定了高校的办学前景。雇主声誉作为人才培养质量的重要衡量标准，已有大学排名对其进行了实证研究。中国“双一流”大学建设成效的监测评价可以运用大学排名的经验创新评价方式，开展更为合适的雇主声誉调查，特别是对党政部门、事业单位和企业等毕业生招聘大客户进行调查，有助于改革和完善高校人才培养模式。

科学研究指标体系及评价方法。重大奖项可以用来衡量教师的学术水平和学术质量，如国家最高科学技术奖、国家自然科学奖、国家技术发明奖、国家科学技术进步奖、中华人民共和国国际科学技术合作奖等，可以通过书面调查和统计资料等获取数据。研究规模的评价能够反映出高校科学研究的规模程度，可以选择国家自然科学基金系列、国家社会科学基金系列等指标，可以通过书面调查和大学排名等收集数据，但要注意规模指标选择的科学性。研究质量是比研究规模更重要的科研评价指标，能够衡量高校科学研究、技术研发的绩效水平、核心竞争力和发展潜力，可以通过书面调查和大学排名等对其进行评价，可选择《中国社会科学》、*Nature*、*Science*、《教育研究》等顶尖指标进行评价。党和国家战略需求贡献度体现科学研究的中国特色，可通过拥护中国共产党领导和有家国情怀、专业实力与未来眼光等专家数量来进行衡量，注意要公布参与评价的专家和高校的具体得分情况。科研软硬件作为科学研究的重要支撑和保障，如国家实验室、国家工程中心、教育部文科实验室等，影响着高校科学研究与技术研发的实力和潜力，应该将其纳入评价标准，可通过书面调查、实地考察以及对师生的问卷调查等进行衡量。

社会服务指标体系及评价方法。目前，国内外对于高校社会服务的能力及评价并没有完善的评价指标体系，一般将高校的产学研合作情况作为衡量高校社会服务能力和水平的重要方式。高校的产学研合作涉及校企合作、产教融合等科技成果、合作质量、专利出售、技术转化收入等指标，需要通过进一步论证来构建更为完善的社会服务能力评价指标体系，可通过书面调查、统计资料和文献计量等进行评价。

文化传承与创新指标体系及评价方法。目前，很少有研究将高校的文化传承与创新纳入“双一流”大学建设成效的监测评价指标体系，可通过书面调查和专家评价的方式确定高校的特色学科，将文化传承的能力和潜力纳入评价体系，如衡量高校服务考古发掘、文物保护、国家重大文化工程、高校博物馆等的情况。中国“双一流”建设高校的国际化水平能够衡量师生的国际视野和高校的国际影响力，可以通过书面调查、统计资料以及大学排名等衡量国际教师数、国际学生数等情况。

在前期相关研究和实际运用中发现，较少有研究成果和大学排名等能够综合反映上述评价标准与评价方法。我们通过前期研究建构的中国“双一流”大学建设成效评价指标体系及评价方法较为系统地阐释了“双一流”大学的评价标准，尤其在党和国家战略需求贡献度、文物保护和文化繁荣等评价指标与评价方法的设计上不但落实了“破五唯”要求，而且有一定创新。虽然还没有上述评价标准的相关实际应用案例，但是随着大学排名系统的进化以及中国“双一流”大学建设监测机制的发展和完善，将会获得更多的借鉴与应用。

四、大学评价的制度化

大学评价的制度化是保障中国“双一流”大学建设成效评价公信力和监测机制合理运行的重要条件之一。大学评价的制度化，一方面是指评价标准、评价指标及评价体系要形成规则和制度，并在一定时期内保证评价制度的相对稳定性、可比较性、可操作性；另一方面能够根据我国经济社会发展和高等教育改革发展的新要求、新形势、新阶段、新格局等做出动态调整与优化迭代。大学评价制度的制定，直接影响着高校教师、学生、管理者、服务者等利益攸关者的教学科研、教育获得及教育管理等，对大学的发展方向和发展前景等产生深远影响。

2020年9月，中共中央、国务院印发《深化新时代教育评价改革总体方案》，提出了“改进结果评价、强化过程评价、探索增值评价、健全综合评价”等四项新举措，为中国“双一流”大学评价等改革指明了方向和路径。中国“双一流”大学评价既要科学也要合理，要科学定位各利益主体的角色和功能，构建各利益主体普遍认可的评价指标及评价体系，并通过法律法规等形式让中国“双一流”大学建设成效的评价上升到党和国家意志层面，借助“双一流”大学建设成效的监测与评价推动中国高校集群的深化改革和高质量发展。监测评价指标及评价体系的形成需要咨询国内外相关权威专家、著名学者、书记校长和学生等群体的建议，吸收有利于完善我国“双一流”大学建设成效评价制度的一切有用意见。评价制度的建构和优化需要哲学、经济学、法学、教育学、文学、历史学、理学、工学、农学、医学、军事学、管理学、艺术学、交叉学等14个学科的专家学者齐心协力、出谋划策，为评价方案构化、评价指标遴选、评价指标权重设计、评价法律法规完善、评价数据信息采集与挖掘、评价结果调谐与公布等提供专业咨询意见。评价的制度化要尽可能运用好民主决策、民主管理和民主监督，在满足多方利益前提下，按照民主集中制原则完成中国“双一流”大学建设从起点、过程到终点的结果评价、增值评价、诊断评价、多元评价。

中国“双一流”大学建设成效监测评价要坚持科学性、创新性和公正性的评价原则，在实践中不断创新评价方式方法，并对“双一流”大学建设成效的评价指标体系及评价原理方法等进行理论探索，逐渐形成制度化运行机制与应用检验安排，推动“双一流”大学建设成效评价标准的不断成熟及监测机制的不断完善。评价标准及监测机制的制度化设计要站在时代前沿，考虑到我国经济社会发展和高等教育改革的历史、现实与未来，使其不仅功在当代、利在千秋，还可以为其他国家和国际高等教育组织等完善高校监测机制与评价标准提供“中国智慧”“中国方案”。

总之，中国“双一流”大学建设的监测机制与评价标准是需要继续进行学术研究和实践检验的重要问题。监测机制与评价标准的确立和完善时间紧、任务重，关系“双一流”大学建设目标能否卓有成效地完成。通过对监测机制及其结构、体系的剖析，为进一步明确“双一流”大学建设中各行为主体的职责提供了参考；通过对评价标准的原则、范围、指标体系及制度化的探讨，为进一步完善中国“双一流”大学建设的质量监测和成效评价提供了一定方案。众所周知，“双一流”战略是国家大计、民族意志，“双一流”大学建设监测机制的确立和发展，[14]以及评价标准的制定和完善是一个不断摸索的过程，必须贯彻落实习近平新时代中国特色社会主义思想。在对第一轮“双一流”大学建设成效进行监测评价时要做好准备工作，可以对某些高校先进行试点评价探索，并进而推广至全部“双一流”大学建设高校。在监测机制和评价标准不断成熟的情况下，可将其运用于国内不同类型和层次高校的质量评价，对中国高校集群的发展状况进行预警和治理，从而更好地推动“双一流”大学建设。中国“双一流”大学建设的监测机制与评价标准设计应该结合国内外已有的相关成熟经验，洞察我国高等教育高质量发展的困境与不足以及未来改革发展的路径和战略，通过不断完善的制度化设计将大学的党的全面领导、思政教育、教书育人、科学研究、社会服务、文化传承与创新、国际交流与合作等核心职能充分展现。中国“双一流”大学建设成效的监测机制与评价标准要充分体现中国特色和世界一流水准，经得起实践、历史、时间和人民的四重考验，对我国高等教育高质量发展起到指导和引领作用，[15]为我国经济社会可持续发展和实现中华民族伟大复兴的中国梦不断贡献中国大学的力量。

【参考文献】

[1] 中华人民共和国教育部．教育部　财政部　国家发展改革委关于印发《统筹推进世界一流大学和一流学科建设实施办法（暂行）》的通知［EB/OL］.（2017-01-25）［2022-06-30］. http：//www.moe.edu.cn/srcsite/A22/moe_843/201701/t20170125_295701.html.

[2] 韩锋，隋福民．基于知识网络的“双一流”大学建设与高校质量监测研究现状剖析［J］. 中国校外教育，2017（36）：7-8.

[3] 李桂荣，尤莉．试析经济合作与发展组织基础教育发展监测机制［J］. 比较教育研究，2016（5）：50-55.

[4] 任喜峰．基于朴素贝叶斯分类的考试成绩监测机制研究［J］. 统计与决策，2007（22）：163-164.

[5] 许子媛．“双一流”大学建设下高校优势学科进入 ESI 动态监测研究［J］.

情报理论与实践，2018（4）：77-81，76.

［6］余小波，陆启越，范玉鹏．“双一流”大学建设中引入大学社会评价机制的思考［J］．大学教育科学，2017（6）：26-31，120.

［7］刘海涛．“双一流”大学建设视角下高校开展学科国际评估的探析［J］．黑龙江高教研究，2017（5）：68-72.

［8］冯用军，赵雪．中国“双一流”战略：概念框架、分类特征和评估标准［J］．现代教育管理，2018（1）：12-18.

［9］周光礼．“双一流”大学建设的三重突破：体制、管理与技术［J］．大学教育科学，2016（4）：4-14，122.

［10］李威．“双一流”动态建设机制研究：德国“卓越倡议”计划的启示［J］．现代教育管理，2016（6）：26-31.

［11］李威．治理视角下“双一流”大学建设中的政府行为研究［J］．黑龙江高教研究，2016（12）：14-18.

［12］伊继东，冯用军．高等教育均衡发展系数编制的内涵解构：基于和谐社会的视角［J］．黑龙江高教研究，2007（10）：1-4.

［13］邹贵波．习近平新时代中国特色社会主义思想的四维图景［J］．贵州师范大学学报（社会科学版），2018（2）：18.

［14］冯用军，赵雪．中国特色世界一流大学和一流学科建设标准及绩效评价研究［C］//中国高等教育学会．加快“双一流”建设实现内涵式发展：“2018 高等教育国际论坛年会”论文集．兰州：兰州大学出版社，2018：393-395.

［15］鲁世林，冯用军．“双一流”大学建设的监测机制与评估标准探究［J］．黑龙江高教研究，2018（10）：1-5.

第四章　中国“双一流”大学建设成效评价体系理论建构与实践验证

导读： 中国“双一流”大学建设是国家发展新的动力源，是发展公平而有质量的高等教育的重大举措。建成高等教育强国是建设世界强国的基础，中国“双一流”大学建设是服务国家战略的核心支撑体系。科学界定中国特色世界一流大学的理论内涵与实践价值，对其进行客观分类和特征固化，进而合理构建中国特色世界一流大学建设成效评价体系，并以第一轮42所“双一流”建设高校为样本对照标杆大学进行实践验证，既可以为党和政府、高校、社会等跟踪监测与动态评估“双一流”大学建设进展及成效等提供参考借鉴，也可以为中国学界的理论话语逐步转向世界性实践话语奠定基础，更可以为破解世界大学评价难题提供中国智慧、中国方案和中国道路，早日建成世界高等教育中心推动构建人类命运共同体。

改革开放44年来，中国社会各领域获得了全方位深入发展，“中国特色社会主义进入新时代，我国社会主要矛盾已经转化为人民日益增长的美好生活需要和不平衡不充分的发展之间的矛盾”。[1]受益于中国的经济腾飞、社会进步和国家对四个高等教育战略工程——重点大学工程（1959年、1960年、1978年）、“211工程”（1995年11月）、“985工程”（1998年5月）和“双一流”战略（2015年8月）的持续优先扶持，我国高等教育事业经历了历史性变革、取得了历史性成就。2017年，高等教育在学总规模达到3699万人，占世界高等教育总规模的1/5，位居世界第一，人民群众日益增长的优质教育资源需求和教育发展的不平衡不充分成为教育领域的新矛盾。进入新时代，中国高等教育深化改革和内涵发展的关键议题是建设“双一流”大学，这成为高等教育决策者、研究者和实践者的新判断。拥有若干所世界一流大学、世界一流学科高水平大学是世界一流国家和世界优秀民族的核心标志与重要软实力。新论点带来了新使命，即新时代中国人的伟大梦想之一是分批建设若干所中国特色世界一流大学与一批世界一流学科，进而建成21世纪的世界高等教育中心，成为助力中国和平崛起实现中华民族伟大复兴中国梦的重大举措和构建人类命运共同体的人力资源保障与重要智力支撑。习近平总书记到北京大学考察时提出了建设“双一流”大学的中国方案，即“办好中国的世界一流大学”必须“扎根中国大地办大学”。立足中国大地建设中国特色社会主义的世界一流大学和一流学科高水平大学的新目标，践行“创新、协调、绿色、开放、共享”新发展理念，就是要在守文持正的基础上创奇出新，在奋勇争先中正己守道，坚守大学之道，努力为国家经济社会发展提供一流服务、核心支撑并创新引领，在顶天立地中创造建设中国特色世界一流大学与世界一流学科的中国道路，为高等教育欠发达国家或地区提供创办“双一流”大学的思想方法论和整体解决方案。

建设“双一流”大学必须汲取中西方教育历史文化精髓，读史明志、鉴古知今、古为今用、洋为中用。《大学》云：“大学之道，在明明德，在亲民，在止于至善。”“象牙塔”时代的大学者，一是有“博雅广学”之内蕴，二是和探究大成学问与先秦典籍的“小学”背道而驰；“社会轴心”时代的大学，如清华大学原校长梅贻琦先生所言的大师集聚的场域，[2]其五大核心职能与古代大学相去甚远。[3]古代“大学”与现代高校旨趣各异，但“德才兼备”与“立德树人”的精神内核有异曲同工之妙。“大学”既要为国为民继绝学、传学问、出思想，也要探寻真理、培育英才、创造新知，在物化层面有更大的担当，在精神层面有更高的追求，此“大学一解”也。[4]“双一流”大学建设是党的战略、国家意志、民族大计、千亿工程，事关国家和平崛起、民族复兴伟业，“党中央作出建设世界一流大学和一流学科的战略决策，就是要提高我国高等教育发展水平，增强国家核心竞争力”，[5]必须有中国的立场世界的眼光、中国的特色世界的标准，从理论和实践之维上构建中国特色世界一流大学建设成效评价体系。具体地说，中国特色世界一流大学和一流学科大学建设是国家发展新的动力源，是发展公平而有质量的高等教育逐步解决新时代教育主要矛盾的关键举措。建成高教强国是建设世界强国的动力源与奠基石，中国特色“双一流”大学是服务国家战略的核心支撑系统与创新加速器。科学界定中国特色世界一流大学的理论内核与实践价值，对其进行客观分类和特征固化，进而合理构建中国特色世界一流大学建设成效动态监测和跟踪评价指标体系，并以第一轮42所“双一流”建设高校（A类、B类）为样本对照标杆大学进行实践验证，形成中国特色世界一流高等教育思想体系，既可以为党和政府、高校、社会等动态监测、科学评估第一轮、第二轮“双一流”建设高校及建设学科的进展以及开展2026—2027年度第三轮遴选等提供参考借鉴，也可以为中国学界的理论话语逐步转向世界性实践话语奠定基础，更可以为破解世界大学评价难题提供中国智慧、中国方案和中国道路，助力世界高等教育中心建设推动构建人类命运共同体。

第一节　中国特色世界一流大学第三方评价政策文本分析

中国特色世界一流大学第三方评价符合国家鼓励“管办评”分离的教育政策和教育行业第三方评估的世界潮流。当然，在高等教育领域推进专业评价和中介评估，经历了一个较长的政策变迁过程。《国家中长期教育改革和发展规划纲要（2010—2020年）》提出要“鼓励专门机构和社会中介机构对高等学校学科、专业、课程等水平和质量进行评估。建立科学、规范的评估制度。探索与国际高水平教育评价机构合作，形成中国特色学校评价模式。建立高等学校质量年度报告发布制度”。[6]《“双一流”建设总体方案》提出要坚持以绩效为杠杆，构建社会参与机制，即“建立激励约束机制，鼓励公平竞争，强化目标管理，突出建设实效，构建完善中国特色的世界一流大学和一流学科评价体系……积极引入专门机构对学校的学科、专业、课程等水平和质量进行评估”。《“双一流”建设实施办法》提出要开放竞争、动态管理，“学科水平在有影响力的第三方评价中进入前列……以中国特色学科评价为主要依据，参考国际相关评价因素……论证确定一流大学和一流学科建设高校的认定标准……参考有影响力的第三方评价……强化跟踪指导……根据期末评价结果等情况，重新确定下一轮建设范围”。[7]《教育部关于深入推进教育管办评分离促进政府职能转变的若干意见》提出要“推进依法评价，建立科学、规范、公正的教育评价制度”。[8]

改革开放已经进入新时期，对人才的数量和质量的需求远胜往昔，建设若干所世界一流大学与一大批一流学科高水平大学的紧迫性更加凸显，这是中国大学的自身发展和中国经济社会的深化发展的规律使然与逻辑必然：①“双一流”大学持续培育的优质人力资源是支撑中国跻身世界强国、中华民族跻身世界优秀民族之林的核动力，也是支撑改革开放渡过深水区的最大红利；②中国高等教育经历了历史性变革，取得了历史性成就，从 1949 年的高等教育精英阶段（高等教育毛入学率为 0. 26%）到 2002 年高等教育大众化阶段（高等教育毛入学率为 15. 00%），再到 2019 年迈进高等教育普及化阶段（高等教育毛入学率为 51. 60%），目前已进入高等教育后普及化阶段（2021 年高等教育毛入学率为 57. 80%、2022 年高等教育毛入学率接近 60. 00%），即将进入高等教育全民化阶段初期（高等教育毛入学率超过 75%，即由高等教育普及化高级阶段进入高等教育全民化初级阶段），我国接受高等教育的人口达到2. 4 亿。“双一流”大学正逐步成为社会轴心，特别是在大（数据）智（能化）移（动态）云（计算）时代。建设“双一流”大学是国之大计、党之大计、民族之大计，中国大学已经从“象牙塔”时代迈入“轴心”时代，大学的这种本质性的重大改变必然导致其角色的根本性变化，成为国家创新体系的重要部分和推动创新型国家建设的战略动能，是中国维系可持续进步、高质量发展坚定不移的战略抉择。[9]条条大道通罗马，世界一流大学的生长历史和发展现实均表明，每一所大学都有自身独特的成长理路和文化气质，它们走过的道路各具特色且无法复制。世界一流大学、世界一流学科高水平大学及其开展的世界一流本科教育，无论是在理想的状态下抑或在现实的情境中，都是富于本国特色而多样化的，多样性是世界一流大学之所以一流的成功经验，这给中国开展“双一流”大学建设提供了一个重要启示。在中国特色高等教育系统内，“双一流”大学建设必须坚定走多元化（模式、质量）与多样化（层次、类型）道路，才能扎根中国大地办出世界一流大学。例如，在培育世界一流人才的定位上要多样化，无论是科学家、哲学家、企业家、政治家等，还是教师、医生、工匠等，都是大学“立德树人”的成果，只要其能在平凡中坚守职责或在平凡中创造不平凡，持续引领时代潮流、推动国家和人类社会进步，都是大学的伟大校友，这是破解“钱学森之问”的钥匙。在党中央、国务院领导下，建设“双一流”大学的号角已经吹响。无论是大学管理者，还是高教研究者，抑或政策评价者，都应秉持“群众的立场、建构的态度、专业的视角”，科学把握“双一流”战略精髓，深刻领会“双一流”战略实质，在准确判别其内涵构化与特征质化的基础上，建构中国特色世界一流大学建设成效评价体系并进行数据验证，在实践中推动中国大学逐步实现 2025 年、2035 年、2050 年的阶段性部署和“第二个一百年”奋斗目标。

第二节　中国特色世界一流大学的内涵界说与特征凝练

理想的大学、现实的大学都应该是多样性的、多元化的，甚至是独一无二的，每种类型、每个层次的大学集团中都应该有顶尖大学，但在多样性大学生态中能追寻它们的通约性。换句话说，世界一流大学虽然有独特的DNA，但在高等教育的基本功能和现代大学的核心职能等的履行上有其共通之处，这是对中国特色世界一流大学进行内涵构化与特征质化的前提。在高等教育生态系统内，世界大学呈多维度上的金字塔型，每种类型、每个层次的大学都有佼佼者，它们在某一或某些领域领先一步或独步天下。世界一流大学就是那些身处金字塔尖的研究型大学、专业型大学、应用型大学、技职型大学的聚合，它们把最有特色、最有优势、最有成就的学科群收入囊中，并千方百计维系其在人才培育、科技研发、社会服务、文化传承、国际交流与合作等方面的领先地位和超前优势。在党和国家的战略布局中，中国大学是国家和平崛起和民族伟大复兴的利器，在“两个一百年”内，中国高等教育改革和发展的核心议题之一是“怎样建设（成）中国特色世界一流大学”，再造中国大学的世界影响、重构世界大学的中国格局。中国特色是中国大学的底色，华夏文明是中国大学的灵魂。中国特色世界一流大学全方位凸显中国特色，“我们要认真吸收世界上先进的办学治学经验，更要遵循教育规律，扎根中国大地办大学。”[10]“双一流”战略规划中的一流大学建设高校（A类、B类）、一流学科建设高校（C类）必须是中国人主导、在中国土地上通过自主创新建成的，绝不是照搬或简单复制发达国家的世界一流大学，但可以充分借鉴、吸收发达国家建设世界一流大学、学科的经验教训。这在客观上需要对“什么是中国特色世界一流大学”的核心概念群进行内涵构化和特征凝练。

大学拥有相近的遗传基因和构成基质，但世界一流大学、世界一流学科高水平大学是相同基因的不同排列组合，它们的气质、风格和文化独一无二且不可复制。促进社会发展和促进个体发展是大学的两大基本功能，培育人才、研发科技、服务社会、传承与创新文化、国际交流与合作是大学的五大核心职能，世界大学在两大基本功能和五大核心职能的实现上是通约的，只是世界一流大学作为世界大学集团中的标杆，评价标准相对要高很多。一是大学理念的引领。从巴黎大学的教学，到洪堡大学的教学与科研并重，到威斯康星大学的社会服务，再到苏黎世联邦理工学院的国际化，以及新加坡国立大学肩负的文化传承与创新使命等，都引领着世界大学发展潮流。在我国高等教育发展史上，国立西南联合大学以“刚毅坚卓”、国立西北联合大学以“公诚勤朴”的办学理念引领了当时高校发展的潮流，成为中国高等教育史上的“奇迹”。二是毕业校友的杰出。一流大学持续培育一流人才，即持续培养引领未来的人（伟大校友），国立西南联合大学培育了2位诺贝尔物理学奖获得者、5位“国家最高科学技术奖”获得者、8位“两弹一星”功勋奖章获得者、174位“两院”院士；国立西北联合大学培育了1位“国家最高科学技术奖”获得者、1位国家科技进步特等奖获得者等。[11]三是科技研发的前沿。一流大学不仅持续产生推动国家和人类社会进步的创新思想、前沿科学与未来技术，而且持续引领世界科技研发前沿。例如，国立西南联合大学冯友兰《贞元六书》、钱穆《国史大纲》、华罗庚《堆垒素数论》、吴大猷《多原子分子的结构及振动光谱（重排本）》、孙云铸《中国北部寒武纪动物化石》和许宝騄在统计学中多元分析数学理论等方面做出了若干处于世界前沿的工作等；国立西北联合大学赵洪璋培育出我国小麦推广面积第一的“碧蚂一号”、刘慎谔等的《中国西北之植物地理》开创了新的研究领域等。四是社会服务的卓越。一流大学在一流校长的带领下，全校师生员工为经济发展和社会进步提供全方位智力支持与技术支撑，如国立西南联合大学为了适应战时需要，师生上前线当翻译或参军抗敌，院系广泛开设军事课程、翻译军事教参等；国立西北联合大学组织西北教育考察团，利用西北土产研制战争和生活急需的各种化工产品等。五是传承与创新文化的坚守。一流大学是传统文化最坚定的传承者和新文化的率先创造者，如国立西南联合大学是战时中国传统文化的传承重镇，也是中国传统文化的创造基地；国立西北联合大学对汉中张骞墓的发掘、对汉中小南海新石器遗址的发现和开拓西北藏传佛教与青海撒拉族文化的研究等。六是国际交流与合作的优质高效。一流大学是高等教育国际化的开创者或领航者，它们和一流组织开展频繁而高效的国际交流与合作，加速优质高等教育资源在全球流动，如国立西南联合大学教师通过李约瑟主持的中英科学合作馆在国外发表学术论文100多篇，其中85%被《自然》《科学》杂志采用；国立西北联合大学与苏联等合作运行西北科学考察团等。世界一流大学在多维教育生态系统内是相对的，在单维教育生态系统内是绝对的，它们的类型、层次和特征是多样化的。虽然每种类型、每个层次甚至每所大学都可以成为绝对一流（狭义相对）或相对一流（广义相对）的大学，但跻身世界大学集团塔尖的大学永远都是极少数。在多维高等教育生态系统内（世界高等教育组织约 3 万所），从认识论或政治论角度而言，世界一流大学的数量、比例和生态位是相对稳定的，而从学术性、社会性双维度进行考察并参照全球主流大学排行榜，可以基本划定世界一流大学的分布比例与生态系统相位（如表 4-1 所示）。

表 4-1　中国特色世界一流大学分布比例和生态相位

<table>
<tr><th colspan="4">办学分型</th><th>大学分层/%</th><th>全球大学生态相位</th></tr>
<tr><td rowspan="10">综合研究型/应用型/技能型大学</td><td rowspan="10">行业特色研究型/应用型/技能型大学</td><td rowspan="10">专业研究型/应用型/技能型大学</td><td rowspan="10">职业技能型/应用型大学</td><td>世界顶尖大学，0.01</td><td>前 10 名</td></tr>
<tr><td>世界一流/中国顶尖大学，0.05</td><td>前 11～30 名</td></tr>
<tr><td>世界高水平/亚太顶尖/中国一流大学，0.10</td><td>前 31～50 名</td></tr>
<tr><td>世界著名/亚太一流/中国高水平大学，0.50</td><td>前 51～100 名</td></tr>
<tr><td>世界知名/亚太高水平/中国著名大学，1.00</td><td>前 101～200 名</td></tr>
<tr><td>世界有名/亚太著名/中国知名大学，2.00</td><td>前 201～700 名</td></tr>
<tr><td>亚太知名/中国有名/区域一流大学，5.00</td><td>前 701～3000 名</td></tr>
<tr><td>亚太有名/省域一流大学，40.00</td><td>前 3001～10000 名</td></tr>
<tr><td>市域一流大学，50.00</td><td>前 10001～</td></tr>
</table>

中国特色世界一流大学建设已历五年，按照国家“动态支持”“有进有出”的总体方案设计，2022 年迎来了第一场“淘汰赛”，所以每一轮遴选前的建设绩效评估至关重要。中央深改组审议通过的国务院《“双一流”建设总体方案》，指明了中国大学的发展战略方向和分阶段发展目标，要求建立健全“双一流”大学建设绩效评价机制，积极采用科学性、公信度和权威性兼顾的第三方评价。按照“双一流”战略的总体目标安排，推进五大建设任务和五大改革任务、实施三大支持措施和两大保障措施分三步走实现阶段性目标，即在建党一百周年前后建成若干中国特色世界一流大学和世界一流学科高水平大学（亚洲高等教育中心）、遵义会议胜利召开一百周年前后建成中国特色世界顶尖大学（学科）和一批世界一流学科高水平大学（世界高等教育中心）、建国一百周年前后建成若干所世界顶尖大学和世界高等教育强国。如果这些战略目标能分步骤实现，则意味着到 2022 年左右我国将有 10 余所大学稳居全球大学集团的 5‰，即稳居世界大学集团前百名；到 2035 年左右将有

3~5所大学跻身全球大学集团的5‰，即跻身世界大学集团前30名；到2050年左右将有1~2所大学雄踞全球大学集团的1‰，即居世界大学集团前10名。但从全球趋势、中国国情和高教实情来看，我国高等教育发展战略目标落后于经济社会发展战略目标，必须实事求是地从理论上建构中国特色世界一流大学建设成效评价体系，通过“以评促建、以评促改、以评促管、评建结合、重在建设”加速我国“双一流”大学的建设步伐，为实现中国梦贡献智慧。

第三节 中国特色世界一流大学建设成效评价体系的理论建构

发展是第一要务，人才是第一资源，创新是第一动力。[12] 中国特色世界一流大学必须通过卓越的教学，打造一流学科、建设一流本科、做强一流专业、培育一流人才。一流教学是一流大学的底色，创新是一流大学的灵魂，建设一流大学的关键是培养一流人才，不仅要培养一流的科学家、工程师，还要培养一流的思想家、教育家。世界一流大学和世界一流学科高水平大学都是在持续实现高等教育基本功能与核心职能上表现卓越的大学，是对所在国家（地区）、民族和世界持续做出伟大贡献的大学。世界大学虽数量庞大，但伟大大学如同伟大人物一样屈指可数，伟大人物都有相似的卓越品质，伟大大学亦是如此。因此，世界一流大学的共性品质是评价中国特色世界一流大学建设成效的参照标准和判别准绳，也是研发、构建中国特色世界一流大学评价体系的实然准则和理论基石。“双一流”大学建设是百年大计，事关中国的发展，要扎根中国大地办大学。既然世界一流大学必须由中国人主导在中国大地上建成，那么评价“双一流”大学建设成效的评价体系也必须由中国人主导在中国大地上构建。那些外国主导的大学排名或那些简单照搬外国大学排名的学术排名，既未按照“世界眼光、国际标准、中国特色、高点站位”来研发和运行，也没有多少中国特色和中国元素，这为中国大学人提供了千载难逢的历史机遇。在建设“双一流”大学战略背景下，摆在中国大学评价者面前最大的任务，就是建构中国特色、具有世界眼光、与国际无缝接轨、高点站位的世界一流大学评价体系。大学评价不应是一门生意而应是一门计量科学，由中国教育家联合中国科学家主导并借鉴全球经验研发、制定的“双一流”大学建设绩效评价机制和体系，是中国世界地位和全球影响力在高等教育发展等方面的客观要求，是由中国主导制定世界大学排名标准、发起“一带一路”高等教育繁荣倡议、构建全球大学命运共同体等的现实需要。

教育主权是国家主权的重要方面，教育评价权是教育主权的有机组成部分。开展全球大学排名是一个国家、一个民族世界话语权的重要体现，也是一个国家、一个民族展示高等教育软实力和核心竞争力的重大平台，更是中国教育战略家、大学排名专家引领世界高等教育评价事务的重大舞台。维护国家教育评价权是一个国家和其他组织平等开展教育交流的根本前提。本国教育评价组织对本国大学进行评价具有优先权，对他国大学评价具有选择权，中国可以主导的全球大学排名的数量与质量，是中国在全球大学排名领域话语权与影响力的“晴雨表”。大学排名诞生 39 年来，发布过大学排行榜的机构或个人当以百计，但真正拥有世界影响且持续发布排行榜的却以个计，对它们的“核心指标”进行“合并同类项”后发现：学生质量（师生数量、校友成就）、科技贡献（成果数量、成果质量）与国际影响（学术声誉、媒体影响）是评价大学的三大核心标准。[13] 为跟踪评价、动态监测、科学预判中国特色世界一流大学建设成效，“双一流”大学评价体系建构必须融汇中国特色、中国文化和中国元素，站在第三方评估立场，展示中国风格、中国气派和中国精神。以高等教育的两大基本功能和现代大学的五大核心职能等为基础，借鉴国内外高等教育评估和现代大学评价的经验教训，我们科学构建起了中国特色世界一流大学评价指标体系，该指标体系包括 4 个元指标、13 个一级指标、16 个二级指标、19 个三级指标、22 个四级指标和 50 个五级指标观测点。该评价指标体系是中国自主创新、集成创新和体制机制创新成果，是在 30 余年大学评价科研、设计、验证、试点和运行经验基础上，投入大量精力和智力，充分借鉴国际第三代大学评价技术理念，吸取诸多大学评价机构的教训反馈，遵循大学排名国际专家组（International Ranking Expert Group，IREG）提出并倡导的“高等教育机构排名的柏林原则”（Berlin Principles on Ranking of Higher Education Institutions，BPRHEI），构建的按中国特色、世界标准研发设计的第四代大学评价技术（大学排名 4.0），提出了破解世界大学评价难题的中国智慧和中国方案——兼具世界眼光、国际视野和中国特色、华夏风格的世界一流大学建设成效动态监测与多维评价体系（如表 4-2 所示），对“双一流”高校建设成效进行了动态监测、跟踪评估并提供质量保障、遴选建议。

表 4-2　中国特色世界一流大学建设成效评价体系

元指标	一级指标	二级指标	指标权重	指标侧重	指标属性
人才培养（教育教学/文化传创，T&CI）	教学水平	教学质量	0.080	中国特色	定性/历时数据
		校友质量	0.120	世界标准	定量/历时数据
	师资队伍	教师质量	0.090	世界标准	定量/历时数据
	培养基地	学科实力	0.074	中国特色	定性/历时数据
科技研发（理论研究/技术研发，S&TI）	学术项目	科技项目	0.070	中国特色	定量/历时数据
	学术平台	科技平台	0.070	中国特色	定量/历时数据
	学术成果	科技成果	0.100	世界标准	定量/历时数据
	学术奖励	科技奖励	0.095	世界标准	定量/历时数据
社会影响（社会服务/文化传创，S&CI）	社会声誉	校友捐赠	0.040	世界标准	定量/历时数据
		成果转化	0.055	中国特色	定性/历时数据
	媒体影响	国内媒体	0.016	中国特色	定性/历时数据
		国际媒体	0.016	世界标准	定性/历时数据
国际声誉（国际交流与合作，I&CI）	国际师生	境外师生	0.040	世界标准	定量/历时数据
	国际平台	跨境平台	0.050	中国特色	定量/历时数据
	国际学术	学术影响	0.044	世界标准	定量/历时数据
	国际排名	世界排名	0.040	世界标准	定量/历时数据

从理论上讲，这套指标体系的最终目的是构建“中国特色世界一流大学评价指数”（The Chinese Top Universities Index，CTUI），未来优化迭代的方向是构建元指标，包括促进社会发展、促进个体成长。一级指标，包括培育人才、研发科技、服务社会、国际交流与合作、传创文化、综合声誉等；二级指标，包括生源质量、师资团队、培养平台、校友质量、科技项目、科技平台、科技成果、科技奖励、校办企业、专利转化、咨询报告、社会捐赠、国际化教育、国际化科研、国际化合作（国际合作联合实验室）、国际化奖励、文化传创平台（国际华文教育基地学校）、文化传创项目（孔子学院/课堂）、文化传承成效（全国文明校园、教育部高校校园文化建设优秀成果）、媒体影响、国际声望、世界排名；四级指标观测点，通过既象限离散又耦合共轭的大学生态评价系统，实现对“双一流”大学建设全要素的绿色生态评价。

第四节　中国特色世界一流大学建设成效评价的实践验证

为了检验中国特色世界一流大学建设成效评价体系的信效度，遵循科学、独立、客观、透明、公正的原则，采集深度反映42所一流大学建设高校（A类、B类）五大职能的核心数据（数据采集截至2018年12月31日24：00），对照哈佛大学、麻省理工学院两所标杆大学进行实践验证，经过数据清洗和标准化归一处理，得出中国特色世界一流大学建设进展和国际排名情况如表4-3所示。

表4-3　中国特色世界一流大学建设成效评价

排序	校名	国际排名	国家定位	排序	校名	国际排名	国家定位
标杆大学	哈佛大学	1	—	标杆大学	麻省理工学院	2	—
1	清华大学	28	A	22	山东大学	232	A
2	北京大学	30	A	23	天津大学	234	A
3	复旦大学	59	A	24	大连理工大学	237	A
4	上海交通大学	64	A	25	中国人民大学	238	A
5	浙江大学	68	A	26	北京航空航天大学	240	A
6	中国科学技术大学	70	A	27	北京理工大学	259	A
7	国防科技大学	93	A	28	华东师范大学	265	A
8	南京大学	98	A	29	中南大学	278	A
9	中山大学	126	A	30	兰州大学	280	A
10	哈尔滨工业大学	145	A	31	中国农业大学	284	A
11	北京师范大学	155	A	32	湖南大学	301	B
12	武汉大学	155	A	33	电子科技大学	326	A
13	华中科技大学	167	A	34	重庆大学	361	A
14	同济大学	180	A	35	东北大学	383	B
15	西安交通大学	182	A	36	西北工业大学	407	A
16	南开大学	184	A	37	中国海洋大学	408	A
17	厦门大学	199	A	38	郑州大学	517	B
18	东南大学	200	A	39	云南大学	561	B
19	华南理工大学	218	A	40	西北农林科技大学	623	B
20	四川大学	230	A	41	新疆大学	674	B
21	吉林大学	231	A	42	中央民族大学	712	A

分析表4-3可以发现，在中共中央、国务院坚强领导下，“双一流”高校师生、员工经过一年多不忘初心、不负重托、不辱使命的协作奋斗、砥砺前行，中国特色世界一流大学已经取得了明显的建设成效，有了一个良好开局，为有计划建成若干所世界一流大学和一批世界一流学科高水平大学奠定了良好基础。具体而言，清华大学、北京大学已挺进世界大学集团的前5‰，是目前中国最接近世界一流大学行列的世界一流学科高水平大学，是“双一流”大学集团率先实现2020年阶段性目标的“领头羊”；复旦大学、上海交通大学、浙江大学、中国科学技术大学、国防科技大学、南京大学已挺进世界大学集团的前5‰，是目前中国最接近世界一流学科高水平大学行列的世界著名、亚太一流大学，是建设中国特色世界一流大学的主力军；中山大学、哈尔滨工业大学、北京师范大学、武汉大学、华中科技大学、同济大学、西安交通大学、南开大学、厦门大学、东南大学跻身全球大学集团的前1%，是世界知名、亚太一流学科高水平大学，是建设中国特色世界一流学科高水平大学的生力军。新时代教育评价者的新使命是增强中国在世界教育评价领域的话语权，为世界大学评价提供中国智慧和中国方案，为中国建设世界教育中心服务。

教育强国，评价先行。教育评价工作者应努力建构中国特色鲜明、世界标准接轨的第四代评价模式，即多元主体、协商平等的评价思想，中外融汇、智能进化的评价制度，贡献优先、兼顾公平的评价原则，立体监测、注重诊断的评价过程。多元与融合是新时代评价模式的核心特征。[14] 在“双一流”评价实践中，要主动借鉴和吸收国外评价发展性的价值取向、投入产出的内容指向、认证及专业机构的制度保障等主要经验，但绝不能丢掉中国特色、绝不可缺少中国元素、绝不要淡化中国文化。中国特色是扎根中国大地办出中国的世界一流大学的鲜明底色，中国元素是扎根中国大地建设中国特色世界一流大学的不竭源泉，中国文化是扎根中国大地建成世界高等教育中心的精神动力。“双一流”战略是中国高等教育改革与发展的标志性成果，“双一流”大学建设成效是衡量中国发展水平与发展潜力的重大标志，站在第三方立场、以贡献优先、独立地对“双一流”建设高校、一流学科建设高校的建设成效进行跟踪监测、动态评估与科学遴选、分类指导是党的要求、国家需求和人民需要。“双一流”战略打破了“211工程”“985工程”的窠臼，是党和国家在新时代对中国大学发展道路的全新顶层设计，是一项开创中国高等教育新时代的战略工程。“双一流”大学建设进程中逐步形成的“中国道路”“中国方案”与“中国模式”，必将为发展中国家建设世界一流大学、世界一流学科、世界一流本科等提供“中国智慧”。中国历史上有大批“好大学”，如国立西南联合大学、唐山交通大学、国立西北联合大学、国立厦门大学等，但“伟大的大学”即将在新时代诞生。众所周知，改革开放的44年是中国大学发生历史性变革的44年，也是中国大学取得历史性成就的44年，积淀千年学府智慧，承载百年大学夙愿，中国已经涌现出若干所硬系统比肩哈佛与耶鲁、软实力直追剑桥与牛津的“好大学”，但离“伟大的大学”咫尺之遥。咬定青山不放松，一张蓝图画到底，在中国大地上建成中国特色、中国风格、中国气派的世界一流大学是中国人民、中华民族百年来最伟大的梦想之一。在天时、地利、人和兼具的新时代，实施“一带一路”国际倡议、实现中国和平崛起和中华民族伟大复兴中国梦、构建人类命运共同体的伟大实践，不忘初心、砥砺前行，[15]在奋斗中早日建成“伟大的大学”！

【参考文献】

［1］习近平．决胜全面建成小康社会　夺取新时代中国特色社会主义伟大胜利——在中国共产党第十九次全国代表大会上的报告［M］．北京：人民出版社，2017：11.

［2］梅贻琦．中国的大学［M］．北京：北京理工大学出版社，2012：27.

［3］杜玉波．大学要切实承担起文化传承创新的历史使命［EB/OL］．(2018-04-09)［2022-06-08］．http://old.moe.gov.cn//publicfiles/business/htmlfiles/moe/moe_176/201111/126434.html.

［4］林建华．人民日报名家笔谈：守正创新，引领未来［N］．人民日报，2016-03-11 (5).

［5］习近平．习近平谈治国理政［M］．北京：外文出版社，2014：376.

［6］中共中央　国务院印发国家中长期教育改革和发展规划纲要（2010—2020年）［J］．人民教育，2010 (17)：2-15.

［7］本刊编辑．2018年全国教育工作会议召开　教育部部长陈宝生提出2018年实施“奋进之笔”7大主攻方向［J］．中国民族教育，2018 (2)：4-5.

［8］教育部．教育部关于深入推进教育管办评分离促进政府职能转变的若干意见［Z］．教政法〔2015〕5号，2015-05-04.

［9］吴岩．办世界水平大学需要精准把握“四个一流”［EB/OL］．(2018-04-09)［2022-06-08］．http://edu.people.com.cn/n1/2016/1223/c1006-28973041.html.

［10］徐京跃，霍小光．习近平在北京大学考察时强调：青年要自觉践行社会主义核心价值观与祖国和人民同行努力创造精彩人生［N］．人民日报，2014-05-05 (1).

［11］伊继东，冯用军．中国西南联大研究三十年（1978—2008）：一种词频计量分析［J］．清华大学学报（哲学社会科学版），2009（4）：96-101.

［12］新华社．习近平李克强栗战书汪洋王沪宁赵乐际韩正分别参加全国人大会议一些代表团审议　习近平参加广东代表团审议时强调：发展是第一要务　人才是第一资源　创新是第一动力［N］．新华每日电讯，2018-03-08（1）.

［13］冯用军，赵雪．中国“双一流”战略：概念框架、分类特征和评估标准［J］．现代教育管理，2018（1）：12-18.

［14］王朋，杨雪．美国西北大学课程评价核心特征与主要经验［J］．贵州师范大学学报（社会科学版），2018（2）：72.

［15］冯用军，赵雪，朱立明．中国特色世界一流大学建设成效评价体系理论建构与实践验证［J］．江苏高教，2019（1）：20-26.

第五章　中国首轮“双一流”大学建设成效中期和终期监测评估研究

导读：世界一流大学是发达国家抢占科技创新制高点的重要智源，建成若干所中国特色世界一流大学是实现中国和平崛起与中华民族伟大复兴中国梦的战略使命。国家高等教育战略工程持续推进，中国大学产生了历史性变革并取得了历史性成就，在系统梳理实施“双一流”战略背景下中国大学监测评估法理依据基础上，创新优化中国大学分类标准及其发展愿景，坚持以知识创新为根、办学效益为本、综合贡献优先的中国特色、与世界接轨的“双一流”大学建设成效监测评估指标体系的理论导向及方法论，深度挖掘高等教育质量监测国家数据平台等的原始核心数据和时序大数据，综合运用140所中国首轮“双一流”建设高校（A类、B类、C类）的建设方案及中期自评报告和有影响力的第三方评价结果，以中国大学竞争力指数为中心分别于2020年初、2021年底对其建设进展、建设成效对照标杆大学进行中期评估和终期监测，并合理利用灰色预测GM（1，1）模型对其建设态势进行科学预测，可为国家动态监测、跟踪评估、螺旋判别、柔性遴选新一轮“双一流”大学提供参考借鉴，持续推动中国高等教育监测评估体系和监测评估能力现代化。

知识创新、科技进步与人才辈出是中国“双一流”大学建设的内部原动力和联结外部世界的纽带，大学作为第三部门高等教育组织是国家知识创新体系的轴心和国家创新体系的智慧源。中国大学建设是对中华民族伟大复兴具有决定性意义的伟大事业，其现代化成效事关中国和平崛起与中华民族美好未来。强国必先强教，建设“双一流”大学是百年来中国人的伟大梦想之一。为了加快建设中国特色社会主义世界一流大学，中共中央和国（政）务院在完成公立院校、私立院校、教会院校社会主义改造和大规模院系调整等基础上，持续实施全国重点大学工程（1959 年）、“211 工程”（1995 年）、“985 工程”（1998 年）和“双一流”战略（2015 年）。《“双一流”建设总体方案》对何谓“双一流”、为何要建“双一流”、建设什么样的“双一流”、怎样建设“双一流”、谁来建设“双一流”、如何评估“双一流”建设成效和怎么遴选新一轮“双一流”建设高校及学科等重大问题进行了顶层战略设计，140 所大学（中国地质大学、中国石油大学、中国矿业大学两地办学，按 6 所计算）进入第一轮“双一流”建设高校序列，其建设成效动态监测与跟踪评估体系、动态管理及其进退机制等成为大学监测评估研究新课题。教育强则国家强，实现中华民族伟大复兴，大学的地位和作用不可忽视。[1] 大学现代化水平是衡量国家发展进程和民族发展潜力的显著标尺，创新知识、核心技术与卓越人才对新时代中国日趋重要。扎根中国大地办人民满意的教育是党和国家的承诺，也是人民和民族的期许，更是大学人的核心使命。中国获得了全方位高质量发展，“中国特色社会主义进入新时代，我国社会主要矛盾已经转化为人民日益增长的美好生活需要和不平衡不充分的发展之间的矛盾”。[2] 在四轮国家高等教育战略工程强力助推下，我国高等教育实现了从精英化、大众化到普及化，2020 年进入后大众化到普及化过渡初级阶段，高等教育毛入学率超过 51.6%，在校生数超过 4000 万居全球首位，趋近世界高等教育中心，高等教育主要矛盾和矛盾的主要方面也随之发生转移。世界一流大学、世界一流学科、世界一流教学（本科和研究生）、世界一流专业、世界一流课程建设（五个一流）已成为新时代中国深化高等教育改革与发展的突破口，其建设水平、质量与成效监测评估越发引人关注。世界一流大学、世界一流学科是世界一流国家、世界一流民族的重要名片、文化软实力与核心竞争力，也是推动构建人类命运共同体、共同促成合作共赢、世界新秩序的人力资源保障与重要智力支撑。[3] “办好中国的世界一流大学”“广大科技工作者要把论文写在祖国的大地上，把科技成果应用在实现现代化的伟大事业中”，客观要求建设世界一流的清华大学、北京大学、浙江大学、复旦大学、南开大学等社会主义新大学。既要扩大高教对外开放度，积极与世界一流大学开展高水平中外合作办学，也要在守文持正基础上创奇出新、奋勇争先、传道弘法，传承大学精神坚守大学信仰、践行大学理念重塑大学魂魄，通过“政产学研用”协同创新推动绿色大学发展，脚踏实地闯出一条创建“双一流”大学的中国理路。

世界一流大学是国家创新系统和人类命运共同创新体的核心模块，中国

“双一流”大学知识创新的速度、技术创造的效度、人才培养的高度是实现中华民族伟大复兴的重要战略依托。鉴古知今方能古为今用、学贯中西方能洋为中用，中国“双一流”大学建设必须对中西方教育历史文化精髓进行综合凝练、融汇转化。中国有五千年的高等教育历史，包括夏朝庠序、商周辟雍与泮宫、汉代太学、唐代“六学二馆”、宋代书院、明清国子监等。在近代中国，蒋梦麟、张伯苓、梅贻琦等也曾经建成过接近世界一流大学水准的中国现代大学。校舍虽简陋，但大师云集、弦歌不辍，[4]充分发挥教学以培英育才、研发新的科学技术、服务经济社会发展、传承和创新文化、国际交流与合作等核心职能，[5]成为支撑引领时代的旗帜。世界一流大学、世界一流学科高水平大学是人类道德的高地，是培育英才的摇篮，是国家创新体系的重要组成部分。[6]建设“双一流”大学是党中央、国务院在新时代审时度势做出的高等教育战略决策，目的是不断提高高等教育的发展质量和贡献能力，增强中国的核心竞争力和教育文化软实力，[7]必须坚持中国立场全球眼光、中国特色世界标准，从理论与实践之维上持续推动高等教育监测评估制度改革、科学构化现代大学监测评估系统，形成高等教育监测评估思想理论体系。国家评估和第三方评价有助于促进“双一流”大学建设，是发展公平而有质量的高等教育、办好人民满意的高等教育、逐步解决新时代高等教育主要矛盾等的重要助力。2020 年是《国家中长期教育改革和发展规划纲要（2010—2020 年）》（以下简称《中长期教育规划纲要》）的收官年，也是《中国教育现代化 2035》的开局年，更是“双一流”建设高校的中考年。通过系统梳理中国“双一流”大学建设成效监测评估的法理依据，创新优化中国大学标准分类及其发展愿景，进而科学构建新时代中国“双一流”大学建设成效监测评估指标体系，深度挖掘高等教育质量监测国家数据平台（教育部）、中国高等教育发展大数据库（安邦）、高等教育发展指标数据平台（青塔）等的原始核心数据和时序大数据，综合运用 140 所中国首轮“双一流”建设高校（A 类、B 类、C 类）的建设方案及中期自评报告和有影响力的第三方评价结果，分别于 2020 年初、2021 年底对其建设进展、建设成效对照标杆大学进行中期评估、实践验证和趋势预测，有助于各方了解第一轮“双一流”大学中期建设成效，既可为党和国家开展新一轮“双一流”大学柔性遴选等提供决策咨询，也可为中国学界的高教理论话语逐步转向世界性实践话语提供中国表达，更可为中国大学评价标准上升为国际标准破解全球大学评估难题提供中国方案，开辟发展中国家建成世界一流大学推动构建人类命运共同体的中国道路。

第一节 中国首轮“双一流”大学建设成效监测评估的法理依据

大学是国家发展的“火车头”、民族进步的领动力，建设“双一流”大学是中国坚定不移的高等教育战略抉择，[8]是支撑经济发展和社会进步的“四梁八柱”。中国特色世界一流大学是世界一流大学集团的新兴力量，“重”在中国特色，“要”在世界一流。所谓“中国特色大学”，是坚持马克思主义指导地位、贯彻习近平新时代中国特色社会主义思想的大学（思想引领），是服从中国共产党领导、坚持社会主义办学方向的大学（行动指南），是坚持中国道路、秉承中国制度、遵守中国法律的大学（根本保障），是贯彻新时代党的教育方针、传承创新中华优秀传统文化、厚植爱国主义情怀的大学（创新源泉），是扎根中国大地、坚持“四个服务”、实现中华民族伟大复兴中国梦的大学（实现路径）。所谓“世界一流大学”，是不忘初心坚守立德树人之根本、砥砺前行传承人类文明之精魂，已经并正在持续培养引领未来的人（杰出校友等），持续产生推动人类发展、社会进步的创新思想与文化（哲学社会科学家等）、前沿科学（科学家等）、高新技术（发明家与大国工匠等）等的群集，它们已经并正在为世界和平发展和构建人类命运共同体等做出持续贡献。监测评估权是国家教育主权的重要组成部分，国家推动“管办评”分离，第三方监测评估成为时代潮流，政府主导监测评估大方向，第三方独立开展立体监测评估。在国家法律政策保障和支持下，经过70多年坚持不懈的理论探究、标准优化与实践验证，我国在较短时期内建构起了大学专业评估、中介评估与同行评估“三位一体”评估体系，即国家层面与民间层面的高等教育监测评估标准体系相继建立并付诸应用。《中长期教育规划纲要》提出要“鼓励专门机构和社会中介机构对高等学校学科、专业、课程等水平和质量进行评估。建立科学、规范的评估制度。探索与国际高水平教育评估机构合作，形成中国特色学校评估模式。建立高等学校质量年度报告发布制度”。[9]《“双一流”建设实施办法》提出要开放竞争、动态管理，“学科水平在有影响力的第三方评估中进入前列……以中国特色学科评估为主要依据，参考国际相关评估因素……论证确定一流大学和一流学科建设高校的认定标准……参考有影响力的第三方评估……强化跟踪指导……根据期末评估结果等情况，重新确定下一轮建设范围”。[10]政府力主“管办评”分离是推进“双一流”大学第三方评估的重要保障，也是体现大学意志与落实办学自主权的必由之路。《教育部关于深入推进教育管办评分离促进政府职能转变的若干意见》提出要“推进依法评估，建立科学、规范、公正的教育评估制度”，为通过评估深化大学改革、完善大学治理结构提供了先决条件。[11]“双一流”大学不是终身制，而是滚动式的、有进有出、动态调整，教育部已适时启动中期评估，力图构建多元、多层、多维的中国特色一流大学、一流学科评价体系，对建设成效不明显的高校、学科“亮黄牌”。

在《中华人民共和国教育法》《中华人民共和国高等教育法》《中华人民共和国民办教育促进法》等教育法律中，规定了党和国家对教育进行评价的主导权及事权。除了用法律法规明确党和国家对“双一流”大学建设成效评价的权利与义务外，党和政府还出台了诸多教育战略及政策等来对“双一流”大学建设成效进行监测评价。[12]《加快推进教育现代化实施方案（2018—2022年）》提出要构建教育质量评估监测机制，“研究建立中国特色‘双一流’建设的综合评价体系”。《中国教育现代化2035》要求构建教育质量评估监测机制，深度参与国际教育规则、标准、评价体系的研究制定，建立教育发展监测评价机制，全方位推进教育监测评估现代化。这些政策措施和《中华人民共和国高等教育法》等法规为第三方评估机构利用大（数据）、智（能化）、移（动态）、云（计算）、物（联网）技术，动态监测与跟踪评估“双一流”大学建设短期、中期、中长期、长期成效提供了法理依据和强劲动力。挥动“奋进之笔”才能交出“得意之作”，中国特色世界一流大学、世界一流学科（一流研究生教育）、世界一流本科教育（一流专业）既不是在纸上规划出来的，也不是在书上描绘出来的，而是在全体大学人坚持不懈的奋斗中成长起来的，中国大学只有站到世界舞台与他国大学同场竞技，即按照世界大学评估标准在竞争中发展、发展中趋优、创优中变强，才能跻身世界舞台中央，赢得全球认可，助力人类进步。

世界一流大学是全球大学系统中各层次、各类型、各形式高校的“火车头”、领军者、“排头兵”、主导者。在新时代，“两个一百年”间中国高教改革与发展的核心议题之一就是“双一流”大学建设，“双一流”大学肩负着再造中国大学全新风貌、重塑中国大学世界格局的历史重担，承担着为构建人类命运共同体（世界）、落实“一带一路”倡议（国外）和推动京津冀协同发展、粤港澳大湾区、长江经济带等（国内）“一体两翼”战略提供智慧支持与科技支撑的时代使命。中国风格是中国大学的底色，华夏文明是中国大学的灵魂，中国特色必须贯穿“双一流”大学建设全程，要优先为中国共产党治国理政服务。“党中央作出了建设世界一流大学的战略决策，我们要朝着这个目标坚定不移前进。办好中国的世界一流大学，必须有中国特色。没有特色，跟在他人后面亦步亦趋，依样画葫芦，是不可能办成功的……我们要认真吸收世界上先进的办学治学经验，更要遵循教育规律，扎根中国大地办大学。”[13]“双一流”大学是展示中国高等教育质量与中华民族核心柔性竞争力的典型标志，是落实创新驱动发展战略，在重大关键领域实现创新突破、打造会聚全球一流英才的智慧高地，是组织具有重大先导作用的协同攻关，形成代表国家水平、获得全球同行认可、在世界上拥有话语权的智慧创新体，[14]是突破“卡脖子技术”的重大战略创新力量。“双一流”大学是中国加快抢占全球科技前沿制高点的创新动力，一流学科是协同攻关重大关键核心技术、产出一流成果的主要载体，一流本科教育是联合培育一流人才的核心基地，“建设一流本科教学、提高教学质量，是加快推进‘世界一流大学和一流学科建设’的迫切需要……一流的本科教育是一流大学的重要基础和基本特征”。[15]在“两个一百年”内，在华夏大地上建成一批“双一流”大学，绝不是在简单照搬或模仿复制欧美世界一流大学的过程中成长起来的，而是在服务中国战略与构建人类命运共同体等国际倡议的伟大实践中发展壮大起来的，是具有中国特色、自主创新、为中国和平崛起与世界和平发展服务的多样性伟大大学。

第二节　“双一流”战略背景下，中国大学立体交叉二维分类新方法

世界一流大学因知识创新的源头不同而丰富多彩，生长路径各不相同。科学定位、合理分类既是对大学进行科学监测、合理评估的前提，也是大学错位发展、办出特色的基础。推进“双一流”大学内涵建设、特色建设、高质量建设，必须坚决扭转不科学、不合理的高等教育评估导向，即“五唯”（唯论文、唯帽子、唯职称、唯学历、唯奖项）倾向，积极探索建立引导与鼓励“双一流”大学重师德师风、重真才实学、重特色校友、重质量贡献的评估导向。对大学进行分类定位是国际惯例和国家行使教育治理权

的重要体现。“分类建设一批世界一流高等学校，建立完善的高等学校分类发展政策体系，引导高等学校科学定位、特色发展”是《中国教育现代化2035》提出的新任务，[16]也是党、政府、高校和师生的“教育梦”。大学合理分类是科学定位、特色发展的前提，建成“双一流”大学必须有中国特色、世界接轨的高校分类标准。文明交流互鉴才能行稳致远，为此，在批判借鉴联合国、卡内基等组织的高等教育分类法基础上，创新中国高等教育标准分类体系。通过文献梳理发现，我国于20世纪90年代开始高校分类研究，做了大量理论分析工作，取得了一些实践应用成果。[17]为了更加合理、科学地调整、优化我国大学布局、形式、科类、层次、治理结构，[18]必须重构符合中国国情、接轨世界标准的大学分类方法。随着理论研究的深入，我们对传统大学二维分类有了许多新的认识，通过实践检验发现，有必要遵循分类、分区、分层、分级原则，对人才培养和科技研发二维象限内的大学进行新的特征质化：①研究型院校侧重培育学术型人才和开展基础性科技研发活动，在哲学社会科学与自然科学等领域拥有大批卓越教师、杰出校友、顶尖科技成果等，重点解决基础理论创新问题；②专业型院校侧重培养特色型人才和开展专业型科技研发活动，在工程与技术科学、人文社会科学等领域拥有若干一流师资、一流校友、一流科技成果等，重点解决行业性关键创新问题；③应用型院校侧重培养技术型人才和开展应用型科技研发活动，拥有一大批行家里手、大国工匠，重点解决理论与实践联通环节的关键性创新问题；④技职型院校侧重培养技职型人才和开展技能型科技研发活动，人才和科研主要集中在生产一线、重点解决实践性创新问题。其中，学术研究型大学与专业特色型院校是“双一流”建设高校的重点和方向。在此基础上构建新的中国大学二维标准分类法（如表5-1所示），主要依据是中国大学办学定位、办学质量与办学特色、办学贡献等：一是根据高校人才培养目标与科技研发质量等将中国高校分为研究型大学、专业型大学、应用型大学与技职型大学等四种办学类型；二是根据高校毕业生职业发展领域与学科专业设置等将中国大学分为“综合型”和“特色型”，其中，特色型又细分为财经、政法、医药和农林等行业特色型院校，以及艺术、体育、传媒和警察等专业特色型院校。[19]大学二维象限分类结果又可以组合出更多类型的院校，如农林类特色研究型院校（如西北农林科技大学）。

表 5-1 “双一流”背景下中国大学标准分类及其发展愿景

<table>
<tr><th>维度一</th><th colspan="2">分类结果一</th><th colspan="2">分类结果二</th><th>维度二</th></tr>
<tr><td rowspan="11">高校人才培养目标与科技研发质量等</td><td rowspan="5">研究型
Ⅰ型</td><td>综合研究型院校
（本、硕、博层次）</td><td>综合研究型院校
（本、硕、博层次）</td><td rowspan="3">综合型
Ⅰ/Ⅱ
型</td><td rowspan="11">高校毕业生职业发展领域与学科专业设置等</td></tr>
<tr><td>行业特色研究型院校
（本、硕、博层次）</td><td>综合应用型院校
（专、本、硕、博层次）</td></tr>
<tr><td>区域研究型院校
（本、硕、博层次）</td><td>综合技职型院校
（专、本、硕层次）</td></tr>
<tr><td>区域特色研究型院校
（本、硕、博层次）</td><td>财经类院校
（专、本、硕、博层次）</td><td rowspan="8">特色型
Ⅰ/Ⅱ
型</td></tr>
<tr><td>应用研究型院校
（本、硕、博层次）</td><td>政法类院校
（专、本、硕、博层次）</td></tr>
<tr><td rowspan="2">专业型
Ⅱ型</td><td>普通专业型院校
（本、硕、博层次）</td><td>医药类院校
（专、本、硕、博层次）</td></tr>
<tr><td>特色专业型院校
（本、硕、博层次）</td><td>农林类院校
（专、本、硕、博层次）</td></tr>
<tr><td rowspan="2">应用型
Ⅲ型</td><td>普通应用型院校
（本、硕、博层次）</td><td>艺术类院校
（专、本、硕、博层次）</td></tr>
<tr><td>应用技术型院校
（本、硕、博层次）</td><td>体育类院校
（专、本、硕、博层次）</td></tr>
<tr><td rowspan="2">技职型
Ⅳ型</td><td>技职型院校
（本、硕层次）</td><td>传媒类院校
（专、本、硕、博层次）</td></tr>
<tr><td>技能型院校
（专、本层次）</td><td>警察类院校
（专、本、硕、博层次）</td></tr>
<tr><td>核心指标</td><td colspan="4">①师资水平（教师质量）；②教学水平（教学质量）；③学术水平（科技质量）；④学生水平（校友质量）；⑤办学定位（愿景规划）；⑥办学特色（校园文化）</td><td></td></tr>
<tr><td></td><td colspan="4">世界/国家/区域/行业/领域/学科一流大学</td><td>发展愿景</td></tr>
</table>

中国大学二维立体分类标准兼具全球眼光、中国特色、民族情怀，[20]充分考虑了大学的办学定位、办学特色、办学质量、办学贡献（人才、科技、社会、国际贡献等），突出了大学立德树人的核心职能与教书育人的根本任务，从理论和应用维度实现了大学监测评估中教学与科研、师生与校友、大文科与大理科、校内与校外、投入与产出、历史与现实等的动态平衡，体现了其促动功能：有利于促进大学人才培养的多元化（办学定位）、有利于引导大学分类发展的多样性（办学层次）、有利于体现大学综合贡献的差异性（办学特色）。新的中国大学分类标准符合党和国家的高等教育发展战略要求、符合高等教育内外部关系规律、符合与世界接轨兼顾中国特色的原则，遵循了

学术通约规范与大众认知，有助于促发教科融合、教产融通“双轮驱动”下“双一流”大学与经济社会的复杂“耦合关系”和“叠加效应”，不断提升大学知识创新能力，[21]保证大学始终走在扎根中国大地建设“双一流”大学的“正轨”上，即通过科学定位、合理分类、系统再造来促进“双一流”大学差序发展，办出特色、创造贡献，这正是中国“双一流”大学助力创新型国家与世界强国建设的制胜之道。

第三节　中国首轮“双一流”大学建设成效监测评估的科学方法

创新是一个民族进步的内在要求，是一个国家兴旺发达的不竭源泉，是引领发展的第一动力。[22]创新既是建设中国特色世界一流大学、中国特色世界一流学科高水平大学等的引领理念，也是建设现代化经济体系和创新型国家的战略支撑。在新时代，中国大学承担着培育德智体美劳全面发展的社会主义建设者和接班人的历史使命，既要持续培育大批“红色人才”，又要高效产出大批“红色科技”，必须坚持党的领导和社会主义办学方向，努力建成中国特色社会主义现代化大学。中国大学只有努力推进“双一流”建设，才能把握“九个坚持”“九个要求”，破解“为谁培养人、培养什么人、怎样培养人”这个根本问题，解决“谁来培养人”这个关键问题。教育大计，教师为本，《中长期教育规划纲要》《“双一流”建设总体方案》分别实施10年、7年来取得的成效充分证明，培育一流人才，关键在教师，特别是一流教师。[23]《中国教育现代化2035》要求对中国“双一流”大学建设成效进行科学合理评价，必须坚守立德树人根本宗旨、突出人民性即教师和学生发展，“以生为本”实现“四个回归”，即以一流专业、一流本科教育促进一流学科、一流大学建设，培育一流校友。

一、中国“双一流”大学建设成效监测评估指标体系框架

大学排名是大学监测评估的重要参照手段，是根据标准对大学及其要素进行量化排序。排名权是话语权，是国家教育主权的重要组成部分。大学排名主导权是世界大学排名话语权与影响力的“晴雨表”，也是国与国高等教育竞争的重要资源。安邦智库分析发现，自1985年全球第一个大学排名诞生以来，拥有世界影响且持续公布大学排名、信用评级在3~5级的第三方和非第

三方大学评价机构有 20 余家，中国有 5 家，综合集成历史较长、公信较好、影响较大、知名度较高的大学排名的指标体系，发现其“核心标准”包括三大板块：人才培育（师生规模、校友质量）、科技研发（论文数量、成果质量）、国际影响（学术声誉、社会贡献）。[24]科学监测、跟踪评估、动态调谐、持续推动“双一流”大学建设进程，必须站在第三方中介立场，坚持世界眼光、国际标准、高点定位，同时融汇中国特色、中国文化与中国元素来构建监测评估指标体系。习近平总书记在全国教育大会上强调，要扭转不科学的教育评价导向，坚决克服“五唯”顽瘴痼疾，从根本上解决教育评价指挥棒问题。[25]监测评估的根本目的是“以评促建”，激励为多样性大学实现师德引领、教育教学、科技研发、文化传承、国际交流“五位一体”培育人才提供多元化方案。为破除“五唯”等不良指挥棒倾向，让绿色大学监测评估形成压倒性态势，实现大学监测评估生态根本性扭转，第四代大学监测评估强调创新为根、效益为本、贡献优先，以引导中国大学不忘初心、牢记使命，持续破解“钱学森之问”和“卡脖子技术”。

大学监测评估要“破五唯”，就要“定标杆”“立五看”，即在破除“唯论文、唯帽子、唯职称、唯学历、唯奖项”等基础上，一看是否有利于引领大学科学定位、合理分类、内涵发展、办出特色、提升质量和增强综合实力；二看是否有利于增加优质高教资源供给、破解高教主要矛盾、办人民满意的伟大大学；三看是否有利于大学提升教育教学、科技研发、社会服务、文化传承等创新品级；四看是否有利于大学提高人才培养、理论研究、技术开发、服务经济社会、促进国际合作与交流等的效益水平；五看是否有利于大学扩大对人的全面发展、社会进步、国家和平崛起、民族伟大复兴、世界和平、人类命运共同体构建等的贡献。立足高等教育促进人的发展、促进社会发展的功能和现代大学培育人才、研发科技、服务社会、传承创新文化、推动国际合作交流五大核心职能，批判借鉴全球高等教育评估和现代大学评价的经验教训，以培养人才为中心，坚持知识创新、坚持技术进步（一个中心两个基本点）作为高校全要素监测评估的宗旨。教书育人、立德树人成效是检验大学一切工作成效的唯一标准，重点监测评估大学的“质量”“特色”“成效”“贡献”。运用德尔菲专家咨询法（DEM）、层次分析法（AHP）、钱学森从定性到定量综合集成法（TM-S）和 SPSS、DPS 等软件，[26]科学构建起了中国“双一流”大学建设成效监测评估指标体系及其指标权重（如表 5-2 所示），包括 1 个元指标、5 个一级指标、15 个二级指标、21 个三级指标与 300

余个四级指标观测点，如“教学水平”指标包括“双一流”专业、精品课程、教改项目、规划教材、教学学术论文、教学成果奖等观测点。该监测评估指标体系是中国综合集成创新、自主创新与体制机制创新的成果，是在改革开放44年来大学监测评估科研、设计、验证、试点与运行经验等基础上，投入海量资源，充分借鉴国际第三代大学评估技术先进理念，遵循“高等教育组织排名的柏林原则”，吸取世界大学排名的经验教训，研发设计了具有中国特色、符合世界标准的第四代大学监测评估技术，即提出了力图破解世界大学监测评估难题的中国方案与中国智慧——兼具中国特色、华夏风格与世界眼光、国际视野，可对“双一流”战略背景下中国大学建设成效进行跟踪评估与智能监测。

表5-2　中国“双一流”大学建设成效监测评估指标体系（通用版）

元指标	一级指标	二级指标	三级指标	指标权重	指标侧重	指标属性
立德树人指数（TI）	教育教学指数（一流教学，C&CI）	教学质量	教学水平	0.09	中国特色	定性/历时数据
			校友质量	0.13	世界标准	定量/历时数据
		师资质量	杰出师资	0.11	世界标准	定量/历时数据
		培养基地	学科实力	0.07	中国特色	定性/历时数据
	科技研发指数（研学产用，S&TI）	科技项目	高端项目	0.06	中国特色	定量/历时数据
		科技平台	创新平台	0.05	中国特色	定量/历时数据
		科技产出	标志成果	0.08	世界标准	定量/历时数据
		科技质量	高级奖励	0.07	世界标准	定量/历时数据
		科技转化	技术转让	0.05	中国特色	定性/历时数据
			决策咨询	0.04	世界标准	定性/历时数据
	社会服务指数（社会服务，S&SI）	社会影响	生源质量	0.05	中国特色	定量/历时数据
			大学捐赠	0.02	世界标准	定性/历时数据
			传媒报道	0.01	中国特色	定性/历时数据
		服务社会	创新创业	0.02	世界标准	定性/历时数据
	文化引领指数（文化传承与创新，C&II）	文化繁荣	文化传承	0.02	中国特色	定性/历时数据
			文化创新	0.02	中国特色	定性/历时数据
			文化引领	0.03	世界标准	定量/历时数据
	国际声誉指数（国际交流与合作，I&CI）	国际师生	境外师生	0.03	世界标准	定量/历时数据
		国际平台	跨境平台	0.01	中国特色	定量/历时数据
		国际学术	学术影响	0.02	世界标准	定量/历时数据
		全球排名	世界排名	0.02	世界标准	定量/历时数据

在通约状态下，用一套大学监测评估指标体系评价不同类型、形式、层次、性质等的大学显然是不科学的，结果也是不靠谱的。但如果不用一套指标体系则无法保证评估结果的可比性和可参照性，这就是国内外大学监测评估的“两难问题”，也是现行大学排名存在的致命弊端。其实在本质上，大学的基础职能和核心功能是相似的，如培育人才、研发科技、传创文化、影响社会、促进国际交流等，大学间最大的差异是贡献侧重点不同，即不同大学有相近贡献力。基于这些发现，我们提出破解世界大学评估难题的优化方案，即采用同一套指标体系但指标权重采用弹性算法（常模参照/标准参照算法），根据大学在知识创新、技术发明、人才培育、文化传创、道德引领等核心职能维度上的多元贡献侧重，来科学调谐算法和合理协调系数（如表 5-3 所示），计算出中国大学立德树人指数，也称为“中国大学竞争力指数”（Chinese Universities Talent Competitiveness Index，CUCI），并据此发布中国大学评估结果。其中，常模参照算法主要用于除 TOP200（中国/全球）大学选优评估，标准参照算法主要用于 TOP200（中国/全球）之外的大学竞争评估。培育人才是大学的第一职能，一流本科教育、一流专业是一流大学、一流学科的底色，依托大学衍生的其他重要职能都应该围绕人才培养这个核心与根本职能。所以，立德树人是大学的根本使命，教书育人是教师的责任担当，在文化传承与创新中培育人才是大学区别于其他社会组织的本质特征，是大学之所以为大学的独特标志。建成“双一流”大学，应对共同挑战、迈向美好未来，既需要经济科技力量，也需要文化文明力量。率先将大学第四大职能——文化传承引领独立出来作为评估大学核心贡献的元评估指标，目的是引导中国的大学成为中华民族优秀传统文化与多样性世界文明的传承者、创新者和引领者。

表 5-3 中国“双一流”建设高校绩效监测指标智能权重

类型	指标权重				
	人才培养	科技研发	社会服务	文化引领	国际声誉
常模参照	0.40	0.35	0.10	0.07	0.08
研究型院校	0.35	0.35	0.10	0.10	0.10
专业型院校	0.50	0.20	0.15	0.08	0.07
应用型院校	0.50	0.20	0.20	0.05	0.05
技职型院校	0.60	0.10	0.25	0.02	0.03

大学是社会进步的“轴心”、经济发展的“引擎”，是科学发现、技术发

明、人才培育的“摇篮”，指标权重的科学分配、弹性系数的合理运用充分体现了高等教育基本功能与大学核心职能间的耦合共轭关系，较符合社会发展规律、高等教育规律和人才成长规律。如社会服务指数，重点考察大学创新创业实践、“三下乡”、校地合作等的效果；科技转化指标，重点考察校企合作、产教融合、科教融合、产学研一体化、产业人才培养和决策咨询服务等的成效；生源质量指标，重点考察家长和考生对大学的“认可度”，如录取最低分数线，一流大学与一流学生应相互成就。[27] 当然，从理论和实践上看，这套大学监测评估系统并不完美，还需要持续进化：一方面，大学是千差万别的，不可能用一套指标体系衡量所有大学；另一方面，大学是发展变化的，不可能用一套指标体系评估大学的未来和未来的大学。所以，理想的大学监测评估指标体系应该是与时俱进、分类分层、动态优化和迭代的，但万变不离其宗，即必须聚焦立德树人、教书育人这个根本，衡量大学对家庭、社会、国家、民族、世界的持续贡献。

二、中国“双一流”大学建设成效中期和终期监测评估指标的数据选择

中国“双一流”大学建设成效监测评估指标的数据采集、清洗和使用始终遵循客观、公正、便利、科学、透明的原则，首选权威公开数据，不采用缺乏公信力的自建指标数据库。具体地说，300 余个指标观测点的数据是基于质量基础上的数量指标，即采集顶端的核心数据对大学进行监测评估。“塔尖数据”（Top Data）主要来自官方公布的权威数据，如教育部全国普通高校中华优秀传统文化传承基地、国家及省部共建协同创新中心等数据，业界公认的标准数据，如基本科学指标数据库（ESI）、科技部“三类高质量论文”等数据，第三方验证的开源数据，如诺贝尔科技奖获得者和邵逸夫奖获得者等数据。采用以上三类权威性高、公信力好的数据，可避免评估者的暗箱操纵及被公众质疑。

三、中国“双一流”大学建设成效监测评估指标体系的算法

对中国“双一流”大学建设成效的多维监测与单维评估结果均做归一化处理，以百分制分数或指数值方式呈现，并逐步过渡到等级制，实际操作时根据高校类型、层次、形式和性质等优化指标权重与算法。通用计算方法如下。

第一，三级排名指标得分的算法：

样本大学的三级排名指标得分 = 100 × $\sum$（各三级排名指标参数 × 系数）/Max[$\sum$（各三级排名指标参数 × 系数）]。

第二，一级、二级排名指标得分的算法：

样本大学的二级排名指标得分 = 100 × $\sum$（各三级排名指标得分 × 权重）/Max[$\sum$（各三级排名指标得分 × 权重）]。

样本大学的一级排名指标得分 = 60 + 40 × $\sum$ 各二级排名指标得分 /Max（$\sum$ 各二级评估指标得分）。

第三，综合排名得分的算法：

样本大学的最终综合排名得分 = 60 + 40 × $\sum$（元评价指标得分 × 权重）/Max[$\sum$（元评价指标得分 × 权重）]。

由此得出，中国大学竞争力指数（*CUCI*）计算公式：

$$CUCI = \left| \sum_{i=1}^{n=5} C\&CI \times 0.4 + S\&TI \times 0.35 + S\&SI \times 0.10 + C\&II \times 0.07 + I\&CI \times 0.08 \right| \times 40 + 60$$

第四节　中国首轮“双一流”大学建设成效中期和终期监测评估结果分析

大学监测评估系统是否科学、合理、客观、高效，关键看是否有利于引领高校的科学发展、是否有利于提高高校的综合实力、是否有利于提升人才的培养质量，引导高校发展从数量转向质量、外延转向内涵、全面转向特色、规模转向效益。实践是检验真理的唯一标准，2020 年是中国首轮“双一流”大学建设成效中期检查的关键年，2021 年是中国首轮“双一流”大学建设成效终期评估的关键年，其建设进展与建设成效的中期、终期评估结果直接影响 2022 年第二轮“双一流”大学动态遴选和新一轮“双一流”大学持续建设。为动态检验中国“双一流”大学监测评估系统的信度、效度，我们遵循科学、独立、客观、透明、公正的第三方高等教育数据研究原则，运用高等教育大数据深度挖掘和处理分析系统（Higher Education Big Data Deep Mining and Processing Analysis System，HEDPS）对140所“双一流”建设高校（A类、B类、C类）的建设进展、成效进行双重验证，并利用灰色预测模型GM（1，1）对“双一流”建设高校“三步走”战略趋势进行仿真模拟。具体地说，HEDPS通过跟踪监测、动态采集、实时更新全面反映140所“双一流”建设高校五大职能的原始核心数据（中期评估数据，2019年12月31日截止；终期评估数据，2021年10月31日截止）和时序大数据（中期评估数据，1949年10月1日至2019年12月31日；终期评估数据，1949年10月1日至2021年10月31日），对全部数据进行清洗、挖掘与标准化归一处理，并遴选标杆大学（按100.00分计算）进行映照，利用常模参照算法等获得其竞争力指数、世界排名和发展态势（如表5-4所示），可为党中央、国务院和高校、家长、企业等科学评估第一轮“双一流”大学建设成效，特别是为党和政府跟踪监测、动态评估与弹性遴选、持续扶持新一轮“双一流”建设高校提供权威参考和决策借鉴。

表5-4　中国首轮“双一流”大学建设成效监测评估中期和终期结果及趋势仿真

排序	校名	2021 CUCI	世界排名	国家定位	中期结果	终期结果	2035	2050	战略目标
标杆大学	哈佛大学	—	1~3	—	—	—	1~3	1~3	世界顶尖大学
标杆大学	牛津大学	—	1~5	—	—	—	1~5	1~5	世界顶尖大学
1	清华大学	99.00	20~25	A	优	优+	15~25	10~20	世界顶尖大学
2	北京大学	98.90	31~40	A	优	优+	15~25	10~20	世界顶尖大学
3	中国科学院大学	95.00	41~50	C	优	优+	15~35	10~25	世界顶尖大学
4	浙江大学	94.50	51~100	A	良	优+	25~50	20~25	世界顶尖大学
5	上海交通大学	92.70	51~100	A	优	优+	25~50	20~30	世界顶尖大学
6	复旦大学	92.60	51~100	A	优	优+	25~50	20~30	世界顶尖大学
7	中国科学技术大学	92.50	51~100	A	优	优	25~50	20~40	世界顶尖大学
8	国防科技大学	92.40	51~100	A	优	优	25~50	20~40	世界顶尖大学
9	南京大学	92.20	101~200	A	优	优+	51~100	25~50	世界顶尖大学
10	中山大学	92.00	101~200	A	优	优	51~100	25~50	世界顶尖大学
11	哈尔滨工业大学	91.90	101~200	A	优	优+	51~100	25~50	世界顶尖大学
12	北京师范大学	91.70	101~200	A	优	优	51~100	51~100	世界一流大学

续表

排序	校名	2021 CUCI	世界排名	国家定位	中期结果	终期结果	2035	2050	战略目标
13	武汉大学	91.40	101~200	A	优	优+	51~100	51~100	世界一流大学
14	四川大学	91.30	101~200	A	优	优	51~100	51~100	世界一流大学
15	华中科技大学	91.10	101~200	A	优	优+	51~100	51~100	世界一流大学
16	同济大学	91.05	101~200	A	优	优+	51~100	51~100	世界一流大学
17	西安交通大学	91.00	101~200	A	优	优+	51~100	51~100	世界一流大学
18	南开大学	90.88	101~200	A	优	优+	51~100	51~100	世界一流大学
19	厦门大学	90.36	201~300	A	优	优+	101~200	101~200	世界一流大学
20	东南大学	90.10	201~300	A	良	优	101~200	101~200	世界一流大学
21	天津大学	90.05	201~300	A	优	优+	101~200	101~200	世界一流大学
22	吉林大学	90.00	201~300	A	优	优+	101~200	101~200	世界一流大学
23	北京理工大学	88.30	201~300	A	优	优	101~200	101~200	世界一流大学
24	山东大学	88.27	201~300	A	良	优	101~200	101~200	世界一流大学
25	中国人民大学	87.96	201~300	A	优	优	101~200	101~200	世界一流大学
26	北京航空航天大学	87.75	301~400	A	优	优	201~300	201~300	世界一流大学
27	中南大学	87.55	301~400	A	良	优	201~300	201~300	世界一流大学
28	大连理工大学	87.00	301~400	A	良	优-	201~300	201~300	世界一流大学
29	华南理工大学	86.95	301~400	A	优	优	201~300	201~300	世界一流大学
30	华东师范大学	86.90	301~400	A	优	优+	201~300	201~300	世界一流大学
31	湖南大学	86.78	301~400	B	优	优+	301~500	201~500	世界一流学科大学
32	兰州大学	86.55	301~400	A	优	优	201~300	201~300	世界一流学科大学
33	苏州大学	86.40	401~500	C	优	优	301~400	301~400	世界一流学科大学
34	中国农业大学	86.32	401~500	A	良	优	301~400	301~400	世界一流学科大学
35	电子科技大学	86.28	401~500	A	良	优	301~400	301~400	世界一流学科大学
36	重庆大学	86.17	401~500	A	良	优	401~500	301~500	世界一流学科大学
37	中国地质大学（武汉）	86.06	501~600	C	良	优	401~500	301~500	世界一流学科大学
38	华东理工大学	86.04	501~600	C	优	优	401~500	301~500	世界一流学科大学
39	东北师范大学	86.00	501~600	C	优	优-	501~600	401~600	世界一流学科大学
40	东北大学	85.91	701~800	B	优	优+	701~800	601~800	世界一流学科大学

续表

排序	校名	2021 CUCI	世界排名	国家定位	中期结果	终期结果	2035	2050	战略目标
41	西北工业大学	85.86	601~700	A	良	优	501~600	401~600	世界一流学科大学
42	东华大学	85.69	601~700	C	优	优+	501~600	401~600	世界一流学科大学
43	南京理工大学	85.37	601~700	C	良	优	501~600	401~600	世界一流学科大学
44	西北农林科技大学	85.22	601~700	B	优	优+	601~700	501~700	世界一流学科大学
45	华中师范大学	85.09	601~700	C	良	优-	601~700	501~700	世界一流学科大学
46	北京协和医学院	85.00	601~700	C	优	优+	601~700	501~700	世界一流学科大学
47	武汉理工大学	84.77	601~700	C	优	优	601~700	501~700	世界一流学科大学
48	第二军医大学（海军军医大学）	84.56	601~700	C	良	中	601~700	501~700	世界一流学科大学
49	中国地质大学（北京）	84.48	601~700	C	良	优	601~700	501~700	世界一流学科大学
50	中国石油大学（华东）	84.42	601~700	C	良	优	601~700	501~700	世界一流学科大学
51	西南大学	84.34	601~700	C	良	优	601~700	501~700	世界一流学科大学
52	北京化工大学	84.29	601~700	C	良	优	501~600	401~600	世界一流学科大学
53	南京航空航天大学	84.17	701~900	C	良	优	801~900	701~900	世界高水平大学
54	华中农业大学	84.13	701~800	C	良	优	701~800	601~800	世界一流学科大学
55	南京师范大学	84.08	701~800	C	优	优	701~800	601~800	世界一流学科大学
56	北京科技大学	84.03	701~800	C	良	优	701~800	601~800	世界一流学科大学
57	上海大学	84.00	701~800	C	良	优	701~800	601~800	世界一流学科大学
58	北京交通大学	83.95	701~800	C	良	优	701~800	601~800	世界一流学科大学
59	中国矿业大学	83.86	701~800	C	优	优	701~800	601~800	世界一流学科大学
60	中国石油大学（北京）	83.71	701~800	C	良	优	701~800	601~800	世界一流学科大学
61	西北大学	83.68	701~800	C	优	优+	701~800	601~800	世界一流学科大学
62	福州大学	83.54	801~900	C	良	优	801~900	701~900	世界高水平大学
63	中国矿业大学（北京）	83.50	701~800	C	良	优	701~800	601~800	世界一流学科大学
64	郑州大学	83.49	701~800	B	良	优	701~800	601~800	世界一流学科大学
65	云南大学	83.47	701~800	B	优	优+	701~800	601~800	世界高水平大学

续表

排序	校名	2021 CUCI	世界排名	国家定位	中期结果	终期结果	2035	2050	战略目标
66	陕西师范大学	83.38	801~900	C	优	优	801~900	701~900	世界高水平大学
67	对外经济贸易大学	83.27	801~900	C	良	优	801~900	701~900	世界高水平大学
68	第四军医大学（空军军医大学）	83.15	801~900	C	良	优	801~900	701~900	世界高水平大学
69	中国海洋大学	83.10	701~800	A	良	优	701~800	601~800	世界一流学科大学
70	西安电子科技大学	83.07	701~900	C	优	优	701~800	601~800	世界一流学科大学
71	北京工业大学	83.05	801~900	C	优	优	801~900	701~900	世界高水平大学
72	哈尔滨工程大学	83.00	801~900	C	良	优	801~900	701~900	世界高水平大学
73	南京农业大学	82.98	801~900	C	优	优	801~900	701~900	世界高水平大学
74	北京邮电大学	82.87	801~900	C	良	优	801~900	701~900	世界高水平大学
75	西南交通大学	82.73	801~900	C	良	优	801~900	701~900	世界高水平大学
76	暨南大学	82.70	801~900	C	良	优	801~900	701~900	世界高水平大学
77	北京外国语大学	82.64	901~1500	C	良	优	901~1500	801~1500	世界高水平大学
78	上海财经大学	82.38	901~1500	C	良	中	901~1500	801~1500	世界高水平大学
79	中央民族大学	82.22	901~1500	A	良	优	901~1500	801~1500	世界高水平大学
80	中央财经大学	82.16	901~1500	C	良	优	901~1500	801~1500	世界高水平大学
81	华北电力大学	82.09	901~1500	C	良	优	901~1500	801~1500	世界高水平大学
82	江南大学	82.00	901~1500	C	良	优	901~1500	801~1500	世界高水平大学
83	天津医科大学	81.97	901~1500	C	良	优	901~1500	801~1500	世界高水平大学
84	南昌大学	81.93	901~1500	C	良	优	901~1500	801~1500	世界高水平大学
85	中国药科大学	81.89	901~1500	C	良	优	901~1500	801~1500	世界高水平大学
86	合肥工业大学	81.75	901~1500	C	优	良	901~1500	801~1500	世界高水平大学
87	河海大学	81.70	901~1500	C	良	优	901~1500	801~1500	世界高水平大学
88	上海外国语大学	81.64	901~1500	C	良	优	901~1500	801~1500	世界高水平大学
89	中南财经政法大学	81.56	1500+	C	良	中	1500+	1400+	世界高水平大学
90	南京信息工程大学	81.55	1500+	C	优	优	1500+	1400+	世界高水平大学
91	西南财经大学	81.50	1500+	C	良	优	1500+	1400+	世界高水平大学

续表

排序	校名	2021 CUCI	世界排名	国家定位	中期结果	终期结果	2035	2050	战略目标
92	上海中医药大学	81.46	1500+	C	良	优	1500+	1400+	世界高水平大学
93	北京中医药大学	81.45	1500+	C	良	中	1500+	1400+	世界高水平大学
94	北京林业大学	81.39	1500+	C	良	优	1500+	1400+	世界高水平大学
95	南京邮电大学	81.34	1500+	C	优	优	1500+	1400+	世界高水平大学
96	中国政法大学	81.30	1500+	C	良	优	1500+	1400+	世界高水平大学
97	宁波大学	81.17	1500+	C	良	中	1500+	1400+	世界高水平大学
98	华南师范大学	81.10	1500+	C	良	优	1500+	1400+	世界高水平大学
99	中国传媒大学	81.09	3000+	C	良	优	1500+	1400+	世界高水平大学
100	首都师范大学	81.00	3000+	C	良	优	1500+	1400+	世界高水平大学
101	安徽大学	80.91	3000+	C	中	中	1500+	1400+	世界高水平大学
102	湖南师范大学	80.83	3000+	C	中	良	1500+	1400+	世界高水平大学
103	河北工业大学	80.77	3000+	C	良	优	1500+	1400+	世界高水平大学
104	大连海事大学	80.74	3000+	C	中	良	1500+	1400+	世界知名大学
105	长安大学	80.70	3000+	C	中	良	1500+	1400+	世界知名大学
106	太原理工大学	80.68	3000+	C	中	良	1500+	1400+	世界知名大学
107	广西大学	80.65	3000+	C	中	中	1500+	1400+	世界知名大学
108	东北农业大学	80.62	3000+	C	优	优	2000+	1500+	世界知名大学
109	东北林业大学	80.57	3000+	C	中	良	2000+	1500+	世界知名大学
110	河南大学	80.54	3000+	C	良	优	2000+	1500+	世界知名大学
111	天津工业大学	80.47	3000+	C	中	良	3000+	2000+	世界知名大学
112	南京中医药大学	80.39	3000+	C	优	优	3000+	2000+	世界知名大学
113	辽宁大学	80.35	5000+	C	良	中	3000+	2000+	世界知名大学
114	四川农业大学	80.33	5000+	C	良	优	3000+	2000+	世界知名大学
115	广州中医药大学	80.30	5000+	C	中	良	3000+	2000+	世界知名大学
116	天津中医药大学	80.28	5000+	C	中	良	4500+	4000+	世界知名大学
117	贵州大学	80.17	5000+	C	中	良	4500+	4000+	世界知名大学
118	上海海洋大学	80.15	5000+	C	中	良	4500+	4000+	世界知名大学
119	海南大学	80.09	5000+	C	中	良	4500+	4000+	世界知名大学
120	内蒙古大学	80.00	5000+	C	中	中	4500+	4000+	世界知名大学

续表

排序	校名	2021 CUCI	世界排名	国家定位	中期结果	终期结果	2035	2050	战略目标
121	延边大学	79.95	5000+	C	良	中	5000+	4000+	世界知名大学
122	成都理工大学	79.91	10000+	C	中	良	9500+	9000+	世界知名大学
123	西南石油大学	79.86	10000+	C	中	良	9500+	9000+	世界知名大学
124	南京林业大学	79.83	10000+	C	良	优	9500+	9000+	世界知名大学
125	宁夏大学	79.77	10000+	C	良	中	9500+	9000+	世界知名大学
126	成都中医药大学	79.73	10000+	C	中	良	9500+	9000+	世界知名大学
127	新疆大学	79.56	10000+	B	良	中	9500+	9000+	世界知名大学
128	石河子大学	79.41	10000+	C	中	良	9500+	9000+	世界知名大学
129	青海大学	79.10	10000+	C	中	良	9500+	9000+	世界知名大学
130	西藏大学	79.00	10000+	C	中	中	9500+	9000+	世界知名大学
131	北京体育大学	—	—	C	优	优+	—	—	中国特色世界一流大学
132	中国人民公安大学	—	—	C	良	优	—	—	中国特色世界一流大学
133	外交学院	—	—	C	优	优	—	—	中国特色世界一流大学
134	中央音乐学院	—	—	C	优	优+	—	—	中国特色世界一流大学
135	中国音乐学院	—	—	C	优	优	—	—	中国特色世界一流大学
136	中央美术学院	—	—	C	优	优+	—	—	中国特色世界一流大学
137	中国戏剧学院	—	—	C	优	优+	—	—	中国特色世界一流大学
138	上海体育学院	—	—	C	良	优	—	—	中国特色世界一流大学
139	上海音乐学院	—	—	C	良	优	—	—	中国特色世界一流大学
140	中国美术学院	—	—	C	优	优	—	—	中国特色世界一流大学

“双一流”大学是中国高等教育软实力的拳头产品，也是中国参与全球高等教育治理和资源市场配置的竞争利器，更是创新型国家建设和突破“卡脖

子技术”的重大力量。由表 5-4 可知以下两点：①在中期监测评估结果方面，清华大学等 55 所“双一流”大学建设成效中期监测评估结果为“优”，即超额完成“双一流”建设阶段性目标任务，建设成效显著，标志性成果突出，建设方案符合度和建设目标达成度非常高，社会和国际综合贡献度非常大，办学特色非常鲜明，取得了一批可复制可推广创新成果；浙江大学等 65 所“双一流”大学建设成效中期监测评估结果为“良”，即全面完成目标任务，建设成效明显，标志性成果显示度高、符合度好、达成度高、社会贡献大，办学特色更加鲜明；安徽大学等 20 所“双一流”大学建设成效中期监测评估结果为“中”，即主要指标均已达成，符合建设进度和目标要求，学科竞争力显著增强，办学特色基本形成，必须抓住机遇推进“五大建设任务”实现新突破，“五大改革任务”迈开新步伐。②在终期监测评估结果方面，北京大学等 28 所“双一流”建设高校终期监测评估结果为“优+”，国防科技大学等 79 所“双一流”建设高校终期监测评估结果为“优”，东北师范大学等 3 所“双一流”建设高校终期监测评估结果为“优-”，合肥工业大学等 17 所“双一流”建设高校终期监测评估结果为“良”，上海财经大学等 13 所“双一流”建设高校终期监测评估结果为“中”。总体判断，党中央、国务院实施“双一流”战略的 5 年，是“双一流”建设高校发生历史性变革的 5 年，也是“双一流”建设高校取得历史性成就的 5 年，还是中国高等教育软实力得到极大提升的 5 年，特别是“双一流”建设高校的国际影响力、人才吸引力与核心竞争力显著提升，[28] 支撑京津冀协同发展、长江经济带发展、粤港澳大湾区建设、长三角一体化发展、黄河流域生态保护和高质量发展等国家重大战略与“一带一路”建设、人类命运共同体构建等国际合作倡议的贡献力显著增强。换句话说，140 所“双一流”建设高校经过 5 年的重点资助和持续建设，以改革度、符合度、达成度和标志度四方面来衡量，无论从纵向对比（空间上与外国高校对比），还是从横向比较（时间上与以前对比），都取得了不同程度的进步，基本完成了国家和高校既定阶段性目标任务。这客观上表明“双一流”大学作为一个学术共同体已经取得了明显的中期建设成效，特别是在处理人才培养与学科建设、特色发展与综合提升、社会服务与文化传创、国际交流与合作等的关系方面，良好的“中考成绩”为 2025 年、2035 年、2050 年分阶段、按计划建成若干所中国特色世界一流大学、一批世界一流学科高水平大学奠定了坚实基础。

中华人民共和国成立 73 年来，特别是党的十八大以来的 10 年，扎根中国大地办“双一流”大学取得了显著成效，一批中国大学正在跨越从重点大学到“五个一流”大学的“卡夫卡峡谷”，一批研究型大学、专业型大学已经建成中国特色世界一流学科高水平大学，正向中国特色世界一流大学的预定战略目标迈进，未来是丰富中国文明特色并浸润中国传统文化的新时代。涂又光先生认为：“没有中国文明特色的大学，只算是‘在’中国的大学（a university in China），不算是中国‘的’大学（a university of China）。”[29]但是，对中国“双一流”大学中期建设成效的跟踪监测和动态评估反映在第三方评价上，可以说离党中央、国务院制定的“双一流”“三步走”战略的近期目标——到2020年，若干所大学和一批学科进入世界一流行列，若干学科进入世界一流学科前列尚有一定差距，全体高教人一定要自觉按照坚守初心、勇担使命、找准差距、紧抓落实的总体要求，把高等教育改革发展同“双一流”战略的阶段性目标任务结合起来，对标对表、倒排工期、校正偏差、精准发力，全心全意抓“五个一流”建设、一心一意谋“四个伟大”发展，逐步把“双一流”战略绘就的宏伟蓝图画到底。“双一流”大学是办人民满意大学的“排头兵”和示范者，是为中国人民谋幸福、为中华民族谋复兴的“压舱石”和“推进器”，是实现党的教育初心和育人使命的“智力库”与“反应堆”。当越来越多的中国大学出现在世界大学集团顶端、走上世界舞台中心的时候，特别是世界顶尖大学集团中中国大学的数量越来越多的时候，摆在高等教育监测评估人面前的新使命就是增强中国在世界教育监测评估领域的话语权，为世界大学监测评估提供更加科学合理的中国方案，为建设21世纪世界教育中心服务，使“双一流”大学成为维护国家原则立场和民族核心利益的“盾牌”。

守正创新，殊方共享，多元与融合是新时代大学监测评估模式的核心特征，高等教育政策决策者、理论工作者、实践运营者和消费共享者等利益相关者应联合起来，努力建构凸显中国特色、接轨全球标准的第四代大学排名体系（4.0版），即主体多元、平等会商的监测评估理念，内外协同、智能优化的监测评估技术，科教融合、贡献导向的监测评估内容，动态诊断、弹性适应的监测评估过程。[30]推进高等教育监测评估体系和监测评估能力现代化，建立中国特色、世界水平的“五位一体”（自我评估、专业认证及评估、院校合格评估或审核评估、国际评估、状态数据常态监控）质量保障体系和“五个一流”建设综合评价体系是《中国教育现代化2035》提出的重要任务。在“双一流”大学建设成效监测评估实践中，要主动借鉴与吸收国外监测评估发展性的价值取向、投入产出的内容指向、认证及专业机构的制度保障等有益经验，为发展中国家监测评估“五个一流”大学建设成效等提供“中国智慧”。[31]中国历史悠久、文化博大、国情独特，决定了中国大学必须走具有中国文化特色的世界一流高等教育发展道路，建成中国特色社会主义一流大学。立德树人是“双一流”大学建设的出发点和落脚点，大学的根本使命是立德树人、以学养人。[32]在新时代，高等教育学理论工作者的核心使命是加强研究，助力中国大学通过“五个一流”建设等持续培养各行各业拔尖创新人才、传承华夏文明弘扬中华优秀传统文化、提供经济发展急需智慧技术、产出促进全人类社会进步的重大关键性创新成果。[33]不忘初心方得始终，牢记扎根中国大地办好中国大学并建成“双一流”大学的使命，必须深入学习习近平相关重要论述和全面落实全国教育大会会议精神、坚持中国特色社会主义高等教育内涵式发展道路，并系统思考中国大学的历史基因、文化基因、变革基因、创新基因与时代基因等深刻理念内涵，[34]客观分析高等教育全球化与本土化的动因、冲突、规训与转化的时移态势，充分把握民族国家文化观念与高等教育制度间的耦合共轭关系，[35]才能早日建成对中国和世界的文明文化进步有重大正面影响的“双一流”大学，为党和国家战略及国际倡议的早日实现做出彪炳史册的新贡献！

【参考文献】

[1] 冯用军，赵雪．“双一流”大学建设政策内涵与绩效评价：基于大学排名的视角［J］．中国高等教育评估，2019（2）：3.

[2] 习近平．决胜全面建成小康社会夺取新时代中国特色社会主义伟大胜利：在中国共产党第十九次全国代表大会上的报告［M］．北京：人民出版社，2017：11.

[3] 周作宇，马佳妮．人类命运共同体：高等教育国际合作的价值坐标［J］．教育研究，2017（12）：42.

[4] 梅贻琦．中国的大学［M］．北京：北京理工大学出版社，2012：27.

[5] 杜玉波．大学要切实承担起文化传承创新的历史使命［EB/OL］．（2018-04-09）［2022-07-01］．http：//old. moe. gov. cn//publicfiles/business/htmlfiles/moe/moe_176/201111/126434. html.

[6] 林建华．人民日报名家笔谈：守正创新，引领未来［N］．人民日报，2016-03-11（5）.

[7] 习近平．习近平谈治国理政［M］．北京：外文出版社，2014：376.

[8] 吴岩．办世界水平大学需要精准把握“四个一流”［EB/OL］．（2018-04-09）［2022-07-01］．http：//edu. people. com. cn/n1/2016/1223/c1006-28973041. html.

[9] 中共中央　国务院．国家中长期教育改革和发展规划纲要（2010—2020 年）［J］．中国高等教育，2010（Z3）：4-17.

[10] 本刊编辑．2018 年全国教育工作会议召开　教育部部长陈宝生提出 2018 年实施“奋进之笔”7 大主攻方向［J］．中国民族教育，2018（2）：4-5.

[11] 龚成．管办评分离与高校办学自主权的落实［J］．江苏高教，2018（10）：58-62.

[12] 柴葳．推动“双一流”加快建设、特色建设、高质量建设　教育部召开“双一流”建设现场推进会［N］．中国教育报，2018-10-01（3）.

[13] 徐京跃，霍小光．习近平在北京大学考察时强调：青年要自觉践行社会主义核心价值观与祖国和人民同行努力创造精彩人生［N］．人民日报，2014-05-05（1）.

[14] 习近平．关于《中共中央关于全面深化改革若干重大问题的决定》的说明［J］．北京周报，2014（6）：11-15.

[15] 储召生．一流大学本科教学高峰论坛举行［N］．中国教育报，2016-05-07（2）.

[16]．中共中央　国务院印发《中国教育现代化 2035》［N］．人民日报，2019-02-24（01）.

[17] 史秋衡．国家高校分类体系及其设置标准实证研究［M］．北京：科学出版社，2016：1-5.

[18] 柴葳，刘博智．新时代高等教育内涵发展的新动员令：访全国人大代表、中国高等教育学会会长杜玉波［N］．中国教育报，2018-03-08（1）.

[19] 冯用军，赵德国．中国大学评估研究报告（2015）［M］．北京：科学出版社，2015：11.

[20] 班建武．世界眼光·中国特色·民族情怀：全国德育学术委员会 2018 年学术年会会议综述［J］．贵州师范大学学报（社会科学版），2018（5）：158-160.

[21] 马海泉，樊秀娣．知识创新能力：大学的核心价值［J］．中国高校科技，2019（5）：4-9.

[22] 新华社．习近平、李克强、栗战书、汪洋、王沪宁、赵乐际、韩正分别参加全国人大会议一些代表团审议　习近平参加广东代表团审议时强调：发展是第一要务　人才是第一资源　创新是第一动力［N］．新华每日电讯，2018-03-08（1）.

[23] 高慧斌．教师政策评价分析：基于《国家中长期教育改革和发展规划纲要（2010—2020 年）》实施五年的思考［J］．河北师范大学学报（教育科学版），2015（6）：93.

[24] 冯用军，赵雪．中国“双一流”战略：概念框架、分类特征和评估标准［J］．现代教育管理，2018（1）：12-18.

［25］何忠国．坚决克服“五唯”痼疾［N］．学习时报，2018-09-19（1）.

［26］刘六生，冯用军．高等教育研究中的数学方法［M］．北京：科学出版社，2009：145-159.

［27］冯用军．高考改革利益共同体的教育选择行为分析：基于云南省高三师生及家长的调查［J］．国家教育行政学院学报，2010（12）：48-52.

［28］李健，洪成文．中国高等教育软实力的内涵及建设路径［J］．大学教育科学，2018（5）：16.

［29］涂又光．文化本土化与大学［J］．高等教育研究，1998（6）：5-7.

［30］冯用军，赵雪，朱立明．中国特色世界一流大学建设成效评价体系理论建构与实践验证［J］．江苏高教，2019（1）：20-26.

［31］冯用军，李丽丽，岳小尧．中国“双一流”大学建设成效中期监测评估研究［J］．黑龙江高教研究，2021（2）：40-46.

［32］代玉启，刘妍．“以学养人”的深层意蕴与优化路径［J］．广西师范学院学报（哲学社会科学版），2018（1）：28.

［33］冯用军，赵雪．教育现代化视域下高等教育学的世纪嬗变与未来构化［J］．陕西师范大学学报（哲学社会科学版），2019（5）：105-114.

［34］冯用军，赵雪．中国第一轮“双一流”大学建设成效周期监测评估研究：以中国大学立德树人指数为中心［A］：//中国高等教育学会．加快推进大学治理体系和治理能力现代化：“2020高等教育国际论坛年会”论文集．广州：中山大学出版社，2021：235-247.

［35］潘懋元，贺祖斌．关于地方高校内涵式发展的对话［J］．高等教育研究，2019（2）：34-38.

第六章　中国“双一流”大学治理体系与治理能力评价研究

导读：治理的本质是追求效率，从管理到治理、从治理到善治、从善治到德治，是中国“双一流”大学治理体系和治理能力现代化的必经路径，是经得起历史、人民和实践检验的治理实践范式。一流治理体系和治理能力是世界一流大学的重要特色与执行力，中国特色世界一流大学治理体系和治理能力是中国特色世界一流大学题中应有之义。中共中央对中国大学集团特别是“双一流”大学集群进行“巡视问责”，本质是履行党要管党、全面从严治党的主体责任，是对被巡视高校加强党的全面领导、提高人才培养质量、推进治理体系和治理能力现代化等成效的领导评价与组织检验。根据中共中央统一部署，中央巡视组对中央直管高校党委开展了专项巡视，这是党和国家治理高等教育的重要体现，也是党和国家推进高等教育治理体系和治理能力现代化的重要抓手。以国家首批“985 工程”重点建设的 9 所中国特色世界一流高校及其对标院校的 36 份专项巡视报告和整改情况通报文本为基础，运用质性研究的扎根理论（Grounded Theory，GT）和文本分析法凝练出“巡视问责”的五个核心范畴：党委领导下校长负责制中的核心领导能力、干部选拔任用监管、基建后勤服务监管、经费收支使用监管和内部校院分权治理。通过编码质化，分析第一轮、第二轮中国“双一流”大学党委履责与治理的普遍问题和特殊问题，我们进而据此构建理论分析框架并提出对策建议，以加快推进中国“双一流”大学治理体系和治理能力现代化，打造中国特色世界一流大学治理模式和实践范式，加速第二轮中国“双一流”大学高质量发展进程。

坚持和完善中国特色社会主义制度、推进国家治理体系和治理能力现代化，为实现“两个一百年”奋斗目标、实现中华民族伟大复兴中国梦提供有力保证。[1]高等教育治理体系和治理能力现代化是国家治理体系和治理能力现代化的有机组成部分，也是推动高等教育现代化的重要动力。大学评价体系和大学评价能力现代化是高教强国题中应有之义，是建构中国特色世界一流大学治理实践范式的时代背景，也是建设中国特色世界一流大学的治理保障。根据中共中央统一部署对高校党委开展专项巡视，是党和国家治理高等教育的重要体现，也是推动中国一流大学治理体系和治理能力现代化的重大举措。以国家首批“双一流”建设高校及其对标院校的专项巡视报告和整改情况通报文本为基础，运用质性研究的扎根理论和文本分析法凝练出“巡视问责”“大学治理”的五个核心范畴——党委领导下校长负责制中的核心领导能力、干部选拔任用监管、基建后勤服务监管、经费收支使用监管和内部校院分权治理，并进行编码质化，分析中国一流大学党委履责与治理的普遍问题和特殊问题，据此构建理论分析框架并提出对策建议。

中华人民共和国成立73年来，特别是改革开放44年来，为了满足国家经济社会发展的需要、改革开放的需要，办人民满意的高等教育，党中央、国务院主导了四次国家高等教育战略工程——全国重点大学工程（1959年、1960年、1978年）、“211工程”（1995年11月）、“985工程”（1998年5月）和“双一流”战略（2015年8月），希望通过实施重点支持一批高校优先发展的系统工程，早日建成若干所中国特色世界一流大学和一批中国特色世界一流学科高水平大学。[2]其中，中央首批选定9所大学（北京大学、清华大学、复旦大学、上海交通大学、南京大学、浙江大学、中国科学技术大学、哈尔滨工业大学、西安交通大学）作为重点支持高校，成为立足中国大地创建世界一流大学的“领头羊”，进而通过“标杆大学”的榜样示范效应创建更多世界知名高水平大学。2003年，首批进入“985工程”的9所大学校长召开了首届“一流大学建设系列研讨会”。2009年，9所大学校领导共同签署了《一流大学人才培养合作与交流协议书》，标志着希望赶超美国常春藤联盟、英国罗素大学集团、澳大利亚八校集团的中国版“C9”联盟（C9 League，也称“九校联盟”）宣告诞生。[3]2014年11月，中国科学院大学正式参加C9联盟活动，共享共建中国特色世界一流大学。从此，C9作为一个相对独立的自循环生态系统出现在世界高等教育体系中，成为中国首轮140所“双一流”建设高校办学治校改革的“领头羊”和示范校。

中国大学从“象牙塔”走向“社会轴心”，经历了百年岁月洗礼，即从清末民国时期的“三驾马车”（公立、私立、教会大学）到新中国后的“比翼齐飞”（公立、私立大学）。无论是“三驾马车”时代还是“比翼齐飞”时代，公立高校都是国家高等教育集团的“中流砥柱”，是国家高等教育经费重点支持对象。公立高校接受国家公共财政资助，在履行人才培养（教育教学）、科技研发、社会服务、文化传承引领、国际交流与合作等核心职能方面应该主动接受党、政府及社会的监督，特别是接受党和政府的巡视及问责。[4]大学是个小社会，微观政治是各类组织内普遍存在的现象，[5]大学也不例外，中国大学必须讲政治重规矩。随着中国高等教育进入后大众化到普及化的过渡阶段，大学越来越受到社会的关注并逐渐趋近社会舆论中心，涉及国家责任与公共利益的大学事件日益成为党、政府和社会公众问责大学的重要缘由。《中国共产党党内监督条例》第十五条规定：“党委（党组）在党内监督中负主体责任，书记是第一责任人，党委常委会委员（党组成员）和党委委员在职责范围内履行监督职责。”按照中央统一部署对中管高校党委进行专项巡视，既是党和国家行使高等教育政治、行政和学术治理权的重要形式，也是代表社会公众问责高校的客观需求。大学是社会的良心，公立大学更是重要的“社会公器”，特别是在效率优先兼顾公平中受益巨大的“211 工程”高校、“985 工程”高校和“双一流”建设高校，更是全社会关注的焦点，它们的一举一动都牵动着各方的神经，党和政府有关部门对它们履行公共责任、社会担当、历史使命等情况进行专项巡视，开创了中国大学问责的新实践范式。由纪委监察部门组织“巡视”、高校迅速反应并全面“整改”的模式被称为“巡视问责范式”，是富有中国特色的大学治理实践范式。对高校开展巡视问责，既全面契合了《中华人民共和国高等教育法》第四章的相关规定，又能促使高校治理系统迅速反馈和高效率整改以主动回应党、政府和公众对大学的现实期待，努力建成伟大大学，服务伟大斗争、伟大工程、伟大事业、伟大梦想。

第一节　国内外大学治理体系和治理能力实践研究动态评述

大学治理是国内外高等教育研究的重要领域和热门话题。考察国外同行在大学治理研究方面的最新成果，探索其中的内在规律和趋势，一方面有助于我们把握国外最新研究动态，开拓国际对话空间；另一方面可以为大学治理改革提供有参考价值的思想资源和实践案例。鉴于此，本书以文献计量学方法为基础，尝试对国外大学治理研究的最新成果进行总体分析，就其中的主要文献和思路进行提炼，以期为国内同行提供研究参考，为相关政策制定提供理论支持。

一、大学治理体系与治理能力研究概览

（一）文献来源

研究选取 WOS 数据库核心合集（Web of Science™ Core Collection）中主题为大学治理（university governance）、时间为 2016—2021 年的文献，将其研究领域聚焦于教育研究（education research），文献类型锁定为论文（article），共获得初始文献数据 256 篇。检索时间为 2022 年 2 月 1 日。

（二）研究工具与研究方法

目前，国内在文献计量领域使用的主体工具是 CiteSpace，对大学治理进行国内外比较研究。但鉴于本研究意在揭示国外研究的最新动态，而不去考察其文献被引情况。根据文献计量学者的研究，认为使用 VOSviewer 与 WOS 数据库更为契合，且更能描述总体情况。鉴于此，研究使用 WOS 自带的文献基本信息统计功能，配合 VOSviewer 的关键词共现功能，描绘国外大学治理的最新图谱，通过对文献聚类分析，以揭示其研究重点。通过二次文献阅读，深入各个主题考察国外大学治理研究的主要趋势。

（三）文献基本信息

在 256 篇文献中，2016 年 66 篇，2017 年 81 篇，2018 年 9 篇，2019 年 25 篇，2020 年 40 篇，2021 年 35 篇。共有 60 余个国家和地区的作者发表了相关文章。发文较多的国家为：美国 45 篇，英国 30 篇，澳大利亚 26 篇，中国 20 篇，加拿大 15 篇，等等。产出较为丰硕的机构为：隆德大学、莫纳什大学、伦敦大学、奥斯陆大学、昆士兰大学（均为 4 篇）；伦敦大学学院、墨尔本大学、牛津大学、多伦多大学（均为 3 篇）；等等。较为活跃的作者（发文量≥2 篇）有：罗慕洛（Romulo Pinheiro）、奥兰尼（Ourania Filippakou）、格兰（Glen A. Jones）、考特（Kohoutek Jan）、马森（Maassen Peter）、西琳娜（Cecilia Rikap）、米歇尔（Mitchell Young）、尼可斯（Nikos Macheridis）、菲利普（Philip Vaughter）和奥玲娜（Ourania Filippakou）等。

（四）关键词共现图谱

关键词共现图谱参数设置：分析方式为关键词共现（Co-occurrence），分析单元为关键词（All keywords），最小共现值为 2，文献包含关键词 724 个，共现关键词 117 个。表 6-1 概述了连接度较高（选取标准为 15 个）的关键词，这些关键词在一定程度上代表了国外大学治理研究的核心话题。在图谱生成时取消“显示治理”（governance）和“高等教育”（包括 higher-education 和 higher education）三个关键词，以使图谱更为清晰，得到的关键词共现的密度图谱如图 6-1 所示，圆圈越大，表征关键词出现的频率越高。

表 6-1　大学治理高连接强度关键词

关键词	频率	连接强度	关键词	频率	连接强度	关键词	频率	连接强度
治理（governance）	48	181	大学治理（university governance）	11	31	全球化（globalization）	3	19
高等教育（higher education）	41	137	科学（science）	7	29	博洛尼亚（bologna）	2	18
高等教育（higher-education）	25	86	自治（autonomy）	6	28	经费（funding）	3	18
大学群（university）	18	70	绩效（performance）	8	28	质量（quality）	5	18
管理（management）	16	69	质量保障（quality assurance）	5	26	全球治理（global governance）	2	17
大学（universities）	17	66	教育（education）	8	25	意大利（Italy）	2	17
问责（accountability）	7	47	领导力（leadership）	8	24	学术资本主义（academic capitalism）	3	15
政策（policy）	10	42	新自由主义（neoliberalism）	7	24	承诺（commitment）	2	15
视角（perspective）	8	39	高等教育治理（higher education governance）	6	23	知识（knowledge）	4	15
政治（politics）	9	35	中国（China）	4	21	观念（perceptions）	3	15
治理术（governmentality）	5	32	改革（reform）	5	21	女性（women）	4	15
体系（systems）	7	32	权力（power）	3	20			

图 6-1 大学治理关键词共现的密度图谱

二、大学治理研究的聚类分析

根据 VOSviewer 分析结果，共产生 9 个聚类（如图 6-2 所示），从而构成国外大学治理研究的 9 个研究子领域。根据聚类的中心和边缘位置，可在一定程度上表明该聚类的研究重点。以关键词聚类为导向，通过二次文献阅读，可以大致把握该子领域的研究趋势。

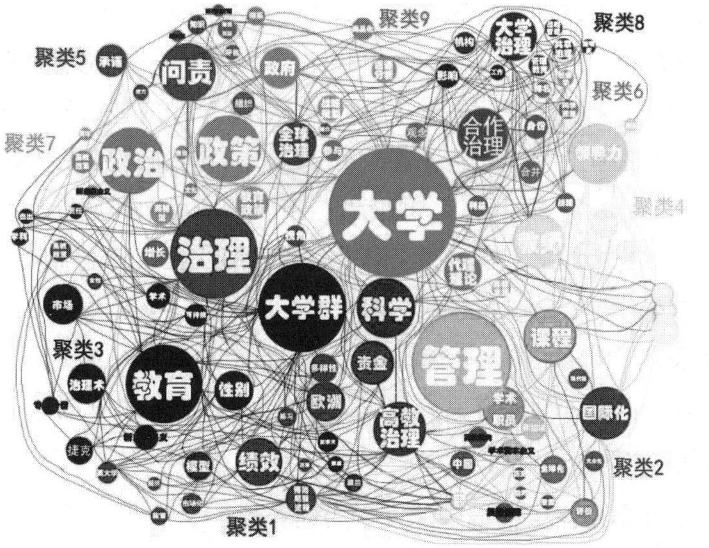

图 6-2 大学治理关键词共现的聚类图谱

（一）资源依赖视角下的大学外部治理

聚类 1 包括 21 个关键词：博洛尼亚进程、多样性、经济、欧洲、资金、高等教育治理、高等教育政策、市场化、模型、绩效/表现（performance）、波兰、政策、质性研究、质量、改革、研究评价练习（research assessment exercise）、最佳研究框架、资源依赖、科学、英国大学和女性，其中绩效/表现、改革、资金和政策具有较强中心性。经过二次文献阅读发现，这些关键词所属的文献主要讨论的是世界各国家或地区大学治理中的外部关系。例如，东乌克兰一所大学语言政策和语言选择的民族志研究折射大学与个体的身份认同问题；大学外部利益相关者给大学带来的外部信仰和压力；土耳其大学治理改革面临的外部挑战；西班牙大学绩效评估工具的弱点及其变革等，有多篇文献都采取了资源依赖理论的视角，提出政策、资金以及社会利益相关方等外部资源供给如何深刻影响大学治理。鉴于此，聚类 1 可尝试命名为“资源依赖视角下的大学外部治理”。

（二）全球化背景下的大学治理

聚类 2 包括 18 个关键词：学术资本主义、学术职员（academic staff）、评价（assessment）、中国、课程、趋同（convergence）、全球化、高等教育机构、历史、国际化、马来西亚、大众化、现代性（modernity）、教授、质量保障、新加坡、社会流动和高等教育（tertiary education），其中学术资本主义、全球化、国际化和现代性具有较强中心性。经过二次文献阅读发现，这些关键词所属的文献主要讨论的是全球化背景下某个国家或地区的大学治理，聚焦于全球化背景下的知识和学生流动、大学治理模式的相互影响、全球政策安排对大学的影响等。例如，全球化背景下欧洲政府如何通过政策影响大学的学术研究过程；加拿大和中国大学治理模式的比较，讨论加拿大大学可以从中国留学生群体中学习怎样的治理经验；中国香港高等教育的大众化和国际化趋势及其对大学治理的影响；中国大学自治和自由视角下学生面临的冲突教育情境及其感受到的自由焦虑问题等。鉴于此，可尝试将聚类 2 命名为“全球化背景下的大学治理”。

（三）新自由主义情境中的大学治理变革

聚类 3 包括 15 个关键词：学术、加拿大、捷克共和国、教育、杰出、性别、治理术、市场、新自由主义、挪威、专业身份（professional identity）、责任（responsibilisation）、主观性、可持续、大学，其中治理术、教育、新自由主义、大学具有较强中心性。经过二次文献阅读发现，这些关键词所属的文献主要讨论的是新自由主义对大学治理产生的诸多影响及其反思，是全球化和国际化背景下更为具体的讨论范畴。例如，新西兰大学在新自由主义背景下的管理变革及其应对方式；大学的企业化以及公司治理模式在高等教育中的应用；英国高等教育的新自由主义问责模式探讨；意大利高等教育评估的反思等。鉴于此，可尝试将聚类 3 命名为“新自由主义情境中的大学治理变革”。

（四）管理和领导在大学治理中的作用

聚类 4 包括 12 个关键词：协调、教师（faculty）、未来、治理主体（governance actors）、领导力、管理、管理主义、网络（networks）、研究绩效、资源、苏丹、教学质量。其中管理和领导力具有较强中心性。经过二次文献阅读发现，这些关键词所属的文献主要讨论的是如何管理和领导大学治理中的规划、学术发展、各部门的协调等。例如，南非高等教育战略规划得以成功的诸因素：管理、咨询与领导等；学术部门卓越表现的诸要素：变革管理、研究和教学、沟通、战略、共同价值观、领导力、部门文化、奖励和人员配备等；高等教育治理主体间的协调，主要是项目治理作为大学各机构、管理层及董事会的协调工具；英国大学管理体制变革等。鉴于此，可尝试将聚类 4 命名为“管理和领导在大学治理中的作用”。

（五）高等教育问责

聚类 5 包括 12 个关键词：问责/责任（accountability）、博洛尼亚、承诺、评估（evaluation）、全球治理、综合（integration）、意大利、知识、新公共管理、组织、权力、增长，其中责任/问责、评估、权力、承诺具有较强中心性。经过二次文献阅读发现，这些关键词所属的文献主要讨论的是不同形式的高等教育问责。例如，通过对英国、法国和意大利高等教育评估机构的角色与职能比较分析来探讨评估机构的自主性，认为其不仅取决于法定权力，还取决于政府作为主体的行动能力；哥伦比亚的大学改善透明度和问责制的治理改革及其结果；中国的台湾大学院校研究的经验与挑战等。鉴于此，可尝试将聚类 5 命名为“高等教育问责”。

（六）多重视角下的大学治理

聚类 6 包括 11 个关键词：合作治理（collaborative governance）、身份、合并（mergers）、参与、观念（perceptions）、视角、科学政策、社会学、利益相关者、战略和大学排名，其中视角和观念具有较强中心性。经过二次文献阅读发现，这些关键词所属的文献主要讨论的是各类视角下的高等教育治理，这些视角既包括国别比较研究，又包括从教学、学习、教师职业、组织氛围等方面对大学治理的审视，与上述几个主题存在一些交集。例如，以匈牙利和波兰为例比较中欧与东欧的高等教育治理；基于文献分析的高等教育教学和学习质量管理；基于日本大学教师幸福感调查，对学术工作恶化现象的批判性反思等。鉴于此，可尝试将聚类 6 命名为“多重视角下的大学治理”。

（七）大学治理的政策分析与政治影响

聚类 7 包括 10 个关键词：自治、文化、教育政策、英格兰、增长、高等教育改革、新自由主义（neo-liberalism）、政策（policy）、政治（politics）和青年，其中政策和政治具有较强中心性。经过二次文献阅读发现，这些关键词所属的文献主要讨论的是基于某项活动的政策分析，以及政策或政治安排如何影响高等教育治理。例如，德国、荷兰、瑞士和瑞典四国科技政策及其对研究目标的影响；加拿大高等教育机构的可持续发展政策分析；多理论视角下高校的转学政策分析；关于四年制大学生学费的政策和政治影响因素研究等。鉴于此，可尝试将聚类 7 命名为“大学治理的政策分析与政治影响”。

（八）大学治理模式变迁

聚类 8 包括 9 个关键词：公司治理、影响、机构、管理教育、共享治理、战略管理、透明度（transparency）、大学治理和工作，其中大学治理具有较强中心性。经过二次文献阅读发现，这些关键词所属的文献主要讨论的是大学治理模式的历史变革及其受到其他组织和机构治理模式的影响。例如，澳大利亚公立大学在监管方面的松弛和私有化倾向导致的大学内部治理失调；以色列大学治理模式的历史转变及其学术自治的制度化过程；从公司治理视角审视大学治理中存在的诸多问题等。鉴于此，可尝试将聚类 8 命名为“大学治理模式变迁”。

（九）高等教育体系及政府影响

聚类 9 包括 9 个关键词：代理理论、商品化、话语分析（discourse analysis）、高等教育政策/发展、市场、政府/州（state）、战略规划、体系、大学，其中大学和体系具有较强中心性。经过二次文献阅读发现，这些关键词所属的文献主要讨论的是不同高等教育体系下大学治理模式的变迁，大学与政府的博弈。例如，基于代理理论对泰国朱拉隆功大学治理的描述性研究，提出了背景、激励和经费、监督机制的分析框架；智利高等教育体系的主要挑战、未来发展、治理结构及其变革与相关建议；基于内部民主性和外部参与大学治理分析框架对欧洲 6 所综合性大学治理结构的变化进行比较等。鉴于此，可尝试将聚类 9 命名为“高等教育体系及政府影响”。

三、大学治理体系和治理能力文献研究结论与启示

（一）基本结论

通过对国外大学治理文献的分类研究，发现大学治理研究领域纷繁复杂，几乎囊括了大学的方方面面。谱图分析、聚类分析配合文献阅读，从总体上建构了关于国外大学治理研究的 9 个重点领域。但 9 个领域的边界并不十分清晰，常常交织。从整体上考察 9 个研究领域，构筑了国外大学治理研究的整体框架。在研究背景上，普遍采用全球化框架，衍生而来的国际化、学术资本主义、新公共管理、新自由主义、企业化、现代性等维度也应相应纳入研究视野。在研究主题上，囊括了外部治理与内部治理，但讨论外部治理的文献明显偏多，其中包括府学关系、外部利益相关者影响、政策影响等方面；内部治理主要关注权力协调。在研究方法上，量化研究、质性研究的实证研究范式和以逻辑、经验为基础的理论研究范式均有表现，量化研究以问卷调查、面板数据等为基础；质性研究以访谈、观察、文本分析、话语分析、历史研究、案例研究等为主要方法。在理论视角上，具有多元理论视角，如采用比较研究法，以资源依赖理论、委托代理理论、利益相关者理论、组织文

化理论等为基础性分析框架。这一框架构成了解读大学治理密码的宏观地图，可帮助研究者明确自己的位置和方向，同时为相关政策制定提供了基本信息支持。但是，也要注意到该方法的不足，即虽然较全面地概述了研究的基本现状，但由于软件的局限性，并不能穷尽文献，在聚类的算法上不同软件（如 Citespace）间也存在差异，因而较适合作为基本参考及基础。

（二）主要启示

通过对国外大学治理最新研究文献的整体性梳理，可为我国同行开展大学治理研究提供以下启示。

1. 将大学治理置身于全球化背景加以考察

国外大学治理研究多基于全球化背景，特别关注全球化对大学治理的影响，尤其是在大学治理模式变革方面，认为全球化带来了大学理念、治理模式的变革以及教师和学生的全球流动。这在一定程度上助推全球高校的治理模式向西方（主要是美国和欧洲）靠近，形成了“中心—边缘”[36] 的理念和治理格局。因此，大学治理领域的经典模式通常称为“美国模式”和“欧洲模式”。但自 2016 年以来，全球范围内的逆全球化风潮正转变着全球化走向：英国脱欧，美国退出 TPP、退出联合国教科文组织以及对中国发起贸易战等，都深刻影响着全球化的走向。与此相对应的是中国的全球化主张，实施“一带一路”倡议，构筑“人类命运共同体”等中国全球化策略。随着大学成为社会中心，经济和政治的全球变革与大学息息相关，不同的全球化取向将深刻影响大学治理的变革。如何在具有张力的全球价值观中取得平衡，考验着大学治理的权变性和适应性。因此，在宏大的全球化背景下重新审视中外的大学治理，着重考察和比较美国“逆全球化”策略下的高等教育变革与中国“新全球化”策略引领的大学治理改革，具有重要的理论价值和实践意义，或会影响全球大学治理模式的新走向。

2. 探索大学治理研究的多元理论框架

国外丰富的研究成果为大学治理研究提供了诸多有益视角，提供了解读大学治理诸多理论框架。伊恩·阿斯汀（Ian Austin）和格兰·琼斯（Glen A. Jones）对此进行了进一步总结，分别提出了大学外部治理和内部治理的理论框架。前者包括制度理论、资源依赖理论、委托代理理论、现代管家理论和利益相关者理论；后者包括结构理论、人际关系理论、文化视角、控制论、开放系统理论和社会认知理论。[37]他们指出，每种理论框架都有特定的解释力，但亦有不足。因此，需要整合一种多元理论分析框架，对大学的内外部治理进行研究。这些特定理论视角的结合有助于形成新的治理共识，从而达成推动知识增长的目的。但是，由于这些理论框架在西方背景下产生，在分析大学的内外部关系时存在诸多西方文化痕迹，并不完全适合我国的大学治理研究情境。因此，在应用这些理论框架进行中国大学治理研究时须加以本土化改造。尤其要将其置身于党委领导下校长负责制的治理框架中，形成独特的理论视角，对中国现象和中国经验进行梳理与理论化。

3. 夯实大学治理研究的实证基础

规范的研究方法是解读大学治理的重要工具。由于大学治理的复杂性，许多概念不易操作，因此在相关研究中时常需要采用“理想类型”（ideal type）的研究方法进行相对宏观的理论阐释。但仅使用理论范式不足以解读大学治理的微观密码，国外大学治理研究在微观领域积累了大量实证研究经验。其中有大量实证研究采取了混合研究策略，采用量化方法和质性方法相结合的方式，对大学治理进行特定解读。借鉴和吸收这些混合研究策略，在研究中将量化研究与质性研究结合起来，是进一步推动大学治理研究的方法论基础。

4. 关注国家高等教育政策变迁和政府对大学的政治影响

国外研究业已表明，高等教育政策变迁是解读大学治理的制度密码。把握特定时期高等教育政策变迁的宏观和微观背景，现实问题和挑战以及政策的制定、执行与修订对于解读大学治理背后的深层逻辑具有重要的理论和实践价值。此外，政府是各国大学治理绕不开的话题。在中国情境中，外部治理要格外关注党和政府对大学治理的影响，考察“高校巡视”等治理方式的效果和影响，为提升大学外部治理能力提供实践框架；内部治理要将政治权力置身于中国大学的治理中加以分析和研究，特别要注意跳出学术权力和行政权力二元论的分野，走向权变协调的权力三角。

第二节 中国“双一流”大学治理体系和治理能力的文本分析

大学治理是一个纷繁复杂的研究领域，特别是一流大学的治理更是一个复杂巨系统，需要研究者在研究中采用宏观、中观和微观相结合的研究视角，同时采用定性、定量和从定性到定量的综合集成研究方法。只有将大学治理置身于宏观的全球治理和国家治理背景中，才能形成关于大学治理的研究经纬坐标；只有将宏观治理分解为具体的中观视界和微观表现，才能形成关于大学治理的精准时空认知。此外，还要基于多元理论框架，采用恰当的研究工具，并在研究中有的放矢、突出重点。唯有将这些方法和经验协同起来，才能从根本上解读大学治理背后深层的制度和文化密码，做出相应的理论探新和实践贡献。

一、“双一流”建设高校治理文本来源及文本分析技术

高校问责制在英美日等国高校应用较广，但在中国则属于新鲜事物。中国大学巡视问责和治理实践问题，作为中国高等教育改革发展中的重大议题，高等教育理论工作者必须做出积极回应。以国家第一轮 140 所“双一流”大学和对标高校的 18 份专项巡视报告文本、整改通报材料为基础，研究“巡视问责”的五个核心范畴——党委领导下校长负责制中的核心领导能力、干部选拔任用监管、基建后勤服务监管、经费收支使用监管和内部校院分权治理等，既要弄清楚“巡视问责治理模式”核心概念的范畴，又要系统剖析“巡视问责与治理实践范式”下高校党委履责、治理的普遍问题和特殊问题。要按照习近平总书记提出的“成为巡视整改标杆”要求，通过专项巡视发现中国一流大学的党建、履责、治理问题，突出“动真碰硬”，通过对标整改纠正、纠错、纠偏，进而推动高校严格遵守党纪国法、严明政治纪律和政治规矩、严守德治礼序、逐步建立和完善自我约束机制与权力配置模式，建设若干所中国特色世界一流大学和一批世界一流学科高水平大学，为决胜全面建成小康社会、夺取新时代中国特色社会主义伟大胜利奠定坚实基础。[6]

研究从中央纪委国家监察委员会网站、人民网、中国青年网和“双一流”建设高校门户网站搜集了十八届中央第十二轮巡视后公布的相关高校巡视报告和巡视整改情况通报（以下简称“整改通报”）等,① 加上对标高校的18份专项巡视报告文本，总计158份材料。研究主要采用质性研究的扎根理论研究方法论，对巡视报告和整改通报全文本资料进行开放式编码、主轴编码、选择性编码，进而建构影响“双一流”建设高校履责、治理的核心因素模型。研究对“双一流”建设高校巡视报告和整改通报文本进行深度解读，并对中国科学院大学、南开大学、天津大学、武汉大学、厦门大学、四川大学、吉

① C9高校巡视报告和巡视整改情况通报。

1. 中央第十三巡视组向北京大学党委反馈专项巡视情况，参见：http：//www. ccdi. gov. cn/special/zyxszt/dshierlxs_ zyxs/fkqk_ xs12_ zyxs/201706/t20170622_ 101508. html。中共北京大学委员会关于巡视整改情况的通报，参见：http：//www. ccdi. gov. cn/special/zyxszt/dshierlxs_ zyxs/agls_ xs12_ zyxs/201709/t20170901_ 106377. html。

2. 中央第七巡视组向清华大学党委反馈专项巡视情况，参见：http：//www. ccdi. gov. cn/special/zyxszt/dshierlxs_ zyxs/fkqk_ xs12_ zyxs/201706/t20170622_ 101499. html。中共清华大学委员会关于巡视整改情况的通报，参见：http：//www. ccdi. gov. cn/special/zyxszt/dshierlxs_ zyxs/agls_ xs12_ zyxs/201709/t20170901_ 106383. html。

3. 中央第十二巡视组向复旦大学反馈专项巡视情况，参见：http：//www. ccdi. gov. cn/special/zyxszt/2014dylxs/fkqk_ 2014/201407/t20140715_ 25196. html。中共复旦大学委员会关于巡视整改情况的通报，参见：http：//www. xxgk. fudan. edu. cn/13/01/c8209a70401/page. htm。

4. 中央第四巡视组向南京大学党委反馈专项巡视情况，参见：http：//www. ccdi. gov. cn/special/zyxszt/dshierlxs_ zyxs/fkqk_ xs12_ zyxs/201706/t20170622_ 101493. html。中共南京大学委员会关于巡视整改情况的通报，参见：http：//www. ccdi. gov. cn/special/zyxszt/dshierlxs_ zyxs/agls_ xs12_ zyxs/201709/t20170901_ 106384. html。

5. 中央第十四巡视组向浙江大学党委反馈专项巡视情况，参见：http：//www. ccdi. gov. cn/special/zyxszt/dshierlxs_ zyxs/fkqk_ xs12_ zyxs/201706/t20170622_ 101506. html。中共浙江大学委员会关于巡视整改情况的通报，参见：http：//www. ccdi. gov. cn/yaowen/201708/t20170825_ 149161. html。

6. 中央第十四巡视组向上海交通大学党委反馈专项巡视情况，参见：http：//www. ccdi. gov. cn/special/zyxszt/dshierlxs_ zyxs/fkqk_ xs12_ zyxs/201706/t20170622_ 101484. html。中共上海交通大学委员会关于巡视整改情况的通报，参见：http：//www. ccdi. gov. cn/yw/201708/t20170830_ 105722. html。

7. 中央第五巡视组向哈尔滨工业大学党委反馈专项巡视情况，参见：http：//www. ccdi. gov. cn/special/zyxszt/dshierlxs_ zyxs/fkqk_ xs12_ zyxs/201706/t20170622_ 101500. html。中共哈尔滨工业大学委员会关于巡视整改情况的通报，参见：http：//www. ccdi. gov. cn/yaowen/201708/t20170830 _ 149257. html。

8. 中央第四巡视组向中国科学技术大学党委反馈专项巡视情况，参见：http：//www. ccdi. gov. cn/special/zyxszt/dshierlxs_ zyxs/fkqk_ xs12_ zyxs/201706/t20170622_ 101491. html。中共中国科学技术大学委员会关于巡视整改情况的通报，参见：http：//www. ccdi. gov. cn/special/zyxszt/dshierlxs_ zyxs/agls_ xs12_ zyxs/201709/t20170901_ 106364. html。

9. 中央第十五巡视组向西安交通大学党委反馈专项巡视情况，参见：http：//www. ccdi. gov. cn/yaowen/201706/t20170614_ 147851. html。中共西安交通大学委员会关于巡视整改情况的通报，参见：http：//www. ccdi. gov. cn/yaowen/201708/t20170830_ 149261. html。

林大学、北京师范大学、山东大学等“双一流”大学巡视样本进行饱和度检验。具体操作程序包括：一是从巡视报告和整改通报中提取核心要素、凝练概念，对概念进行一级编码（开放式登录，Open Coding）；二是反复对比检验从巡视报告和整改通报中提取的概念，对概念进行范畴化，形成二级编码（又称“关联式登录”或“轴心登录”，Axial Coding）；三是分析和构建概念间的联结关系，构化概念与范畴间的逻辑架构，形成三级编码（又称“核心式登录”或“选择式登录”，Selective Coding）；四是对三级编码进行分析和理论架构，形成理论模型和相关理论假设与推论，[7]并提出若干对策建议。

二、“双一流”建设高校巡视报告和整改通报的文本分析

采用由哥伦比亚大学的 Anselm Strauss、Barney Glaser 两位学者共同发展的一种定性研究方法论，针对大学党委领导下的校长负责制若干新现象运用系统化叙事、编码和文本分析，从巡视报告、整改通报等原始资料、经验、证据等一手文本中抽象出反映大学党委履责、治理的关键概念、核心范畴，再通过这些概念、范畴间的联系建构相关的理论分析框架。

（一）开放式编码

从巡视报告与整改通报中提取概念和范畴，并确定范畴的属性和维度。开放式编码阶段的首要任务是尽量分化原始资料，尽可能保留原始文本的初始信息，并进行深度解读、分析、比较，进行循环检验，最终从 158 份原始材料里抽取到 500 余个初始概念，将相近、相似或重复概念进一步凝练为抽象范畴并命名，初步提炼出 31 个初始范畴（如表 6-2 如示）。

表 6-2 开放式编码、范畴化

初始范畴	原始语句（初始概念）
党建工作	D2 基层党组织建设薄弱（基层党组织建设存在虚化弱化现象） D4 党的建设薄弱（基层党建工作软弱、党的建设抓得不够严不够实）
两个责任	D1 党委领导作用发挥不够（党委领导作用发挥层层递减、党委担当不够、党委领导核心作用发挥不够充分） D3 纪委监督执纪问责不力 D4 校纪委“三转”不到位
八项规定	D8 执行中央八项规定精神不力（违反中央八项规定精神问题仍有反映） D7 存在公款旅游、公车私用等问题（存在违规接待、公款送礼等问题）
执行民主集中制	D5 重大决策部署不深入（民主决策不规范） D9 高职低配方式任用干部（个人决策现象）

续表

初始范畴	原始语句（初始概念）
意识形态 领域管控手段	D1 意识形态工作责任制落实不到位 D6 思想政治工作队伍建设有所弱化
“三会一课”	D2 部分基层党组织“三会一课”制度不落实 D4 执行“三会一课”制度不严
“四个意识”	D3“四个意识”不够强
党内生活	D4 党内政治生活不经常不严肃（党内政治生活存在不严不实的情况）
干部选拔任用程序	D4 选人用人问题突出 D5 干部管理监督不严 D6 执行干部选拔任用工作程序不严
干部政治意识	D4“四个意识”不够强 D5 有的党员领导干部的党员意识不强
干部兼职问题	D7 有的单位利用高校资源谋取不当利益 D9 校办企业管理中“一手办学、一手经商”现象突出
干部人岗匹配	D7 违规配备校长助理和“三长” D6 执行干部选拔任用有关制度规定不够严格 D6 机构编制管理混乱
干部违规获利	D8 擅自改变科研用地用途搞经营性开发
干部个人事项	D5 领导干部个人事项报告不实 D6 对个人事项报告不实的处理偏轻
物资采购	D8 材料采购等领域廉洁风险较高
校办企业管理	D9 校办企业管理混乱（校办企业管理中“一手办学、一手经商”现象突出）
国有资产处理	D8 资产管理等领域存在廉洁风险 D6 资产管理等领域廉洁风险较高 D8 国有权益损失问题比较突出
专项资金管理	D7 专项经费管理不够规范等
附属医院	D9 附属医院管理薄弱（校辖附属医院摊子大、权属杂、监管难）
乱发津贴	D5 违规滥发购物卡、劳务费、过节费等问题多有发生
工程违规	D6 基建工程严重违规，发生质量事故 D7 基本建设领域违规违纪问题多发
公款公车	D7 存在公款旅游、公车私用等问题
基建项目	D6 基建等领域廉洁风险较高
科研经费	D9 科研经费管理使用混乱，违规现象突出 D8 科研经费管理不够规范等

续表

初始范畴	原始语句（初始概念）
党委领导下的校长负责制	D5 贯彻党委领导下的校长负责制不够自觉 D6 党委不按期换届问题比较突出 D6 执行党委领导下的校长负责制不到位
服务意识	D8 服务党员功能弱化
师德师风	D9 师德师风教育不够深入 D8 抓师德师风教育和对学生的教育引导不够深入（师德师风教育不够深入）
管校治校	D1 管校治校宽松软 D2 办学治校“指挥棒”导向存在一定偏差
人才队伍建设	D9 师资结构不合理 D8 人才流失问题
中国特色	D1 落实扎根中国大地建设世界一流大学的要求不到位
校内关系	D3 处理教书与育人、科研与教学、规模扩张与内涵发展等关系不够好

（二）主轴编码

主轴编码的目的是发现和建立范畴间的隐性逻辑关系。根据不同范畴在概念层次上的相关关系对 31 个初始范畴进行归类特征化，共凝练出 5 个主要范畴（如表 6-3 所示），分别是党委领导下校长负责制中的核心领导能力、干部选拔任用监管、基建后勤服务监管、经费收支使用监管和内部校院分权治理。

表 6-3　主轴编码形成的主要范畴

主要范畴	初始范畴	关系内涵
党委领导下校长负责制中的核心领导能力	党建工作	党组织建设薄弱、党员党性不强、纪委执纪监督不力、意识形态管控不严、“三重一大”决策等不经过民主决议，这些问题不利于提高党委的领导能力，直接影响党委对高校决策能力的提升，不利于中国特色世界一流大学领导力的形成
	两个责任	
	八项规定	
	执行民主集中制	
	意识形态领域管控手段	
	“三会一课”	
	“四个意识”	
	党内生活	

续表

主要范畴	初始范畴	关系内涵
干部选拔任用监管	干部选拔任用程序	高校领导干部政治意识不强、选人用人程序不规范、任人唯亲、干部校外兼职和个人事项报告不实等问题直接体现了干部监管的不到位，不利于提升干部治理高校的能力
	干部政治意识	
	干部兼职问题	
	干部人岗匹配	
	干部违规获利	
	干部个人事项	
基建后勤服务监管	物资采购	物资采购和招投标混乱、校办企业监管不到位、基建项目质量堪忧、附属医院管理不力等反映出高校基建后勤监管能力不足，腐败高发，服务师生、教学、科研等质量不高
	校办企业管理	
	基建项目	
	工程违规	
	附属医院	
经费收支使用监管	乱发津贴	乱发津贴、购物卡，违规处理国有资产，专项资金管理不规范，滥用公款公车，科研经费混乱等问题体现了高校资产管理使用不规范，反映出高校财务监管能力不足，不利于发挥高校财务服务高校发展的作用
	国有资产处理	
	公款公车	
	专项资金管理	
	科研经费	
内部校院分权治理	党委领导下的校长负责制	党委领导下的校长负责制执行不力、扎根中国大地办大学特色不显著、行政服务师生教学意识不强、部分教师师德师风不好、人才队伍建设不合理、校内关系复杂、行政化现象严重等问题不利于持续推动高校综合改革、提升中国一流大学内部治理品质
	服务意识	
	师德师风	
	管校治校	
	人才队伍建设	
	中国特色	
	校内关系	

（三）选择性编码

选择性编码是深度挖掘核心范畴，将分析结果不断汇聚到与之密切相关的编码上的过程，并分析核心范畴与主要范畴及其他范畴的关系。通过叙事的方式描述中国大学的内部治理行为、现象与外部治理关系的脉络条件，从而建构一个新的质性理论分析框架，直观显示主要范畴的典型结构关系（如表 6-4 所示）。

表 6-4　主要范畴的典型结构关系

典型结构关系	结构关系的内涵
党委核心领导问题→巡视问责	党要管党、全面从严治党，党委（党组）在党内监督中负主体责任，书记是第一责任人，党委常委会委员（党组成员）和党委委员在职责范围内履行监督职责。在高校中，依法实行党委领导下的校长负责制，党委书记要善于当好班长、带好队伍，领导全校师生员工坚持党的教育方针、树立正确的思想意识。在现实中，高校党政领导班子对党的意识有所淡化，“四个意识”不够强，对中国特色坚持不力，党委书记和校长搭班子成效不好、部分言行违背了党和国家意志，部分党政领导干部和师生违反了党纪国法、政治规矩和德治礼序，严重影响中国特色世界一流大学的建设
干部选拔任用监管问题→巡视问责	政治路线确定之后，干部就是决定因素，高校党政干部必须坚决认真不折不扣贯彻落实中央规定精神和国家战略部署。基层和中层党政领导干部是执行党委决策的主力成员，他们的执行力与执行效益事关党委科学决策的落实程度和一流大学的建设进度。在现实中，干部选拔任用不规范、超职数配备干部、干部监管不力、干部交流轮岗随意、人岗不匹配、干部干事创业活力不足等直接影响党委科学决策、下级执行相关政策的有效程度
基建后勤监管问题→巡视问责	在社会主义市场经济环境中，高校已经成为社会关注的焦点之一，一流大学更是社会轴心。利用人才、科技、知识等服务社会是现代大学的五大核心职能之一，在政产学研一体化和教科经社协同创新中，大学不断与社会、市场交流和衔接。在开放大学和无围墙大学运动中，大学科研活动不断与市场需求相结合，通过校企合作、产教融合等提升高校和企业的核心竞争力。另外，由于中国高等教育从大众化向普及化过渡，新校区建设、老校区提升和庞大后勤服务等都容易出现监管漏洞，成为腐败高发区，服务师生的质量和便利性大打折扣
经费收支使用监管问题→巡视问责	改革开放以来，大学资金往来量逐年增长，百亿元经费高校屡见不鲜。在公立高校的往来资金中，国家财政拨款占主要部分，其他经费包括校办产业盈利、校友捐赠、企业捐赠、非政府组织捐赠、社会捐赠等。这些资金是保障高校正常运转的物质基础，其收支数目、使用情况、使用绩效等都需要加强监管，往来资金监管不到位直接影响着师生的利益、高校的发展
内部校院分权治理问题→巡视问责	高校内部治理问题中的人才培养、科技研发、教育教学等是高校间竞争的主要影响因素；学生、教师参与大学治理应纳入学校党政决策的考量范围。同时，党委领导下的校长负责制落实不到位，不利于促进高校党政关系的和谐及提高校院两级分权治理的有效性，办学自主权会受到削弱

（四）饱和度检验

饱和度检验指新搜集的资料、数据和信息等如果不能对预期理论构建做出新的贡献，就可以停止搜集。研究利用 140 所“双一流”建设高校和 18 所比对院校的巡视报告与整改通报文本数据进行饱和度检验，发现已有初始范畴、主要范畴已经列举得比较丰富，没有凝练出新的主要范畴。这说明对全部高校巡视报告和整改通报的文本分析与分级编码的饱和度较好、一致性较高，基本上可以代表中国一流大学的巡视、问责和治理情况。

第三节　中国“双一流”大学治理体系和治理能力的实践问题

大学专项巡视的重要功能或目的是帮助党委发现问题、形成震慑并督促解决问题，以此促进大学内外部治理体系的优化，确保大学的健康运行和跨越发展。

一、高校党委履责和治理的普遍问题

将主要范畴形成的结构关系重新带入高校的巡视报告和整改通报，通过梳理和仔细比对，可以发现“双一流”大学在履责、治理方面存在的普遍问题。我们仅挑选出 C9 高校进行深度分析，以展示其存在的普遍问题（如表 6-5 所示）。

表 6-5　高校党委履责和治理的普遍问题　　单位：所

大学	问题及频次				
	党委核心领导能力弱化	干部选拔任用监管不到位	经费收支使用监管不到位	基建后勤监管不到位	内部校院分权治理问题突出
	9	8	8	8	9
北京大学	√	√		√	√
清华大学	√	√	√		√
复旦大学	√		√	√	√
上海交通大学	√	√	√	√	√
南京大学	√	√	√	√	√
浙江大学	√	√	√	√	√
中国科学技术大学	√	√	√	√	√
哈尔滨工业大学	√	√	√	√	√
西安交通大学	√	√	√	√	√

由表 6-5 可知，“双一流”建设高校全都存在党委核心领导能力弱化、内部校院分权治理问题突出现象；8 所高校干部选拔任用监管不到位、经费收支使用监管不到位、基建后勤监管不到位，廉洁风险突出。

二、中国一流大学履责和治理的特殊问题

由于C9高校的历史渊源、办学风格、治理体系、地域文化等的不同，在贯彻落实和强化党委领导下的校长负责制履责与治理方面除了存在共性问题外，还存在一些特殊问题，并在程度上有所差异（如表6-6所示）。

表6-6 高校党委履责和治理的特殊问题

大学	问题				
	党委核心领导能力弱化	干部选拔任用监管不到位	经费收支使用监管不到位	基建后勤监管不到位	内部校院分权治理问题突出
北京大学	党委领导作用发挥不够	选人用人问题突出	—	校办企业管理混乱	管校治校宽松软
清华大学	党委领导作用发挥不够	执行选任程序不够规范，干部管理监督不严	谋取不当利益、存在公款旅游	—	思想政治工作队伍建设有所弱化
复旦大学	党委履行主体责任失之于松、失之于软	—	科研经费管理使用混乱，违规现象突出	江湾校区基建工程严重违规，发生质量事故	校辖附属医院摊子大、权属杂、监管难
上海交通大学	党委领导作用发挥不够	选人用人程序有时不规范、把关不够严	科研和专项经费管理不够规范	校办企业、基建、资产管理、科研经费等领域廉洁风险较高	办学治校“指挥棒”导向存在一定偏差
南京大学	执行党委领导下的校长负责制不到位	执行干部选拔任用工作程序不严	存在违规接待、公款送礼等问题	工程建设、资产管理、校办产业等领域存在廉洁风险	二级单位党委不按期换届问题比较突出
浙江大学	党委领导作用发挥层层递减	选人用人程序有时不规范	科研经费等领域廉洁风险较高	校办企业、基建、材料采购等不规范	师德师风教育不够深入、对人才重引进轻管理
中国科学技术大学	党委领导核心作用发挥不够充分	选人用人不规范，执行干部选拔任用有关制度规定不够严格	违规滥发购物卡、劳务费、过节费等问题多有发生	基建、采购等领域存在廉洁风险	部分院系党委发挥作用不足
哈尔滨工业大学	党委领导核心作用发挥不够充分	执行选人用人制度不够严格	科研经费使用不规范	校办企业、资产管理、物资采购存在问题	师生思想政治工作较为薄弱
西安交通大学	党委领导核心作用发挥不充分、“三会一课”执行不力	执行选人用人制度不够规范	科研经费使用不规范	校办企业管理不规范	处理教书与育人、科研与教学、规模扩张与内涵发展等关系不够好

由表6-6可知，各校在履责和治理方面除了党委核心领导能力弱化外，占比最高的特殊问题主要集中在干部监管不到位和内部治理问题突出。具体而言，北京大学是选人用人问题突出，超职数配备干部；清华大学是思想政治工作薄弱，干部监督管理不严；复旦大学是科研经费管理混乱、使用违规，基建及校办企业监管严重违规；上海交通大学党政议事制度不健全，办学治校“指挥棒”导向偏差；南京大学是基层党组织问题突出，违规接待、公款送礼；浙江大学是选人用人存在问题，违反中央八项规定精神，“四风”方面问题较多；中国科学技术大学是基层党组织党建工作机制不健全，违规滥发财物；哈尔滨工业大学是思政工作薄弱、党内生活不到位，基建后勤招标采购存在问题；西安交通大学是“三会一课”执行不力，处理三大关系不够好。管中窥豹，中国一流大学履职尽责与办学治校等方面离现代化的大学治理体系和治理能力要求尚有差距，离世界一流大学的治理实践范式要求尚有差距。这充分反映出中央开展高校专项巡视的重要性、必要性和紧迫性，专项巡视工作成效显著。同时，各被巡视高校积极按照中央巡视组“巡视意见”全方位落实专项整改任务，促进风清气正的良好大学生态形成压倒性态势，加速构建现代化的一流大学治理体系和治理能力，为“双一流”大学建设提供了组织和领导制度保障。

第四节 中国“双一流”大学治理体系和治理能力现代化构建

治理体系和治理能力现代化是中国“双一流”建设高校的重要组织与领导制度保障。党委领导下的校长负责制是中国特色社会主义大学的中国特色，坚持和完善党委领导下的校长负责制，是贯彻落实习近平新时代中国特色社会主义思想的必然要求，[8]也是丰富完善中国特色社会主义教育的应然抉择，更是持续推进中国高等教育系统从站起来、大起来到强起来的制度保障。党中央对部属高校的分轮巡视（含党中央巡视“回头看”）表明，大学专项巡视及整改问责虽然带有一定的随机性特征，但其指导思想鲜明、巡视目的清楚、整改要求明确，需要被巡视高校党政两套系统和师生两大主体及时做出回应，能够主动直面治校理政中存在的违反党纪国法、政治纪律、德治礼序等方面的问题，以巡视整改为动力，坚持问题导向，把解决问题与促进发展结合起来，扎根中国大地办大学。同时，从专项巡视问责的成效来看，高校还存在很多方面的监管和治理问题，在一定程度上暴露出高校自我约束、自我管理、自我监督、自我教育、自我净化的体制机制尚不够完善，“灯下黑”现象突出，内部问责机制和治理体系失能才致使外部“巡视问责”发挥巨大作用。这也说明，中央对中管高校党委开展专项巡视问责的重要目的基本达成，即通过巡视问责推动被巡视高校逐步建立和完善内部监管与治理体制机制，主动自发回应党、政府、企业及社会大众对于大学主动承担时代责任和历史使命的期待。

大学德治是推动大学治理体系和治理能力现代化的重要方向。大学德治是中国古代优秀德治思想文化在现代大学的传承弘扬和有益实践，是大学法治的灵魂和核心，可为中国大学特别是“双一流”大学治理走向善治提供有力支撑。中国“双一流”大学德治是“双一流”大学党政团队运用中华传统美德和公序良俗等治理大学的过程与结果的统一，目标是建设深积道德底蕴、肩负道德使命的伟大大学。大学德治通过发挥道德的正向效能，融法律和道德的力量入大学治理实践，推动形成“双一流”大学德治共同体。大学德治能捍卫大学人的道德权益、提升大学人的道德品质、优化大学内的道德秩序，不断凸显大学人的主体性和实践性，持续推动现代大学法治与德治一体化并逐步达到良治、善治，进而提升其治理的理论品格和实践质量。[9]大学德治有助于健全自治、法治、德治“三治合一”的现代大学治理体系和治理能力框架，推进中国“双一流”大学治理体系和治理能力现代化，更好地服务“双一流”大学螺旋建设。中国“双一流”大学是中国大学集团中的佼佼者和榜样示范，大学德治不是虚幻的想象，而是现实的行动，侧重强调大学的道德建设。大学德治只有真正走入大学治理实践，才能发挥自身的正向效能，展现现代大学治理的道德底蕴。大学德治要运用“维护大学成员的道德权利、提升大学的道德品性、优化大学的道德秩序”三条进路，着眼于融入大学治理的现代实践，不断彰显内在的实践性指向，充分发挥其在现代大学治理中的积极功效。促进现代大学治理逐步演进为大学善治，提高大学治理水平和治理质量，助力“党委领导下校长负责制”的现代大学制度的完善，[10]最终服务于构建中国特色鲜明、与世界标准接轨的高等教育治理体系。

“象牙塔”时代的大学尚可“入则独善其身”，“社会轴心”时代的大学却很难“出淤泥而不染”，所以在“双一流”大学治理中必须充分发挥党组织的影响力和作用力。从严治党十分紧迫，有问题不可怕，怕的是思想上有抵触情绪、心态上麻木不仁、行动上不能正确处理和化解问题。从中央对中管高校党委的“巡视问责”来看，内涵和边界是非常清晰的。无论是按照

《中华人民共和国宪法》《中华人民共和国高等教育法》等相关法律规定，还是按照中共中央、国务院关于高等教育的若干战略政策要求，加强高校党委核心领导能力建设都是处于首位和重中之重的大是大非问题，教育巡视和教育反腐永远在路上。要进一步加强和改善党对高校的领导，特别是完善高校党委领导下的校长负责制，在公办高校落实《中共中央办公厅关于坚持和完善普通高等学校党委领导下的校长负责制的实施意见》（中办发〔2014〕55号），在中小学、民办学校充分发挥基层党组织的政治核心作用。[11]具体地说，中央对高校党委、基层党组织和党员干部成员的巡视问责范围与内容：一是看高校对中国特色社会主义办学方向的把握情况，是否扎根中国大地办学，办学能否让党中央放心、让人民满意；二是看高校党委领导能力、党建工作、两个责任、“四个意识”、“三会一课”、“两重一大”、师德师风、学生思政工作、干部选拔和考核任免等，是否形成耦合共轭机制；三是看经费收支使用、基建后勤管理、校办企业运行、附属单位监管、内部治理结构和体系优化、师生状态和党群、政群关系等，是否形成压倒性健康生态。对于中央专项巡视中发现的非党内问责范围内问题，如高校科研管理、学生管理等内部治理问题，可引入其他巡视问责主体介入，依法、依纪、依规约束巡视问责主体的权利和义务，包括巡视问责的启动条件、对象、内容、范围、程序、标准、反馈、处理等细节。[12]

总之，中国“双一流”大学治理体系和治理能力现代化是国家治理体系与治理能力现代化的重要组成部分，是新时代引领中国大学集群推进内涵式高质量发展、提升综合竞争力的内在需求和客观需要。中国“双一流”大学要审时度势、顺势而为、乘势而上，通过治理理念、制度、能力、方法等的革故鼎新，不断完善“双一流”大学治理体系、提升“双一流”大学治理能力，[13]为中国非“双一流”大学集群提供可复制、可推广、可借鉴的治理体系与治理能力现代化示范标杆。阳光是最好的防腐剂，公开是对权力最好的监督，党的十八届六中全会审议通过的《关于新形势下党内政治生活的若干准则》，提出必须筑牢拒腐防变的思想防线和制度防线，着力构建不敢腐、不能腐、不想腐的体制机制，[14]保证一流大学巡视问责工作的科学化、法制化、规范化、程序化和透明化，运用现代化的大学治理体系和治理能力保持高校党组织的肌体健康和党的队伍纯洁，才能为早日建成“双一流”大学[15]、建设高等教育强国、建成世界高等教育中心[16]、实现中华民族伟大复兴中国梦提供人才支持和智慧支撑。

【参考文献】

［1］本书编写组.《中共中央关于坚持和完善中国特色社会主义制度、推进国家治理体系和治理能力现代化若干重大问题的决定》辅导读本［M］. 北京：人民出版社，2019：5.

［2］冯用军，赵雪. 中国“双一流”战略：概念框架、分类特征和评估标准［J］. 现代教育管理，2018（1）：12.

［3］叶伟萍，梁文艳，胡咏梅.C9 大学离世界一流大学有多远：分学科的国际合作比较［J］. 教育研究，2017（3）：53.

［4］王硕旺，黄敏. 公立大学如何回应社会问责：基于美国加州大学年度问责报告的比较研究［J］. 中国高教研究，2014（7）：48.

［5］周作宇. 微观政治：大学治理中的一个特殊场域［J］. 清华大学教育研究，2017（2）：14.

［6］习近平. 决胜全面建成小康社会　夺取新时代中国特色社会主义伟大胜利［N］. 人民日报，2017-10-28（1）.

［7］李志刚. 扎根理论方法在科学研究中的运用分析［J］. 东方论坛，2007（4）：90-94.

［8］邹贵波. 习近平新时代中国特色社会主义思想的四维图景［J］. 贵州师范大学学报（社会科学版），2018（2）：18.

［9］赵荣辉，冯用军. 治理与善治之间：大学德治的理论创新与实践导向［J］. 河北师范大学学报（教育科学版），2019（4）：79-85.

［10］冯用军，赵荣辉. 从治理到善治：论大学德治的实践理路［J］. 黑龙江高教研究，2019（7）：63-67.

［11］教育部. 教育部关于深入推进教育管办评分离　促进政府职能转变的若干意见［Z］. 教政法〔2015〕5 号，2015-05-04.

［12］凌健，商晶晶. “巡视问责”：中国地方高校问责的一个实践范式：基于 21 省（区、市）335 份地方高校巡视报告的文本分析［J］. 复旦教育论坛，2018（1）：34.

［13］袁占亭. 治理体系和治理能力现代化：“双一流”大学建设的重要保证［J］. 中国高等教育，2019（22）：7-9.

［14］习近平. 关于《关于新形势下党内政治生活的若干准则》和《中国共产党党内监督条例》的说明［J］. 党建，2016（11）：9-13.

［15］冯用军，朱立明. 中国大学先修课程的发展困境与解决方案［J］. 江苏高教，2018（5）：42.

［16］冯用军，赵雪，秦惠民. 中国一流大学巡视问责与治理实践范式研究：基于 C9 巡视报告与整改通报的文本分析［J］. 大学教育科学，2018（4）：70-77.

第七章　湖北省“双一流”大学及学科建设评价问题研究

导读：21 世纪人才最贵。一流本科教育是培育一流人才的基石，世界一流大学和世界一流学科是提供一流本科教育的平台，也是支撑世界一流国家的核心力量。湖北要实现国家“中部崛起”和“长江经济带”构想，助推“一带一路”建设，必须建设一批世界一流大学和世界一流学科高水平大学。利用安邦智库构建的有中国特色、与世界接轨的“双一流”大学评估指标体系，合理衡量湖北省高校在我国和华中地区大学集团中的办学实力，准确界定湖北省高校“双一流”大学建设的内涵、目标并列出新一轮“双一流”建设高校备选名单，找准湖北省新一轮“双一流”大学建设的突破口，有助于提出统筹推进湖北省高校对接党和国家战略需求的若干对策建议。

21 世纪什么最贵？人才。一流大学培育一流人才、一流人才成就一流大学，世界各国、各民族、各组织的博弈竞争归根结底是人力资源的博弈竞争。中国建设若干所中国特色世界一流大学和一批中国特色世界一流学科高水平大学的重要目的，就是要提高大学的办学质量和人才培养水平，引导中国大学将教育教学、研发科技、服务社会、传承和创新文化、国际交流与合作的主要精力及重心转移到服务党和国家的战略需求、服务经济社会发展的迫切需要，为党育才、为国育人，多出人才，出好人才，努力成为创新型国家和现代化中国的人才池、科技库。我国确定了要在 21 世纪中叶建成世界高等教育中心的长远战略目标，从逻辑上说，我们需要先建成世界高等教育强国，为此必须有若干所世界一流大学和一批世界一流学科作为支撑。[1] 高等教育强国建设的基础是高等教育强省，入选国家“双一流”建设高校及建设学科的大学无疑是高等教育强省的“中流砥柱”。湖北省地处中国中部、长江中游，国民生产总值排名全国第 7，拥有长江流域最多的城市群和高教圈，是我国五大国家级城市群和九大高等教育中心所在省份之一。它既是国家长江经济带战略的重要支撑，也是中部崛起的核心增长极，“九省通衢”堪称中国的“钻石枢纽”，具有重要的战略意义和战略地位。湖北省高等教育历史悠久，拥有一大批世界知名的大学，高等教育综合实力仅次于北京市、上海市和江苏省，与广东、陕西、四川等省的高等教育综合竞争力基本持平。利用安邦智库构建的有中国特色、与世界接轨的“双一流”大学评估指标体系，合理衡量湖北省高校在我国和华中地区大学集团中的办学实力与竞争地位，准确界定湖北省高校“双一流”大学建设的内涵、目标并列出新一轮“双一流”建设高校备选名单，找准湖北新一轮“双一流”大学建设的突破口，有助于提出统筹推进湖北省高校对接党和国家重大战略需求的若干对策建议。

中国高等教育经过近现代一百多年的建设和发展，取得了长足进步，涌现出一大批中国特色鲜明、具有世界竞争力的中国大学集群，这其中就有湖北省高校的身影。国内外相关大学评价结果数据显示，北京大学、清华大学、中国科学院大学、国防科技大学、香港大学、香港中文大学和台湾大学等高校跻身世界知名高水平大学、中国顶尖大学前列，其综合实力和办学水平接近世界一流大学，是中国建设世界一流大学的“领头羊”。浙江大学、复旦大学、香港科技大学、上海交通大学、南京大学、中国科学技术大学、武汉大学、中国人民大学、中山大学、吉林大学、华中科技大学、四川大学、北京师范大学、南开大学、台湾成功大学、台湾阳明交通大学、台湾清华大学等高校跻身世界高水平大学、中国顶尖大学行列，是中国建设“双一流”大学的“排头兵”。北京体育大学、中央音乐学院、中央美术学院、北京电影学院、中央戏剧学院和台湾艺术大学等 6 所专业型高校跻身世界高水平大学、中国顶尖大学行列，是中国建设“双一流”大学的核心力量。武汉理工大学、华中师范大学、南方科技大学、上海科技大学、西交利物浦大学、宁波诺丁汉大学、上海纽约大学、深圳北理莫斯科大学、中南财经政法大学、中国传媒大学、中国音乐学院、鲁迅美术学院、北京舞蹈学院、中国戏曲学院、上海戏剧学院、中国人民公安大学、外交学院、中国美术学院、北京外国语大学等高校跻身世界知名大学、中国一流大学队列，是中国建设“双一流”大学的后备力量。

第一节 湖北省高校及学科在我国和华中地区大学集团中的竞争力

在整个华中地区和长江经济带上，无论是高校数量还是高校质量湖北省都拥有绝对优势，国家第一轮、第二轮“双一流”建设高校湖北省均有7所大学入选，“双一流”建设学科分别是29个和32个，全国名牌大学有武汉大学、华中科技大学等。为准确把握湖北省高校、学科、专业集群在中国、华中地区高校系统中的相对地位与竞争格局，跟踪评价湖北省高校和学科、专业在中国、华中地区的排名变化，参考中国特色世界一流大学和世界一流学科评估指标体系，对湖北省高校、学科、专业在中国、华中地区相对实力进行了量化评价，[2]结果如表7-1（无实力较强的中外合作办学高校）和表7-2（采集数据截止时间为2022年8月1日00：00）所示。

表7-1 湖北省高校在中国及华中地区高校中的相对生态位置（公立高校200强）

序号	名次	学校名称	类型	省份	总分	人才培养	科学研究	社会影响	办学层次
1	1	北京大学	综合	北京	100.00	100.00	100.00	99.86	中国特色世界知名高水平大学
2	2	清华大学	理工	北京	98.50	99.95	99.90	100.00	中国特色世界知名高水平大学
3	8	武汉大学	综合	湖北	82.43	82.19	82.36	81.43	中国顶尖大学
4	9	国防科技大学	理工	湖南	80.31	79.66	86.84	70.54	中国特色世界知名高水平大学
5	11	华中科技大学	理工	湖北	75.12	76.58	74.93	71.25	中国一流大学
6	18	中南大学	综合	湖南	73.13	74.36	71.58	71.92	中国一流大学
7	33	湖南大学	综合	湖南	68.03	68.33	65.90	70.03	中国高水平大学
8	34	华中师范大学	师范	湖北	67.92	67.23	68.07	68.60	中国高水平大学
9	38	武汉理工大学	理工	湖北	66.60	67.32	63.98	68.51	中国高水平大学
10	39	中国地质大学（武汉）	理工	湖北	66.56	69.05	63.68	65.19	中国一流大学
11	49	华中农业大学	农林	湖北	65.77	66.64	63.67	66.64	中国高水平大学
12	55	解放军信息工程大学	理工	河南	65.49	63.73	66.80	66.86	中国一流大学

续表

序号	名次	学校名称	类型	省份	总分	人才培养	科学研究	社会影响	办学层次
13	62	郑州大学	综合	河南	65.01	65.75	62.62	66.64	中国知名大学
14	72	湖南师范大学	师范	湖南	64.65	64.59	63.27	66.52	中国知名大学
15	76	中南财经政法大学	财经	湖北	64.32	64.36	62.47	66.69	中国高水平大学
16	101	河南大学	综合	河南	63.26	63.36	62.14	64.51	中国知名大学
17	124	湘潭大学	综合	湖南	62.85	63.33	61.50	63.64	中国知名大学
18	142	湖北大学	综合	湖北	62.42	62.24	61.09	64.60	中国知名大学
19	149	湖南农业大学	农林	湖南	62.27	61.99	61.36	64.07	中国知名大学
20	168	长沙理工大学	理工	湖南	62.10	61.90	61.26	63.61	中国知名大学
21	175	武汉科技大学	理工	湖北	61.98	62.00	60.79	63.59	中国知名大学
22	178	河南师范大学	师范	河南	61.94	61.81	60.86	63.68	区域高水平大学
23	189	河南工业大学	理工	河南	61.80	61.33	60.71	64.30	区域高水平大学
24	191	中南民族大学	民族	湖北	61.77	61.34	60.98	63.72	区域高水平大学
25	—	武汉体育学院	体育	湖北	—	—	—	—	中国高水平大学
26	—	武汉音乐学院	音乐	湖北	—	—	—	—	中国知名大学
27	—	湖北美术学院	美术	湖北	—	—	—	—	中国知名大学

表 7-2　湖北省高校学科/专业在中国及华中地区的相对生态位置

学科	高校名称及排位				
	第一名	第二名	第三名	第四名	第五名
法学	北京大学	中国人民大学	武汉大学	复旦大学	中国政法大学
管理学	中国人民大学	清华大学	中山大学	北京大学	浙江大学
教育学	北京师范大学	北京体育大学	华东师范大学	东北师范大学	华中师范大学
经济学	中国人民大学	北京大学	上海财经大学	复旦大学	厦门大学
历史学	北京大学	北京师范大学	南开大学	南京大学	四川大学
文学	北京大学	武汉大学	复旦大学	中国人民大学	北京师范大学
艺术学	中央美术学院	清华大学	中央戏剧学院	北京电影学院	中国戏曲学院
哲学	中国人民大学	北京大学	复旦大学	中山大学	武汉大学
工学	清华大学	浙江大学	西安交通大学	上海交通大学	中南大学

续表

学科	高校名称及排位				
	第一名	第二名	第三名	第四名	第五名
理学	北京大学	南京大学	中国科学院大学	中国科学技术大学	复旦大学
医学	北京大学	北京中医药大学	复旦大学	四川大学	北京协和医学院
农学	中国农业大学	南京农业大学	北京林业大学	西南大学	浙江大学
军事学	国防科技大学	解放军信息工程大学	解放军理工大学	解放军空军工程大学	解放军海军工程大学
交叉学科	清华大学	上海交通大学	北京大学	北京航空航天大学	浙江大学
专业	高校名称及排位				
法学	北京大学，1	武汉大学，2	中南财经政法大学，8		
材料科学与工程	清华大学，1	中南大学，3	武汉理工大学，6		
测绘工程	武汉大学，1	解放军信息工程大学，2			
测控技术与仪器	解放军信息工程大学，1				
车辆工程	湖南大学，1				
地质工程	中国地质大学（武汉），1				
电气工程及其自动化	清华大学，1	华中科技大学，3			
光电信息科学与工程	华中科技大学，1				
机械设计制造及其自动化	华中科技大学，1	中南大学，4			
计算机科学与技术	清华大学，1	国防科技大学，2			
交通运输	中南大学，4	长沙理工大学，5			
矿物加工工程	中南大学，1				
轮机工程	武汉理工大学，1				
能源与动力工程	清华大学，1	华中科技大学，2			
软件工程	北京大学，1	国防科技大学，7			

续表

专业	高校名称及排位				
水利水电工程	清华大学，1	武汉大学，2			
通信工程	东南大学，1	国防科技大学，4	解放军理工大学，7		
土木工程	清华大学，1	中南大学，6	湖南大学，8		
网络工程	国防科技大学，1				
信息安全	武汉大学，1				
遥感科学与技术	武汉大学，1				
冶金工程	中南大学，1				
自动化	清华大学，1	国防科技大学，4	华中科技大学，5		
行政管理	北京大学，1	武汉大学，2			
农林经济管理	浙江大学，1	华中农业大学，5			
图书馆学	武汉大学，1				
信息管理与信息系统	清华大学，1	武汉大学，2			
教育学	北京师范大学，1	华中师范大学，3			
财政学	中国人民大学，1	中南财经政法大学，3			
国际经济与贸易	厦门大学，1	武汉大学，6			
经济学	北京大学，1	武汉大学，3	中南财经政法大学，7		
地质学	南京大学，1	中国地质大学（武汉），2			
化学	北京大学，1	湖南大学，10			
历史学	北京大学，1	武汉大学，4			
农学	中国农业大学，1	华中农业大学，4			
园艺	华中农业大学，1				
编辑出版学	武汉大学，1				
汉语言文学	北京大学，1	武汉大学，4	华中师范大学，7		
新闻学	北京大学，1	武汉大学，3			

续表

专业	高校名称及排位				
临床医学	北京大学，1	华中科技大学，4	中南大学，10		
预防医学	北京大学，1	华中科技大学，3			
哲学	北京大学，1	武汉大学，4			

表 7-1、表 7-2 的量化评价结果如下。

一是湖北省高等教育竞争力位居中国第四、华中地区第一。在中国排名前 10 的大学中，武汉大学位居第 8，与北京大学、清华大学的差距不大；在前 20 位的大学中，华中科技大学位居第 11；在前 50 位的大学中，华中师范大学位居第 34、武汉理工大学位居第 38、中国地质大学（武汉）位居第 39、华中农业大学位居第 49；在前 100 位的大学中，中南财经政法大学位居第 76；在前 100~200 名的大学中，湖北大学位居第 142、武汉科技大学位居第 175、中南民族大学位居第 191；在行业特色型院校中，武汉体育学院、武汉音乐学院、湖北美术学院位居前列；没有中国一流中外合作办学高校或民办研究型大学。

二是湖北省高校在分类排名中均居华中地区上游，遥遥领先于湖南省、河南省。武汉大学位居综合类第 1、华中科技大学位居理工类第 1、华中师范大学位居师范类第 1、华中农业大学位居农林类第 1、中南财经政法大学位居财经类第 1、中南民族大学位居民族类第 1，均远超湖南省、河南省同类院校。

三是湖北省高校的社会影响得分普遍高于其人才培养、科技研发得分。在人才培养指标上，湖北省高校在校友质量、师资质量方面得分有待进一步提高；在科技研发指标上，高等级科技成果相比清华大学、北京大学等高校偏少。

四是湖北省高校学科实力和专业实力相对较强，但优特学科和一流专业覆盖面不足。在 14 个一级学科中，只有法学、教育学、文学、哲学有高校挺进全国前五强；专业实力上也不尽如人意，排名全国第一的专业数量偏少，很多是小众专业。

第二节 准确定位湖北省高校“双一流”战略的内涵和愿景

世界上有一条很长很美的路，叫作梦想，实现高等教育强国的中国梦可以说是百余年来全体中国人的梦想；世界上还有一堵很高很硬的墙，叫作现实，中国大学正从依附发展向自主创新艰难转型。[3] 自英国工业革命以来，东方大学虽然面临发展瓶颈，但很多国家的大学都在试图翻越那堵墙，甚至推翻那堵墙，建构区别于欧洲大陆体系、北美体系富含东方特色的世界一流大学、世界一流学科的新模式。自党的十八大以来，中共中央、国务院先后就中国特色世界一流大学和世界一流学科建设等做出了战略部署。教育部 2011 年 12 月出台的《关于全面提高高等教育质量的若干意见》明确提出，要“加快建设若干所世界一流大学和一批高水平大学”，具体包括世界一流高水平大学、有特色高水平地方高校、高水平示范（骨干）高职学校、高水平民办高校。2010 年 7 月 29 日颁布的《中长期教育规划纲要》明确提出，“到 2020 年，高等教育结构更加合理，特色更加鲜明，人才培养、科学研究和社会服务整体水平全面提升，建成一批国际知名、有特色、高水平的高等学校，若干所大学达到或接近世界一流大学水平，高等教育国际竞争力显著增强”。《“双一流”建设总体方案》对此进行了总体设计和分步骤规划。为落实国家“双一流”建设方案，教育部、财政部、国家发展改革委等联合或单独印发了《“双一流”建设实施办法》《关于高等学校加快“双一流”建设的指导意见》《中央高校建设世界一流大学（学科）和特色发展引导专项资金管理办法》《关于加快新时代研究生教育改革发展的意见》《“双一流”建设成效评价办法（试行）》《国家“十四五”时期哲学社会科学发展规划》《支持地方高校改革发展资金管理办法》《关于深入推进世界一流大学和一流学科建设的若干意见》等一系列政策文件，先后发布了《关于公布世界一流大学和一流学科建设高校及建设学科名单的通知》《关于公布第二轮“双一流”建设高校及建设学科名单的通知》，第一轮“双一流”建设高校 140 所、第二轮“双一流”建设高校 150 所。综合分析党和国家“双一流”战略建设要求、改革任务、发展方向和聚焦重点，结合“中部崛起”战略、“长江经济带”战略和“一带一路”倡议等国家定位，湖北省高校“双一流”战略建设目标是综合实力位居中国34个省（区、市）（含台湾和香港、澳门特别行政区）前列、在亚太有强大影响力、在世界有较大竞争力、能够为华中地区经济社会发展提供支撑性智力保障及关键性科技支持的综合研究型大学和行业特色型高水平大学集合体。

一、综合实力位居前列

武汉大学定位为世界一流大学（整体一流）；华中科技大学定位为世界一流学科高水平大学（若干学科世界一流）；华中师范大学、武汉理工大学、中国地质大学、华中农业大学、中南财经政法大学定位为世界高水平大学（个别学科世界一流）。以上7所高校已经进入国家第一轮、第二轮"双一流"大学战略建设名单，武汉科技大学、海军工程大学、中南民族大学等的1~3个特色学科有望进入第三轮"双一流"建设学科。上述高校具备高层次师资、高素质学生、高水平教学质量、高水准科技成果、高层次科研奖励、高额度校友捐赠、高规格科研设备、高自由度学术氛围、高效治理团队，综合实力有了进一步提高，不同高校排名上升1~5位，缩小了与北京大学、清华大学等各类型带头高校的发展差距。

二、在亚太有强大影响力

武汉大学、华中科技大学等拥有若干在亚太地区学术界处于顶尖地位的专家学者、拥有若干在亚太地区学术组织中担任重要职务的科学家（如太平洋科学协会PSA）、吸引1~2家亚太地区世界一流大学或世界一流学科高水平大学在湖北设立分校（类似香港中文大学深圳校区）或开展合作办学（类似清华—伯克利深圳学院）、在亚太地区新建3~5家孔子学院或中国语言文化中心。武汉大学、华中科技大学、华中师范大学、武汉理工大学、中国地质大学、华中农业大学、中南财经政法大学等高校在亚太地区排名提升10余位，其中，再经过5~10年的建设，武汉大学、华中科技大学综合办学实力将接近或超过日本东京大学、日本京都大学、新加坡国立大学、新加坡南洋理工大学等。

三、在世界有较大竞争力

湖北省高校在世界上有较大竞争力，将来可通过扩大留学生规模特别是专业类留学生规模（区别于语言类留学生），吸引更多欧美发达国家留学生来湖北省高校攻读专业学位、培养各个领域（学界、政界、商界、文化界、艺体界、公益慈善界等）的杰出校友、拥有若干在自然科学领域和人文（哲学）社科领域的全球知名思想家或顶尖科学家（如诺贝尔科学奖获得者）、拥有若干在国际学术组织担任重要职务的科学家（如世界水土保持协会 WASWAC）、主持数个跨国/洲重大科技攻关项目（如 LIGO-Virgo 科学合作组织）、产出在人文（哲学）社科领域推动人类思想创新和在自然科学领域推动科学发展的成果，撰写的重大咨询报告能够影响中国战略或国际组织相关决策。

第三节 湖北省推进新一轮“双一流”建设高校的发展目标

“凡事预则立不预则废”“罗马城不是一天建起来的”。可以预见，“双一流”战略作为一个可持续 10~20 年的高等教育系统工程，事关中国高等教育“两个一百年”的世界竞争力和中国能否成为全球第一大经济强国，必须进行顶层设计和周密规划，科学遴选每一类型、层次和形式的中国特色世界一流大学、学科、专业的建设名单。湖北省高等教育系统作为中国高等教育系统的重要组成部分，应力争率先建成高等教育强省，在“双一流”战略中取得重大突破。

一、湖北省高校建设“中国特色世界一流大学”的控制性目标

世界一流大学不仅在自然科学领域引领前沿科学技术创新，而且在人文（哲学）社会科学领域持续涌现伟大思想，引领人类社会进步。综合考量湖北省高校国际学术影响力和品牌竞争力、国家“中国特色世界一流大学”战略布局（“中部崛起”战略、“长江经济带”战略等）、高校自身综合办学实力（杰出师资、杰出科技创新成果）、人才培养质量（杰出校友）和国际声誉（国际知名度），武汉大学应被列入湖北省率先建成“中国特色世界一流大学”的首选名单（如表 7-3 所示），进行整体建设，力争成为国家“双一流”战略中与清华大学、北京大学等并肩进入“中国特色世界一流大学”行列的高校。

表 7-3　湖北省高校“中国特色世界一流大学”建设控制性目标

高校	年度		
	2025	2030	2050
武汉大学	全国4强（综合类3强） 接近世界一流学科高水平大学（Ⅲ类）	全国4强（综合类2强） 世界一流大学行列（Ⅱ类）	全国5强（综合类2强） 世界一流大学前列（Ⅰ类）
定性	若干学科接近世界一流学科水平	若干学科进入世界一流学科行列 个别学科进入世界一流学科前列 整体跻身世界一流大学行列	更多学科进入世界一流学科前列 整体接近世界一流大学前列

注：Ⅲ类，世界知名高水平大学；Ⅱ类，世界一流大学；Ⅰ类，世界顶尖大学。

根据事物发展的一般规律和高等教育发展的普遍规律，世界上不可能有“完美无缺”的存在，即使是长期稳居世界一流大学集团的哈佛大学、麻省理工学院、耶鲁大学、剑桥大学、牛津大学、加州理工学院等世界著名高校，也无法保证各个方面、全部要素都处于世界一流水平，常态是这些高校的若干学科专业处于世界顶尖水平、若干学科专业处于世界一流水平、若干学科专业处于世界高水平。当然，它们都有一个共同点，就是几乎半数以上的学科、专业提供世界顶尖或世界一流的研究生教育、本科生教育。世界顶尖或世界一流的学科专业，我国若干高校通过一定时间的努力是有可能达到的。但是，世界顶尖或世界一流的研究生教育、本科生教育是中国高校最欠缺的，是我国高校要花较长时间才有可能达到的水平。

在整体建设上，武汉大学的发展战略在国内参照目标是复旦大学、清华大学和北京大学（综合类博弈目标是复旦大学和北京大学）、在国际的战略参照目标是哥廷根大学和新加坡国立大学。在学科建设上，武汉大学的法学、文学、哲学等的目标是“中国特色世界一流学科行列”（哲学、人文社会科学类，2030 年），化学、生物学、测绘科学与技术、水利工程等的目标是“世界一流学科前列”（自然科学、工程技术类，2050 年），数学、地球物理学、地理学、电气工程、信息与信息系统等的目标是“世界一流学科行列”（自然科学、工程技术类，2050 年），从而支撑学校早日整体进入“世界一流大学行列”和“世界一流大学前列”。

二、湖北省高校建设“中国特色世界一流学科”的控制性目标

世界一流大学建设的通约规律表明，先有世界一流学科，再有世界一流

大学，建成世界一流学科是建设世界一流大学的重要前提和重要基础。世界一流大学和世界一流学科是动态发展的，有的世界一流大学因为世界一流学科的失去而成为普通高校；有的普通高校因为世界一流学科的涌现而成为世界一流大学。所以，要实现建设世界一流大学的长远目标，必须先脚踏实地地建成世界一流学科，所谓“万丈高楼平地起”。中国“双一流”大学建设犹如“逆水行舟不进则退”，必须小步快跑。世界一流大学不是自封的，机会永远留给有准备的人，机会要凭努力争取，尊严要用实力说话，梦想要靠拼搏实现。既仰望天空，又脚踏实地；既夯实根基，又奋起直追。留给胸怀理想、敢于追求梦想的湖北省高校的时间已经不多了（如表 7-4 所示）。

表 7-4　湖北省高校“中国特色世界一流学科”建设控制性目标

高校	学科控制性目标		
	2025 年	2030 年	2050 年
华中科技大学	Ⅲ类：机械工程、光学工程、电气工程、公共卫生与预防医学、物理学、生物学、材料科学与工程、动力工程及工程热物理、电子科学与技术、信息与通信工程、控制科学与工程、临床医学。Ⅳ类：集成电路科学与工程	Ⅱ类：机械工程、光学工程、电气工程、公共卫生与预防医学、物理学、生物学、材料科学与工程、电子科学与技术、信息与通信工程、控制科学与工程、临床医学、集成电路科学与工程	Ⅰ类：机械工程、光学工程、电气工程、公共卫生与预防医学、动力工程及工程热物理、控制科学与工程
武汉理工大学	Ⅲ类：材料科学与工程、机械工程、船舶与海洋工程	Ⅱ类：材料科学与工程、机械工程、船舶与海洋工程	Ⅰ类：材料科学与工程
海军工程大学	Ⅲ类：轮机工程、电力系统及其自动化、舰船动力工程	Ⅱ类：电力系统及其自动化、舰船动力工程	Ⅰ类：舰船动力工程
中国地质大学	Ⅲ类：地质学、地质资源与地质工程	Ⅱ类：地质学、地质资源与地质工程	Ⅰ类：地质学
华中农业大学	Ⅲ类：生物学、作物学、园艺学	Ⅱ类：生物学、作物学	Ⅰ类：作物学
华中师范大学	Ⅲ类：政治学、教育学	Ⅱ类：政治学	
中南财经政法大学	Ⅲ类：应用经济学	Ⅱ类：应用经济学	
中南民族大学	Ⅳ类：民族学	Ⅲ类：民族学	

注：Ⅳ类，世界高水平学科；Ⅲ类，世界知名高水平学科；Ⅱ类，世界一流学科；Ⅰ类，世界顶尖学科。

三、湖北省高校建设“中国特色世界一流本科教育”的控制性目标

教学是大学最原始、最根本的职能和中心工作。坚持办学资源向教学一线倾斜、坚持最优秀的教授上讲台、坚持一流本科教育是哈佛大学、牛津大学、斯坦福大学、麻省理工学院、剑桥大学等世界一流学府之所以能长期执掌牛耳的“秘诀”，也是世界一流大学成熟的标志。2021 年 4 月 19 日，习近平总书记到清华大学考察，就一流大学建设发表重要讲话。他在讲话中强调，建设有中国特色社会主义的世界一流大学，关键要构建一流大学人才方阵，不断提高人才培养质量。[4] 可以说，没有一流本科教育，很难成为一流学科、一流大学，一流本科教育是世界一流大学的底色和灵魂，是世界一流学科的重要基础和基本特征。众所周知，本科教育具有基础性、独特性、决定性、养成性，是大学众多职能中唯一不可替代的职能，科技研发、社会服务、文化传承、国际交流等职能都可以由其他组织取代。但是由于受到一些科研导向的大学排行榜的误导和高等教育 GDP 政绩观的影响，本科教育这个“大学之本”在许多中国高校被人为淡化了，特别是在一些研究型大学淡化得更厉害：校党政联席会很少讨论教学问题，在各种评估体系中教学的权重偏低、教师的话语权过小，各类科研成果很少能转化到教学内容中，教授上讲台形式化严重、热爱教学的教师不多，等等。[5] 科研职能中心化、本科教学空心化，已经成为高校的常态和社会各界的共识，也是中国大学成为世界一流大学最难跨越但又必须跨越的一步。分析发现，中国大学重科研、轻教学虽未到积重难返、病入膏肓的程度，但仍需要出重拳、开猛药，才有可能彻底扭转这种错误倾向。世界一流大学必然是世界一流本科教育兼世界一流科技研发的大学，在哈佛大学、牛津大学等世界一流大学，诺贝尔奖获得者热爱给本科生上课。蔡元培的《告北大学生暨全国学生书》中有一段名言：“我国输入欧化，六十年矣。始而造兵，继而练军，继而变法，最后乃始知教育之必要。”回顾反思“211 工程”“985 工程”“2011 计划”等侧重科研能力提升，想来“教育”两字改为“教学”也是通的。中国大学的本科教育、本科教学本科不本，教育教学全要素、全流程的重大改革迫在眉睫，重大政策亟待实施。国家“双一流”战略恰好为一流本科教育和一流本科教学回归“大学之本”“以本为本”等带来了新的契机，也为湖北省高校创建中国特色世界一流本科教育指明了前进方向（湖北省高校“中国特色世界一流本科教育”建设

控制性目标如表 7-5 所示）。

表 7-5 湖北省高校“中国特色世界一流本科教育”建设控制性目标

高校	专业建设控制性目标		
	2020 年	2030 年	2050 年
武汉大学	Ⅲ类：法学、思想政治教育、遥感科学与技术、图书馆学、信息管理与信息系统、国际经济与贸易、经济学、历史学、编辑出版学、汉语言文学、新闻学、哲学、信息安全	Ⅱ类：法学、思想政治教育、遥感科学与技术、图书馆学、信息管理与信息系统、历史学、编辑出版学、汉语言文学、新闻学、哲学、信息安全	Ⅰ类：法学、思想政治教育、遥感科学与技术、图书馆学、编辑出版学、信息安全
华中科技大学	Ⅲ类：电气工程及其自动化、光电信息科学与工程、机械设计制造及其自动化、能源与动力工程、自动化、临床医学、预防医学	Ⅱ类：电气工程及其自动化、光电信息科学与工程、机械设计制造及其自动化、临床医学、预防医学	Ⅰ类：电气工程及其自动化、光电信息科学与工程、预防医学
武汉理工大学	Ⅲ类：材料科学与工程、轮机工程。Ⅳ类：船舶与海洋工程、车辆工程、机械工程及自动化、矿物加工工程、化学工程与工艺	Ⅱ类：材料科学与工程、轮机工程。Ⅲ类：船舶与海洋工程、车辆工程、机械工程及自动化、矿物加工工程、化学工程与工艺	Ⅰ类：材料科学与工程、轮机工程。Ⅱ类：船舶与海洋工程、车辆工程、机械工程及自动化、矿物加工工程、化学工程与工艺
海军工程大学	Ⅲ类：舰船工程、舰船电气设备管理工程。Ⅳ类：舰艇作战指挥与火控系统、鱼雷工程	Ⅱ类：舰船工程、舰船电气设备管理工程。Ⅲ类：舰艇作战指挥与火控系统、鱼雷工程	Ⅰ类：舰船工程、舰船电气设备管理工程。Ⅱ类：舰艇作战指挥与火控系统、鱼雷工程
中国地质大学	Ⅳ类：地质学、地质工程	Ⅲ类：地质学、地质工程	Ⅱ类：地质工程
华中农业大学	Ⅳ类：农林经济管理、农学、园艺	Ⅲ类：农林经济管理、园艺	Ⅱ类：园艺
华中师范大学	Ⅳ类：教育学、汉语言文学	Ⅲ类：教育学、汉语言文学	Ⅱ类：教育学
中南财经政法大学	Ⅳ类：经济学、法学、财政学	Ⅲ类：经济学、法学、财政学	Ⅱ类：经济学
武汉科技大学		Ⅳ类：冶金工程	
三峡大学		Ⅳ类：水利水电工程	
湖北大学		Ⅳ类：高分子材料与工程	
长江大学		Ⅳ类：石油工程	
武汉纺织大学		Ⅳ类：纺织工程	

续表

高校	专业建设控制性目标		
	2020 年	2030 年	2050 年
武汉工程大学		Ⅳ类：化学工程与工艺	
武汉轻工大学		Ⅳ类：食品科学与工程	
武昌首义学院		Ⅳ类：国际经济与贸易、机械电子工程	
武汉工商学院		Ⅳ类：电子商务	
文华学院		Ⅳ类：工商管理	

注：Ⅳ类，世界高水平专业；Ⅲ类，世界知名高水平专业；Ⅱ类，世界一流专业；Ⅰ类，世界顶尖专业。

第四节　中国特色世界一流大学和世界一流学科建设的若干思考

中国特色世界一流大学和世界一流学科建设，是一项开创性工程，必须摸着石头过河，实现理念、定位和路径的伟大转变，在筛选、引进、消化、吸收、再创新过程中闯出一条“中国道路”，构建一套“中国方案”，形成一个“中国模式”。中国“双一流”大学建设必然要求重视一流教师队伍的建设。梅贻琦先生说：“所谓大学者，非谓有大楼之谓也，有大师之谓也。”世界一流的教师，既能成为学问之师（经师），也能成为品行之师（德师），更能成为成人之师（人师），所谓“经师易得，人师难求”。教师要时刻铭记立德树人的根本、教书育人的使命、有教无类的原则、诲人不倦的精神，甘当蜡烛、甘当人梯、甘当铺路石、甘当带路人，以高尚的人格魅力拓展学生的心灵之窗，以高深的学术造诣开启学生的智慧之门，努力做教学改革的奋进者、学术研究的先行者和学生成长的引导者。中国“双一流”大学建设必须尊重教育规律及师生的“学术自由”“教学自由”“学术权力”。哈佛之所以为哈佛、西南联大之所以为西南联大，教学独立、思想自由、兼容并包、教授治校、学术自由无疑是其成功的重要法宝。[6]“学术自由”能催发大学的核心职能、加速大学的开放发展，应鼓励建立在兴趣基础上的自由探索大学校园学术文化。早在 1957 年，周恩来就指出，“对于学术问题，我们从不主张用行政命令进行干涉，我们的领导方针是‘百家争鸣’，就是通过科学界的自由争论和客观实践来解决学术问题”。[7] 1961 年，《中共中央关于自然科学工作中若干政策问题的批示》针对百花齐放、百家争鸣的问题，指出“在自然科学学术问题上，一定要鼓励各种不同学派、不同学术见解和对于具体学术工作的不同主张，自由讨论，自由辩论，自由竞赛。自然科学学术问题的讨论，要不戴帽子，不拿棍子，不贴标签，不用多数压服少数；要允许自由地发表自己的意见，坚持自己的意见，保留自己的意见；既要提倡批评，还要鼓励和保护反批评；以便通过自由讨论、科学实践和时间的考验，逐步辨明是非。在人民内部，在学术问题上，一定要有自由和民主，否则就不利于学术的发展”。[8] 2013 年 1 月 16 日，教育部发布《全面推进依法治校实施纲要》，指出学校要依法建立健全保障师生的研究自由、学习自由和学术自由的体制机制。健全学术评价制度，保障各种学术评价机构独立开展活动，建立公平、公正的学术评价标准和程序。中国“双一流”大学建设既要以史为鉴，也要向他国和历史取经，正如英国前内阁教育大臣迈克尔·戈夫（Michael Gove）在介绍牛津大学、剑桥大学等世界一流大学的成功经验时所说：“学校要鼓励学术自由，让学者们自己去研究自己感兴趣的领域，不断开拓新的研究领域。”梅贻琦先生曾言：“昔日之所谓新旧，今日之所谓左右，其在学校，应均予以自由探讨之机会，情况正同。此昔日北大之所以为北大；而将来清华之为清华，正应于此注意也。”1946 年，冯友兰撰写了《国立西南联合大学纪念碑》，文中写道：“联合大学以其兼容并包之精神，转移社会一时之风气，内树学术自由之规模，外获民主堡垒之称号，违千夫之诺诺，作一士之谔谔。”其精辟地概述了“教育史上的珠穆朗玛峰”国立西南联合大学的办学精髓，可为当下中国大学所借鉴。

中国“双一流”大学建设必然要求高校以学生为本，不仅要关爱学生，还要敬畏学生，鼓励学生树立远大理想和高尚目标。旧北大之所以颓败，在于教师不热心学问、学生把大学当作做官发财的阶梯；而新北大之所以繁盛，关键是推崇教育民主、践行教育平等、注重发展学生个性、主张“沟通文理”。蔡元培先生说：“教育是帮助被教育的人，完成他的人格，于人类文化上能尽一分子责任；不是把被教育的人，造成一种特别器具，给抱有他种目的的人去应用的。”同时代的蒋梦麟先生也认为：“欲养成健全之个人，则独立不移之精神，筋血充实之体格，思考精确之头脑，皆为至要。三者不具，虽有爱国道德等训练，终亦归诸无用而已矣。”世界一流大学必然有世界一流学生，世界一流校友造就世界一流大学。美国前教育部副部长苏珊·斯克拉法尼（Susan Sclafani）说：“学生必须具有文化意识，了解各国不同的文化，了解国际事务和全球的动态。对21世纪来讲，道德意识和公民意识是非常重要的。”世界一流大学斯坦福大学的学者（Stanford scholar）Prashant Loyalka研究发现，中国部分大学生后劲不足的重要原因包括教师工资偏低导致其对教学不负责任（缺少世界一流本科教育/教学）、长期受重复考试压抑导致大学生批判性思维和创新能力欠缺（缺少世界一流本科生）、“宽进宽出”导致部分竞争力弱的大学生也能准时毕业（缺少世界一流毕业生）。[9] 因此，中国高校要认真落实“教学中心”地位、“师生为本”原则，培养学生少点实用主义多点理想主义，一切资源向教学倾斜、一切资源向学生倾斜、一切资源向本科教育倾斜，强化教学学术研究和核心素养的养成。中国大学要创设一种健康的教育环境，在这里，没有对“学霸”和“考试机器”的疯狂追逐，既不培养优秀的“绵羊”，也不培养创新的“虎狼”；既不培养精致的利己主义者，也不培养连自己都不爱的人。优秀学生的选拔、学习成就的评价等标准多元、丰富、灵活，旨在让每一名学生的天赋才华尽情展露，鼓励每一名学生活出无须比较的卓越。当然，每一名学生都是高等教育大环境中的一分子，总逃不开各种各样的压力。但作为教师应尽力教导他们不要轻易“折腰”，尽量不要做短视的规划者，要志存高远，努力做自我超越的大写的“人”。

中国“双一流”大学建设必然要求鼓励高校教师进入各级各类学术组织，发挥影响力。权威统计显示，中国高校科学家特别是湖北省高校科学家参与国际学术组织的情况并不理想。中国“双一流”大学建设要有步骤地支持湖北省高校教师进入国际组织，特别是国际学术组织并担任重要学术职务，提高中国科学家参与组织全球学术活动、治理全球学术事务的深度和广度，这也是“一带一路”倡议对中国科学家提出的新要求。具体地说，一要强化顶层设计，相关主管部门应联合出台进一步推进湖北省高校教师参与国际学术组织的相关政策措施，为高校教师参与国际学术事务提供政策支持；二要加大资源投入，相关主管部门应联合启动湖北省高校教师国际学术领导力提升计划，为高校教师参与国际学术事务提供培训指导；三要建立激励机制，鼓励武汉大学、华中科技大学等高校依托其国际领先的特色、优势、前沿、交叉、边缘学科领域，自主建立一批国际级或亚太级学术组织，扩大主导和参与国际学术事务的能力；四要拓展国际视野，中国“双一流”大学是世界学术活动的轴突和节点，应将教师参与国际学术组织的计划纳入高校国际化工程，推动湖北省若干高校加大工作力度，让更多教师进入国际学术组织。[10]

中国“双一流”大学建设不仅是形而下的物质建设，更是形而上的精神建设。建设世界一流大学要重视师生气质和修养的培养，需要制度和文化的改造，让师生多一点理想主义、英雄气概和民族情感。1869 年，年仅 35 岁的化学家艾略特出任哈佛大学第 21 任校长，在他上任伊始，就宣布了其重建哈佛的宏伟目标：“我们要在这里稳步建立一所最伟大的大学。”他认为，在任何国家，大学都是锐敏反映本国历史和特性的一面可靠的镜子。因此，重建的哈佛大学将不是一个英国或德国大学的摹本，而是植根于美国社会和政治传统而逐渐地、自然地结成的硕果，是开拓创新的、世界无双的。为了实现心中的理想，他支持师生独立开展学术研究、倡导教学科研结合、实施选课制、发展研究生教育。其在岗位上坚守了 40 年，成为哈佛大学历史上任职时间最长的校长，带领哈佛大学从一个地方院校转型为美国一流大学，奠定了哈佛大学世界一流大学的基石。因此，中国“双一流”大学建设必须坚持与突破并举，坚持中国特色和社会主义办学方向，突破一流本科教育和一流学科建设瓶颈，在一流本科教育上坚持“百年树人”、在一流学科建设上坚守“十年磨一剑”、在一流大学建设上坚定“临事而惧，好谋而成”。

中国“双一流”大学建设必须“走出去”开放办学，开放办学是一流本科教育的重要方面。国际化是世界一流大学的典型特征，开放办学是世界一流学科的重要路径。世界一流大学接收的学历留学生一般占在校生总数的 15%左右，而中国高校接收的外国学历留学生一般占学生总数的 2.5%，最高的也仅 8%。为此，中国高校正在努力提高开放办学水平，扩大“一带一路”国家间高等教育领域的合作交流，包括积极引进高端外籍教师，推进高端国际化师资队伍建设、在海外办分校，提升中国高校海外影响力、开展跨国科研合作，加速追赶世界科技前沿的步伐，并努力主导“一带一路”教育共同体建设。“双一流”建设要开展绩效评价和动态评估，必须建立能进能出的机制，能者上庸者下、能者进庸者出。既不能让千里马被驴踢死，也不能让劣币驱逐良币，尽力压缩“目的不明、激励不足、职责不清、考核不到”等因素的存在空间，让活泼的鲇鱼激活懒惰的沙丁鱼，且让沙丁鱼从“春风得意马蹄疾”的“外交家”变身为“门庭冷落鞍马稀”的“实干家”。另外，世界一流大学和世界一流学科高水平大学需要关注世界大学排名但不可唯其马首是瞻，因为任何一种大学排名都不可能科学、合理、全面、公正地反映所有大学的办学特色、质量、实力和成就，最多只能量化反映大学的某一个或几个方面的办学状态，所以仅可以作为办大学的决策参考。另外，还需要关注教育部的学科评估。一流大学、一流学科能不能建设成功，除了国际公认的标准外，还要有明晰的办学定位、现代治理结构和大学制度、先进的人才培养模式和质量保障体系。同时，还要有优良的、特色的大学文化和学术文化生态，这对学生可产生潜移默化的熏陶作用，对其成才至关重要，这是共同的标准。最后能否建设成功决定因素何在？其不取决于学校自我的宣称、学校的规模有多大、学科是否综合、学校有没有博士授予权，关键是要得到学生的认可、教师的认可、社会的认可、国家的认可、国际的认可。因此，“双一流”大学建设需要充分发挥媒体的作用，通过媒体的正面宣传扩大学校的知名度，世界一流声誉也是世界一流大学和世界一流学科高水平大学的题中之义。

世界一流大学本质是世界一流大学人的集合。中国作为古代高等教育先发内生型、现代高等教育后发外生型的国家，在“双一流”大学建设中应注意避免陷入“误区”或产生“误解”，如世界一流大学不仅有顶尖的自然科学家，而且有世界一流的哲学社会科学家和思想家；世界一流大学绝不是用金钱堆砌出来的，但世界一流大学必然有经济实力；世界一流大学不一定有医学院，但一定有一流的生命科学研究；世界一流大学不一定是“University”，很多是“College”或“Institute”；世界一流大学不是由挖来的顶尖教授组成的，但世界一流大学必然有世界一流的教授群体；世界一流大学不仅在自然科学领域开创前沿，而且在人文社会科学领域引领时代；世界一流大学历史上不仅拥有大批影响世界的杰出校友，而且能持续培养出掌控世界的卓越校友；世界一流大学不一定有世界一流的教育学院，但一定有世界一流的教育研究，[11] 等等。世界一流大学、世界一流学科、世界一流学者不是“先天”诰封的而是“后天”努力的结果，“双一流”大学建设如同做学问，既要发自内心的喜爱，又要甘于寂寞坐得住冷板凳，认定了只管付出，选择了就要坚守。诚如司马迁在《史记·滑稽列传》中所谓“此鸟不飞则已，一飞冲天；不鸣则已，一鸣惊人”。

中国历史上有大批“好大学”（Good University），但“伟大的大学”（Great University）凤毛麟角。经过 100 多年特别是改革开放 40 多年国家倾斜性投入，北京大学、清华大学等中国顶尖大学的硬系统（实验室、仪器设备、经费等）已进入世界一流大学行列或前列，但软系统（师资、教学、制度、文化、课程、生态等）离世界一流大学尚有差距。因此，新一轮中国“双一流”大学建设必须继续“睁眼看世界”，拥抱世界。办好中国的世界一流大学，必须有中国特色；建设中国的世界一流学科，必须有中国元素。因为中国特色蕴含世界标准、中国元素体现民族特色，越是民族的越是世界的。“中国特色”与“世界一流”之间存在内在的有机联系，两者辩证统一、相辅相成、互为因果。走出建设中国特色世界一流大学新路关键要扎根中国大地办大学，实现高等教育观念和建设模式的革命性变革。新时代的“中国大地”是世界一流大学“中国特色”的源泉，汇聚了建设中国特色、世界一流大学的丰富实践资源。扎根中国大地办大学要将世界一流大学建设融入中华民族伟大复兴的历史进程。世界一流大学的“中国特色”体现在坚持党的全面领导，服务国家和社会发展，坚持为党育人、为国育才，培养和造就一批“大先生”，推进治理体系与治理能力现代化，加强文化传承创新等方面。在中国特色、世界一流大学的建设中，要紧紧围绕创新开展人才培养和科学研究，并为创新活动提供制度保障；落实高校办学自主权，重视制度建设与执行，建设健康的高校学术文化。此外，还需从“理论社科”“应用社科”“大众社科”“开放社科”“数字社科”五个方面着手推动高校哲学社会科学发展。从国际视角来看，中国的世界一流大学要在国际舞台上为人类文明进步可持续发展发挥中国大学不可替代的作用。[12] 总之，中国“双一流”大学建设，师生必须增强对“中国特色”的思想认同、理论认同、情感认同、文化认同、道路认同、制度认同，不断增强“中国特色”的道路自信、理论自信、制度自信、文化自信。“惟楚有材，辟门吁俊”是湖北省高校践行“双一流”战略的文化底色。据《湖北通志》记载，武昌新府学落成后，湖广巡抚林天擎记下两年前学子谒见之事，并发出由衷感叹：“余思惟楚有材，自昔艳羡。况我清宾兴叠诏，已多联翩而登为之前茅者矣。后之龙摅鹏奋，何可数量?”湖北是“九省通衢”、国家“中兴福地”，一个中国梦、“两个一百年”、“四个全面”战略布局、“五位一体”总体布局的全面实现，离不开湖北省这样的综合大省、离不开湖北省高校的增砖添瓦、日夜兼程。武汉大学、华中科技大学是湖北省高校的“双子星座”，这种同城竞技的组合不仅是中国特色，也是世界标配，如北京大学与清华大学、南开大学与天津大学等国内“兄弟连”，哈佛大学与牛津大学、剑桥大学与牛津大学等国外“姊妹花”。历史已经充分证明并将继续证明，只要协同得好，“双一流”时代的“两校互竞现象”不仅不会“内耗”，[13] 反而会成为前进的“引擎”。国家“双一流”战略蓝图已经绘就，但省域高等教育系统践行“双一流”战略的路线图，有多条路径和多种模式。具体到湖北省，必然需要顶层设计，[14]只有以高瞻远瞩的眼界、矢志不渝的追求、勇往直前的气魄、大公无私的原则、献身科学的精神、大刀阔斧的改革、协同创新的方法、分类错位的发展、系统连贯的措施、脚踏实地的行动，湖北省才有可能早日建成世界一流大学、世界一流学科高水平大学，[15]才有可能成为国家“中部崛起”战略智力库、“长江经济带”战略发动机、“一带一路”倡议助推器、国家和平崛起民族伟大复兴中国梦的重要参与者。

【参考文献】

[1] 冯用军，赵雪，朱立明．中国特色世界一流大学建设成效评价体系理论建构与实践验证［J］．江苏高教，2019（1）：20-26.

[2] 冯用军．中国特色世界一流大学和世界一流学科建设若干基本问题研究（上）：以湖北为例［J］．决策与信息，2016（11）：81-93.

[3] 杨锐，张权力．中国高等教育演化的若干启示：基于文化比较的视角［J］．高等教育研究，2011（7）：9-17.

[4] 彭刚，杨锐，李曼丽．世界一流大学建设［J］．清华大学教育研究，2022（3）：1-6.

[5] 董洪亮．没有一流本科，很难成为一流大学［N］．人民日报，2016-05-12（18）.

[6] 伊继东，冯用军．中国西南联大研究三十年（1978—2008）：一种词频计量分析［J］．清华大学学报（哲学社会科学版），2009，24（4）：96-101，160.

[7] 姚金菊．论学术自由及大学自治在我国的确立［J］．法学教育研究，2010（2）：336-345，389.

[8] 中共中央．中共中央关于自然科学工作中若干政策问题的批示（一九六一年七月十九日）［J］．党的文献，1996（1）：21.

[9] ［美］CLIFTON B，PARKER. Incentives key to China's effort to upgrade higher education，Stanford expert says［EB/OL］．（2016-08-18）［2022-07-18］．http：//news. stanford. edu/2016/08/18/incentives-key-to-chinas-effort-upgrade-higher-education/.

[10] 中国科协创新战略研究院课题组．创新研究报告［J］．创新研究，2016（79）：1-10.

[11] 蒋凯，杨锐，牛新春，等．世界一流大学的教育学科及其学术特色（笔会）［J］．苏州大学学报（教育科学版），2017（1）：1-23.

[12] 刘海峰，别敦荣，张应强，等．开创中国特色世界一流大学建设新路（笔会）［J］．苏州大学学报（教育科学版），2022（2）：1-24.

［13］刘海峰．大学排行榜时代的“两校互竞现象”［J］．中国高等教育评论，2010（1）：346-355.

［14］刘林涵．湖北“双一流”建设面临的挑战及对策［J］．学习月刊，2018（1）：22-24.

［15］冯用军．中国特色世界一流大学和世界一流学科建设若干基本问题研究（下）：以湖北为例［J］．决策与信息，2016（12）：90-104.

第八章　河北省“双一流”建设高校发展战略评价研究

导读：世界一流大学是发达国家抢占科技创新制高点的重要智源，建成若干中国特色、世界一流大学是实现中国和平崛起、中华民族伟大复兴中国梦的战略支撑。“双一流”大学是区域核心竞争力和软实力的重要体现与核心要素，也是提升区域影响力和声誉度的文化标志与制胜品牌。从国家定位和民间排位视角量化分析河北省“双一流”大学建设生态相位发现，后普及化时代，河北省高等教育系统整体处于“中国高等教育洼地”；综合实力与核心竞争力与京津等相比差距明显，不能较好满足“京津冀协同发展”国家战略、“一带一路”国际倡议和雄安新区、中国（河北）自由贸易试验区等重大部署。必须创新高等教育强国战略与省域高等教育发展理念，科学规划河北省“双一流”大学建设目标定位，高点定向省域“双一流”大学建设行动路径，通过协同发展和“变轨超车”等实现河北省高校集体崛起，为其他省域推进“双一流”大学建设提供参照。

立德树人是教育的根本任务和使命，培育人才、推进知识技术创新、开展国际交流合作、推进文化创造性转化和创新性发展、服务经济社会高质量发展等是高校的核心职能。在“互联网+”时代，大学成为创新主体和社会轴心，是国家核心竞争力之基石。中华人民共和国成立73年来，为推进世界一流大学和一流学科高水平大学建设，政府相继启动实施“全国重点大学”、“211工程”、“985工程”和“2011计划”等。党的十八大以来，为实现中国特色高水平大学合理布局和引领国际化，国务院颁布《“双一流”建设总体方案》、教育部出台《“双一流”建设实施办法》，要求推进高等教育内涵式发展、加快大学提质增效步伐，以建立更加公平、更高质量的高教体系，建成高教强国和世界高教中心。做强省域高教系统是建设教育强国的重要基础，在京津冀协同发展战略中，河北省高校与国内外“双一流”大学相比，无论在办学思想、理念、制度、机制、环境，还是在科研、教学、师资、学科设置、校友发展等方面，均存在发展差距，处于中国高教竞争力版图“洼地”，也是建设高教强国的短板。[1] 2020 年 10 月 29 日，党的十九届五中全会通过《中共中央关于制定国民经济和社会发展第十四个五年规划和 2035 年远景目标的建议》，全会指出中国“高等教育进入普及化阶段”。在四轮国家高等教育战略工程强力助推下，我国高等教育实现了从精英化、大众化到普及化跨越，1978 年高等教育毛入学率为 1.55%，2002 年达到 15.00%进入大众化阶段，2020 年达到 54.40%进入“人人可以上大学”的高等教育后普及化时代。在“十三五”“十四五”“两个一百年”的历史交会期，进入新时代，为抓住“京津冀协同发展”国家战略和“一带一路”国际倡议等关键机遇，充分借鉴国内外“双一流”大学建设经验教训，河北省必须科学建构“双一流”大学建设监测评估体系，对其进行系统分析和目标建构，创新省域高教特色化高质量发展的驱动路径，推动省域高教系统信息化和治理现代化，主动服务后疫情时代中国“双循环”新发展格局，为第二个百年开启全面建设社会主义现代化国家新征程奠定坚实的人才基础和科技支撑。

第一节　省域“双一流”大学建设监测评估体系

“双一流”大学建设是新时代中国高等教育改革与发展的重大议题。[2] 扎根中国大地办大学，建设和建成一批“双一流”大学，既是党的决策、国家战略、民族意志，也是时代使命、百年梦想、千亿工程。只有让中国高教真正由大变强、由强变优、由优变特，分类率先建成高教强省，才能一步一个脚印地建成高教强国和世界高等教育中心，服务中国战略和构建人类命运共同体。“双一流”大学建设是高等教育内涵式发展、高质量发展的重大引领工程，建设进展和成效评估具有根本导向，其标准和体系是什么？这既是教育主管部门需要回答的首要问题，也是学界需要破解的重大难题。[3] 自 2015 年以来，国家设立了 10 余个重大攻关课题组负责研发中国特色“双一流”建设评价体系。[4] 2019 年 8 月 21 日，教育部《对十三届全国人大二次会议第 7886 号建议的答复》（教建议字〔2019〕66 号）显示，“建立‘双一流’建设成效评价体系和评价办法，列入中央《关于推动高质量发展的意见》的 2019 年重点任务……建构多维多元多层次的‘双一流’建设评价体系……教育部正在抓紧研究制订，组织了专门力量集中开展研究……待形成初步方案后将征求省市和高校意见”。2019 年 11 月 14 日，教育部启用《“双一流”建设监测指标体系（试行）》，继续组织攻关力量研发、完善“双一流”建设情况动态监测机制和建设成效跟踪评价标准体系。2020 年 10 月 13 日，中共中央、国务院印发《深化新时代教育评价改革总体方案》，提出要“制定‘双一流’建设成效评价办法，突出培养一流人才、产出一流成果、主动服务国家需求，引导高校争创世界一流”，指明了推进教育监测评估体系和监测评估能力现代化的奋斗方向。2021 年 3 月，教育部、财政部、国家发展改革委联合印发《“双一流”建设成效评价办法（试行）》，定下了第一轮“双一流”建设成效评价和新一轮评选的硬核基调。

在对国内外“双一流”大学建设相关研究成果数据进行深度挖掘和科学计量分析基础上，创新运用钱学森创立的“从定性到定量的综合集成法”（TMS）和德尔菲法（DM，专家调查法）、层次分析法（AHP）、线性加权法（LWSM）、层位分析法（HLA）、弹性系数法（劲度系数、倔强系数，ECM）、线性回归方程（HLM）、多元回归方程（MRA）、多元线性回归分析（MLR），借鉴线性加权评价模型（LWEM）和模糊综合评价模型（FCEM），采用弹性系数和优化算法（随机梯度下降法 SGD、牛顿法等）初步实现了用一套弹性评价指标体系评价全球大学的万有排名模型（AI Universal Ranking Model，AI-URM），即根据大学在人才培育、知识创新、技术发明、文化传创、国际交合、道德引领等维度上的标志性贡献，科学调协各级指标算法和合理协整各级指标权重，基本实现了“双一流”建设高校评价思想、理念、机制、原则、方法、标准、模型等的理论创新和实践突破，在国内外率先构建起一套富蕴中国特色、接轨国际标准的“双一流”建设高校监测评估体系，并应用于省域“双一流”建设高校绩效评估（如表 8-1 所示）。[5] 众所周知，不同类型、层次、区域、等级等的大学都有一流大学，典型差异在于其需求导向和服务贡献侧重不同。AI-URM 及其标准评估体系初步破解了世界大学排名的“两难问题”和中国大学评价的“五唯问题”，初步克服了大学排名“重世轻中、重科轻教、重显轻隐、重物轻人、重理轻文”五大弊端，基本实现了大学评价中教学与科研、投入与产出、人才与技术、文科与理科、历史与现实、创新与应用、中国与世界等的弹性均衡和动态协调，基本体现了现代高等教育两大基本功能和现代大学五大核心职能，符合新时代高等教育发展规律、人才成长规律和社会进步规律，从理论和实践上推动了中国高教评估（治理）体系和评价（治理）能力现代化。

表 8-1　省域“双一流”建设高校监测评估指标体系

总指数	元指标	一级指标	二级指标	指标权重	指标侧重	指标属性
中国大学立德树人指数（*CUTI*）	人才培养指数（教育教学，*C&CI*）	思政教育	思政成效	0.08	中国特色	定性/历时数据
		教学质量	教学水平	0.07	中国特色	定性/历时数据
			校友质量	0.10	世界标准	定量/历时数据
		师资质量	杰出师资	0.09	世界标准	定量/历时数据
		培养基地	学科实力	0.06	中国特色	定性/历时数据
	科技研发指数（研学产用，*S&TI*）	科技项目	高端项目	0.06	中国特色	定量/历时数据
		科技平台	创新平台	0.05	中国特色	定量/历时数据
		科技成果	标志成果	0.08	世界标准	定量/历时数据
		科技奖励	高级奖励	0.07	世界标准	定量/历时数据
		科技转化	技术转让	0.05	中国特色	定性/历时数据
			决策咨询	0.04	世界标准	定性/历时数据
	社会服务指数（社会服务，*S&SI*）	社会声誉	生源质量	0.05	中国特色	定量/历时数据
			大学捐赠	0.02	世界标准	定性/历时数据
			传媒报道	0.01	中国特色	定性/历时数据
		社会进化	创新创业	0.02	世界标准	定性/历时数据
	文化引领指数（文化传承与创新，*C&II*）	文化繁荣	文化传承	0.02	中国特色	定性/历时数据
			文化创新	0.02	中国特色	定性/历时数据
			文化引领	0.03	世界标准	定量/历时数据
	国际声誉指数（国际交流与合作，*I&CI*）	国际师生	境外师生	0.03	世界标准	定量/历时数据
		国际平台	跨境平台	0.01	中国特色	定量/历时数据
		国际学术	学术影响	0.02	世界标准	定量/历时数据
		全球排名	世界排名	0.02	世界标准	定量/历时数据

在本质上，大学基础职能和核心功能对立统一，如培育人才、研发科技、传创文化、影响社会、促进国际交流等，最大不同是贡献侧重点。教育教学以培育人才为大学的第一职能，依托大学衍生的科技研发、社会服务、文化传承引领、国际交流合作等重要职能都应该围绕“人才培养”这个核心与根本职能。所以，立德树人是大学的根本使命，教书育人是教师的责任担当，人才培养是大学区别于其他社会组织的本质特征，是大学之所以为大学的独特标志。[6] 同时，在全球大学排名中率先将大学第四大职能——文化引领独立

出来作为评价大学核心贡献的元评估指标，目的是引导中国大学成为中华民族优秀传统文化和多样性世界文明的传承者、创新者与引领者。为科学体现不同类型层次院校的不同贡献侧重，兼顾核心职能均衡，中国“双一流”建设高校监测评估指标体系的权重实行智能弹性匹配（如表8-2所示）。

表8-2　省域“双一流”建设高校监测评估指标动态权重

类型	指标权重				
	人才培育	科技研发	社会服务	文化传承引领	国际交流合作
常模参照	0.40	0.35	0.10	0.07	0.08
研究型院校	0.35	0.35	0.10	0.10	0.10
专业型院校	0.50	0.20	0.15	0.08	0.07
应用型院校	0.50	0.20	0.20	0.05	0.05
技职型院校	0.60	0.10	0.25	0.02	0.03

总之，理想的大学排名指标体系应该是与时俱进、分类分层、动态优化和摩尔迭代的。但万变不离其宗，不应离开监测评估大学“立德树人、教书育人”这个根本贡献，即对家庭、社会、国家、民族、世界、人类命运共同体的贡献。[7]

第二节　河北省“双一流”大学建设生态系统相位

河北省高校办学历史较久、类型层次丰富、空间布局比较合理，建成过唐山交通大学等世界知名高校。但受国家行政区划调整、国家高等教育战略工程迭代、京津“虹吸效应”等多因素影响，大众化到普及化过渡阶段省域“双一流”大学建设情况并不理想，影响了河北省高校在后普及化时代的“变道超车”。

一、国家视角：河北省高校在国家高等教育战略工程中的表现

《“双一流”方案》明晰了中共中央、国务院建设“双一流”大学的坚定决心、指导方针、战略目标、运行机制和保障措施。《“双一流”办法》显示“双一流”战略顶层设计、配套制度、工作方案、遴选标准、遴选机构、工作程序日益完善。第一轮一流大学建设高校42所、一流学科建设高校95所，

河北工业大学（天津，电气工程，自定）和华北电力大学（北京、保定，电气工程，自定）入选“一流学科建设高校”，东北大学（秦皇岛分校，控制科学与工程）入选一流大学建设高校。《河北省人民政府关于统筹推进一流大学和一流学科建设的意见》（冀政发〔2016〕22号）（以下简称《河北“双一流”意见》）显示，河北大学等4所高校成为省重点支持的国家一流大学建设一层次高校，河北农业大学等8所高校成为国家一流大学建设二层次高校，12所高校共有17个学科获批世界一流学科建设项目、37个学科获批国家一流学科建设项目。河北省高校“要建什么样的‘双一流’大学”和“如何建成‘双一流’大学”必须以办学特色为统领、服务贡献为先导、学科建设为中心，对党和政府高度关注、人民群众非常关心的“双一流”战略这个理论与实践问题必须做出回应、做好答卷。但从国家视角来看，河北省高教实力呈现逐轮下降趋势，河北省高校在国家高等教育战略工程中表现欠佳（如表8-3所示），处于中国“双一流”大学建设的初级阶段。

表8-3　国家高等教育战略工程中河北省高校（分校区）入选情况

国家高等教育战略工程	入选高校
全国重点大学（99所）	天津大学、南开大学、唐山铁道学院（今西南交通大学）、河北电力学院（今华北电力大学）、中国人民解放军铁道兵工程学院（今石家庄铁道大学）、东北重型机械学院（今燕山大学）
“211工程”（115所）	河北工业大学、华北电力大学＊
中西部高校基础能力建设工程（100所）	一期：河北大学、河北师范大学、燕山大学、河北农业大学、河北医科大学、河北工业大学。二期：河北大学、河北师范大学、河北农业大学、河北工业大学、河北工程大学、燕山大学、石家庄铁道大学
中西部高校综合实力提升工程（14所）	河北大学
省部共建高校（384所）	河北工业大学、燕山大学、河北大学、河北师范大学、河北农业大学、河北医科大学、河北科技大学、华北理工大学、石家庄铁道大学、河北工程大学、河北中医学院、河北地质大学、河北民族师范学院、北华航天工业学院
部省合作共建高校（14所）	河北大学
“985”工程（39所）	东北大学（秦皇岛分校）
985工程优势学科创新平台（985平台，33所）	华北电力大学（保定校区）
世界一流大学建设高校（A类，36所）	—

续表

国家高等教育战略工程	入选高校
世界一流大学建设高校（B类，6所）	东北大学（秦皇岛分校）
世界一流学科建设高校（C类，95所）	河北工业大学（廊坊分校）、华北电力大学（保定校区）
一流本科专业建设“双万计划”（国家级，4054个）	河北工业大学（15个）、河北大学（13个）、燕山大学（13个）、河北师范大学（11个）、河北农业大学（8个）、河北经贸大学（8个）、石家庄铁道大学（7个）、河北科技大学（5个）、河北医科大学（5个）、河北工程大学（3个）、华北理工大学（2个）、中国人民警察大学（2个）、中央司法警官学院（2个）、河北地质大学（1个）、河北北方学院（1个）、河北传媒学院（1个）、河北金融学院（1个）、华北科技学院（1个）
一流本科课程“双万计划”（国家级，5118门）	河北大学（13个）、河北师范大学（10个）、河北医科大学（7个）、河北工业大学（7个）、中国人民警察大学（6个）、燕山大学（5个）、华北理工大学（5个）、河北经贸大学（5个）、河北农业大学（5个）、河北科技大学（2个）、河北地质大学（2个）、河北科技师范学院（2个）、河北中医学院（2个）、石家庄铁道大学（2个）、河北金融学院（1个）、河北外国语学院（1个）、中央司法警官学院（1个）、防灾科技学院（1个）、邯郸学院（1个）、河北传媒学院（1个）、华北科技学院（1个）
“双高计划”（中国特色高水平高职学校和专业建设计划，197所）	河北工业职业技术学院、邢台职业技术学院、石家庄铁路职业技术学院、唐山工业职业技术学院、沧州医学高等专科学校、承德石油高等专科学校、河北化工医药职业技术学院、秦皇岛职业技术学院、石家庄邮电职业技术学院、石家庄职业技术学院

注：1. 天津市曾属于河北省省辖市和省会（1958—1966年）；1964年唐山铁道学院内迁四川峨眉山市，1984年中国人民解放军铁道兵工程学院转属铁道部，更名为石家庄铁道学院；1985年至1997年东北重型机械学院整体南迁河北秦皇岛市。

2. * 表示华北电力大学2005年10月后归属为在京高校；—表示无高校入选。

二、民间视角：河北省高校在第三方评价机构中的表现

大学排名是衡量高校综合实力的重要方法，指根据特定方法和标准体系对大学系统及其要素进行量化排序的过程与结果，是国家教育主权和教育话语权的核心方面。对大学进行综合评价或单项排名，是国际惯例。目前，国内外有较大影响且连续发布分析报告的大学评鉴机构有20余家，[8]其中有较大影响力的有10家，其核心评价指标主要包括三类：人才培养情况（规模/水平）、科技研发情况（数量/质量）和社会声誉情况（一般/优良），差别在于各指标侧重和权重不同。在“破五唯”（唯论文、唯帽子、唯职称、唯学历、唯奖项）、“立五看”（看质量、看特色、看贡献、看声誉、看潜力）基

础上，为准确把握河北省高校集群在京津冀高校系统中的生态相位、跟踪评价其在京津冀高校中的排名变化，利用增值评价 AI-URM（分类分层分区分级分校）和中国“双一流”建设高校绩效监测评估系统，优化其权重、侧重和属性，对其在全球、全国、京津冀所处生态相位进行从定性到定量的分类、多元、综合评价（如表 8-4 所示，数据采集截止时间为 2020 年 12 月 30 日）。

表 8-4 河北省高校集群的生态相位（原始分，前 300 名）

全国名次	学校名称	类型	城市	京津冀排名	*CUTI*	国家定位
1	清华大学	综合	北京	1	99.99	“211”/“985”/A
2	北京大学	综合	北京	2	99.58	“211”/“985”/A
5	中国科学院大学	理工	北京	3	90.32	C
11	中国人民大学	综合	北京	4	84.94	“211”/“985”/A
13	北京师范大学	师范	北京	5	84.02	“211”/“985”/A
17	南开大学	综合	天津	6	83.28	“211”/“985”/A
19	天津大学	理工	天津	7	80.05	“211”/“985”/A
24	北京航空航天大学	理工	北京	8	78.81	“211”/“985”/A
27	北京理工大学	理工	北京	9	76.57	“211”/“985”/A
36	中国农业大学	农林	北京	10	76.16	“211”/“985”/A
43	北京科技大学	理工	北京	11	75.89	“211”/C
45	北京交通大学	理工	北京	12	75.23	“211”/C
57	北京邮电大学	理工	北京	13	73.90	“211”/C
70	北京协和医学院	医药	北京	14	71.98	C
76	中国政法大学	政法	北京	15	71.75	“211”/C
77	北京工业大学	理工	北京	16	71.72	“211”/C
79	北京化工大学	理工	北京	17	71.69	“211”/C
83	燕山大学	理工	秦皇岛	18	71.34	D
85	首都师范大学	师范	北京	19	71.25	C
96	对外经济贸易大学	财经	北京	20	70.22	“211”/C
98	中央民族大学	民族	北京	21	70.18	“211”/“985”/A
101	中国社会科学院大学（中国青年政治学院）	综合	北京	22	69.99	—

续表

全国名次	学校名称	类型	城市	京津冀排名	*CUTI*	国家定位
105	河北大学	综合	保定	23	69.37	D
108	首都医科大学	医药	北京	24	69.33	—
111	华北电力大学	理工	北京	25	69.29	“211”/C
115	北京林业大学	农林	北京	26	69.24	“211”/C
119	中央财经大学	财经	北京	27	69.19	“211”/C
120	中国石油大学（北京）	理工	北京	28	69.18	“211”/C
138	河北工业大学	理工	天津	29	68.99	“211”/C/D
143	天津工业大学	理工	天津	30	68.94	C
144	中国地质大学（北京）	理工	北京	31	68.93	“211”/C
149	天津医科大学	医药	天津	32	68.88	C
150	中国矿业大学（北京）	理工	北京	33	68.87	“211”/C
152	北京中医药大学	医药	北京	34	68.84	C
155	天津中医药大学	医药	天津	35	68.80	C
158	河北师范大学	师范	石家庄	36	68.75	D
160	首都经济贸易大学	财经	北京	37	68.53	—
177	河北农业大学	农林	保定	38	68.44	E
185	天津理工大学	理工	天津	39	68.27	—
200	天津科技大学	理工	天津	40	68.04	—
210	天津师范大学	师范	天津	41	68.02	—
212	天津财经大学	财经	天津	42	67.91	—
222	石家庄铁道大学	理工	石家庄	43	67.54	E
250	北京工商大学	财经	北京	44	67.15	—
252	河北科技大学	理工	石家庄	45	67.13	E
267	中国民航大学	理工	天津	46	67.09	—
270	河北医科大学	医药	石家庄	47	66.96	E
278	北京信息科技大学	理工	北京	48	66.84	—
289	北京建筑大学	理工	北京	49	66.77	—
295	天津职业技术师范大学	师范	天津	50	66.68	—
299	河北经贸大学	财经	石家庄	51	66.55	E

续表

全国名次	学校名称	类型	城市	京津冀排名	*CUTI*	国家定位
300	华北理工大学	理工	唐山	52	66.50	—
1	中国传媒大学	语言	北京	1	8★	“211”/C
1	北京体育大学	体育	北京	1	8★	C
1	中国政法大学	政法	北京	1	8★	C
1	中央音乐学院	艺术	北京	1	8★	C
1	北京电影学院	艺术	北京	1	8★	—
1	中央美术学院	艺术	北京	1	8★	C
1	中国戏曲学院	艺术	北京	1	8★	—
1	中央戏剧学院	艺术	北京	1	8★	C
1	北京舞蹈学院	艺术	北京	1	8★	—
2	北京外国语大学	语言	北京	2	8★	C
2	中国人民公安大学	政法	北京	2	8★	C
2	中国音乐学院	艺术	北京	2	8★	C
2	天津体育学院	体育	天津	2	7★	—
2	天津美术学院	艺术	天津	2	7★	—
3	外交学院	语言	北京	3	8☆	C
3	国际关系学院	政法	北京	3	7★	—
3	天津音乐学院	艺术	天津	3	7★	—
3	河北体育学院	体育	石家庄	3	6★	—
4	北京语言大学	语言	北京	4	7☆	—
6	中国人民警察大学	政法	廊坊	4	6★	—
7	北京第二外国语学院	语言	北京	5	7☆	—
8	天津外国语大学	语言	天津	6	6★	—
8	中央司法警官学院	政法	保定	5	6★	—

注：A 为一流大学建设高校（36 所），B 为一流大学建设高校（6 所），C 为一流学科建设高校（95 所），D 为河北省重点支持的国家一流大学建设一层次高校（4 所），E 为河北省重点支持的国家一流大学建设二层次高校（8 所），—表示未进入国家高等教育战略工程，★表示星级排名（8★为世界一流中国特色大学、7★为世界高水平中国特色大学、6★为世界有名中国特色大学），2022 年公布的第二轮“双一流”建设高校及学科名单取消了 A 类、B 类、C 类高校分类。

从多元监测、多维评估结果来看，河北省高校层次（水平）结构、布局（空间）结构、形式（类型）结构、科类（专业）结构等在京津冀高等教育生态系统中处于相对弱势生态位阶和生态链中低端。

（一）河北省高校层次结构不完善

高等教育层次结构不尽合理，导致人才培养规格上专科—本科—研究生层次结构不完善、重心偏低、定位不清、缺乏特色、衔接性差，没有形成分层鲜明、立体交叉的高等教育体系。拥有司法部直属的中央司法警官学院、中国人民警察大学，应急管理部直属的华北科技学院，中国地震局直属的防灾科技学院，但无教育部直属高校、“985 工程”高校和“一流大学建设高校（A 类、B 类）”等顶尖高校，在国家高等教育生态系统中等级层次偏低、短板效应明显。国家高水平大学偏少导致专/本科生基数偏大、研究生基数偏小、研究生招生层次较低、博士研究生招生规模较小、海外（外籍）优秀教师和来华学历类留学生比例较低，培养拔尖创新人才和高层次应用型人才等的能力明显不足。

（二）河北省高校布局结构不均衡

高等教育资源空间分布“南多北少”、区域均衡发展程度不高、对区域经济社会发展支撑力度不足，优质高教资源集中在石家庄（河北师范大学等）、保定（河北大学等）、秦皇岛（燕山大学等）、廊坊（中国人民警察大学等）等。“一流大学建设高校”河北工业大学地处天津，雄安大学、应急管理大学正在筹建，唐山、承德、张家口、邯郸、邢台、衡水、沧州等缺乏足够数量的高水平大学，特别是冀东秦、唐、沧沿海城市带亟须高水平海洋大学等提供支持，冀北张、承生态带亟须高水平农林科技大学等提供支持，冀中南石、衡、邯亟须高水平能源/交通大学等提供支持等。

（三）河北省高校形式结构不合理

高等教育形式结构比较单一、多样性组合不足，不同办学条件、办学要求和培养目标的高校间比例关系失衡，研究型院校偏少。公立高校占主导地位，民办院校数量较少、综合实力不强，高职高专院校数量较多但办学质量亟待提高，中外合作办学院校和一流大学 A 类分校没有取得零的突破。没有教育部批准设置研究生院的研究型高校，教育部报备设立研究生院的河北大学、河北工业大学、燕山大学、河北师范大学等研究型高校 4 所，以本科教育为主、研究生教育为辅的专业型院校 16 所，以培养应用技能型人才为主（无硕士学位授权点）的应用型院校 41 所，以培养生产一线职业技术工匠为主的技职型院校 61 所，国际化办学形式不足。

（四）河北省高校科类结构不匹配

高等教育科类结构较单薄、产业结构适应性不强，不足以支撑“建设文化大省”。高校学科建设取得了一定成就，但学科实力相比京津等高校并不占据相对优势，13 个学科门类下仅有河北工业大学“电气工程”（自定）入选国家“双一流”建设学科，海洋科学、生态学、交通运输工程等服务国家特殊需求学科实力偏弱（教育部第四轮学科评估）。在《河北“双一流”意见》中，高校共有 17 个学科获批世界一流学科建设项目、37 个学科获批国家一流学科建设项目，仅有 8 个文科类学科入选。2020 年，教育部首批认定 4054 个国家级一流本科专业建设点，河北高校 99 个专业入选（北京大学、浙江大学均为 36 个），排在全国第 19 位，超过 10 个专业的有河北工业大学（15 个）、河北大学（13 个）、燕山大学（13 个）和河北师范大学（11 个）；教育部推出首批 5118 门国家级一流本科课程，河北高校 88 门课程入选（清华大学 170 门），排在全国第 20 名后，超过 10 门课程的有河北大学（13 门）。

总体而言，在高等教育后普及化时代，以多元质量观进行第三方审视，河北省高教系统的宏观、中观、微观结构和内外部双螺旋结构需要优化重组，高校的能级结构、教师结构、财政结构、治理结构、教学结构等亟须完善重构，特别是河北省优质高等教育资源相比京津等严重不足，世界级优质高等教育资源非常稀缺。高等教育发展综合实力、大学综合声誉、毕业校友质量等既难以支持经济强省、美丽河北建设，也很难支撑河北省在京津冀协同发展中“三区一基地”战略定位、“两翼、四区、五带、多点”功能布局和“京津塘、京保石、京唐秦”通道建设，严重影响党中央、国务院重大战略决策的河北实践。因此，必须科学定位、合理分类、创新驱动新时代河北省“双一流”大学建设，特别是支撑雄安新区“千年大计”的雄安大学系统建设，既是河北之需、京津冀之需，更是中国之需、时代之需。

第三节　河北省“双一流”大学高质量发展的理路

知识创新、科技进步与人才辈出是“双一流”大学建设的内部原动力和联结外部世界的纽带桥梁，综合研究型大学和行业特色型大学等作为第三部门独特高等教育组织，也是国家知识创新工程的主体平台与国家创新体系的智慧华光。综合研究型一流大学，是以培养杰出人才和产出关键性科技成果为主要职能的人才平台与学科专业较为齐全的大学集团，以培育拔尖创新人才和引领基础前沿理论创新为主（原始创新、集成创新理论性科技攻关成果），建设目标是中国特色世界一流大学和中国名牌大学。行业特色型一流大学，主要隶属行业性党政部门和依托产业部门、行业协会等，为其持续培养高层次专门技术人才和创造重大产业科技服务产品的行业特色突出的大学集合，以培养杰出行业人才和产出行业关键性科技创新成果（引进、消化、吸收、再创新应用性科技攻关成果）为主，建设目标是行业特色世界一流大学和中国著名大学。在后疫情时代，为加快河北省“双一流”建设高校高质量发展，必须以需求为导向、学科为中心，聚焦服务贡献，在高等教育普及化基础上科学确定战略目标，并创新多元分类生长路径，融入中国高质量高等教育体系。

一、河北省“双一流”大学高质量发展的目标

按照“京津冀协同发展”战略部署和雄安新区“千年大计”长远规划，河北省积极融入“京津冀协同发展”新格局，落实“三区一基地”功能定位，全面服务“京津冀协同发展”、雄安新区建设、中国（河北）自由贸易试验区运营等时代需求，综合分析国家第一轮“双一流”建设高校要求和方向，科学确定河北省新一轮“双一流”大学建设的目标定位。在高等教育后普及化新阶段，力争到2050年，建成若干所综合研究型和行业特色型高水平大学，如燕山大学、雄安大学等跻身全球大学集团前10%，河北大学等挺进前15%，河北工业大学、河北师范大学、河北农业大学等挺进前20%，中国人民警察大学、应急管理大学等进入同领域世界一流学科大学行列，高等教育国际化水平显著提升，在东亚大学共同体中具有较大影响力，省域高教综合实力和核心竞争力进入全国前10名，全面实现高等教育现代化2050战略目标(如表8-5所示)。

表8-5　河北省“双一流”建设高校中长期发展战略目标

高校	2025年	2035年	2050年
雄安大学	全国200强（综合类）	全国100强（综合类）	全国50强（综合类）
燕山大学	全国75强（理工25强） 京津冀理工类前8强	全国70强（理工22强） 京津冀理工类前7强	全国60强（理工20强） 京津冀理工类前6强

续表

高校	2025年	2035年	2050年
河北大学	全国95强（综合30强） 京津冀综合类前4强	全国90强（综合28强） 京津冀综合类前4强	全国80强（综合25强） 京津冀综合类前4强
河北工业大学	全国100强（理工30强） 京津冀理工类前10强	全国90强（理工28强） 京津冀理工类前9强	全国80强（理工25强） 京津冀理工类前8强
河北师范大学	全国130强（师范16强） 京津冀师范类前3强	全国120强（师范15强） 京津冀师范类前3强	全国110强（师范14强） 京津冀师范类前3强
河北农业大学	全国160强（农林14强） 京津冀农林类前3强	全国150强（农林13强） 京津冀农林类前3强	全国140强（农林12强） 京津冀农林类前3强
石家庄铁道大学	全国230强（理工75强） 京津冀理工类前18强	全国215强（理工72强） 京津冀理工类前17强	全国200强（理工70强） 京津冀理工类前16强
河北医科大学	全国250强（医药19强） 京津冀医药类前6强	全国220强（医药18强） 京津冀医药类前6强	全国190强（医药17强） 京津冀医药类前5强
河北中医学院	全国350强（中医15强） 京津冀中医类前3强	全国300强（中医12强） 京津冀中医类前2强（并列）	全国250强（中医10强） 京津冀中医类前2强
中国人民警察大学	6*（中国一流大学）	7*（世界一流学科大学）	8*（世界一流大学）

二、河北省“双一流”大学高质量发展的路径

“双一流”大学建设必须以习近平有关教育的重要论述为指导，以全国教育大会精神等为依规，对标世界一流、坚守中国特色、注重价值引领和立体多维贡献，创新多元生长路径，推进科教融合、产教融合、军民融合、校地融合、院校融合，实现省域高等教育超常规[9]、高质量发展和若干所高校“弯道超车”“换道超车”“开道超车”“后来居上”。在2035年前将河北省高教“洼地”初步建成中国高教“高原”、2050年前基本建成中国高教“高峰”，服务“京津冀协同发展”等国家战略和“一带一路”等国际倡议的实力、能力与贡献力显著增强。

（一）完善“五个一流”建设体系的顶层设计

“五个一流”是国家和民族的核心竞争力，也是高教强省、高教强国的文化标志，其中，一流大学（“双一流”之一流大学建设高校计划）、一流学科（“双一流”之一流学科建设高校计划）是战略，一流专业（一流本科专业建设“双万计划”）、一流课程（一流本科课程“双万计划”）是基础，一流人才（“六卓越一拔尖”计划2.0）是目标。河北省必须坚持世界眼光、国际

标准、中国特色、高点定位，以融入国家发展、实现民族复兴、服务人类命运共同体构建为宏伟目标，完善“五个一流”建设体系等的顶层设计和中长期规划，率先启动第二轮“五个一流”建设工程，推进一流大学攻坚计划、一流学科珠峰计划、一流专业飞跃计划、一流课程倍增计划、一流人才燎原计划及其配套监测预警系统建设，重点在思政体系、德治体系[10]、文化体系、人才体系、学科专业体系、教—学—习体系、评价体系、投融资体系、服务体系、国际交流与合作体系等方面实施全局性、前瞻性、系统性、智慧性顶层设计、流程再造与制度创新。遵循分类特色理念创建立体化“五个一流”协作体系和主轴化大学联盟，想方设法让京津冀所有办学要素的活力竞相迸发，千方百计聚集资源服务于河北省“五个一流”建设，力争1所大学成为教育部直属高校（雄安大学或应急管理大学）、2所大学（4个学科）进入国家“十四五”到2035年“双一流”建设高校行列（河北工业大学和/或燕山大学、河北大学等）、1所大学（1个学科）进入国家教师教育一流学科建设应用示范工程（河北师范大学教育学公费师范生计划）、国家级一流专业和一流课程增长20%，培引100位世界级和国家级一流人才，重点建设世界一流中国特色学科、世界一流行业特色研究型大学和思政课程（课程思政）体系。[11]努力在新工科、新医科、新农科、新文科等重点领域形成可复制、可借鉴、可推广的改革成果，协力破解“李约瑟之问”“钱学森之问”“徐匡迪之问”“任正非之问”等“人才—教育—科技—创新”“四维两难问题”，确保在后普及化时代精英高等教育更加繁荣，持续培养服务中国、引领世界未来发展的一流拔尖创新人才，不断提升河北省高等教育综合声誉和杰出校友贡献能力。

（二）优化高等教育结构服务“京津冀协同发展”

服务“京津冀协同发展”战略和“一带一路”倡议需要一流人才，[12]“双一流”建设高校是培育一流人才的“象牙塔”，是支撑创新型国家建设的“核动力”。走出象牙塔、融入社会轴心、服务“京津冀协同发展”等国家战略，必须优化省域高等教育层次结构、布局结构、形式结构、科类结构等，形成高等教育发展与经济社会发展的共轭耦合系统。在层次结构上，要努力形成普通高等教育、高等职业教育和高等技术教育“三驾马车”互补、顶尖大学—骨干大学—骨干学科/专业大学“三螺旋”互通的金字塔结构，使其在各自类型中保持各层次的合理性和流动性，努力建成“河北一流、中国前列、东北亚顶尖”的多样性高水平大学集群。在布局结构上，主要围绕“十四五”到2035年、2050年党和国家的中长期战略目标的河北实践，以石家庄（正定）—保定（雄安）—唐山（曹妃甸）为点线，以京津、京保石、京唐秦“一核双城三轴”为面体，通过各类京津冀高水平大学联盟，主动承接京津优质高等教育资源面向河北省“走出去”（疏解）、稳步加速京津冀空间之外的优质高等教育资源“引进来”沿着三大发展轴布局，形成秦唐津沧、承京廊保衡、张石邢邯高等教育带和环渤海、环京津雄高等教育圈，以雄安高等教育特区为中心重塑京津冀高等教育时空格局和“北雄安南深圳”中轴线的中国高等教育新格局。在形式结构上，高质量发展公立高等教育，创新发展民办高等教育，开放发展中外合作高等教育，大力发展高等职业教育。河北省是经济大省，高等教育投入相对不足，高质量发展高等教育必须让市场在资源配置中起决定性作用，畅通社会参与高校多元办学筹资兴教渠道，鼓励社会力量主导建设东方版哈佛大学、白金汉大学、早稻田大学等一流民办大学。在中外合作办学方面，学习借鉴宁波诺丁汉、西交利物浦、上海纽约大学等办学经验，引进境外优质高等教育资源，实现在冀高等教育国际化。在科类结构上，重点围绕“三区一基地”战略定位和服务“中国制造2025”“工业4.0”等核心使命，实施燕山大学的材料科学与工程和机械工程、河北工业大学电气工程、中国人民警察大学公安学、河北大学的中国史、石家庄铁道大学的土木工程等传统优势学科倍增计划，大力发展大数据云计算、人工智能、储能技术、网络空间安全、应急管理、物联网、深空探测技术、超高速技术、集成电路等新兴交叉学科，增建国家科学技术创新、创业平台，健全大学科技成果转化激励机制，提升高校引领前沿、服务区域、贡献人民的关键能力。同时，以打造一流本科教育和一流研究生教育为目标，完善专业建设规划、建构专业预警机制、持续提升专业水平、发挥示范领跑效应，构建创新创业教育体系，执行大学生“双创”能力“拔节孕穗”计划，[13]全面夯实“六卓越一拔尖”人才培养计划2.0版的“四梁八柱”。另外，要落实“双一流”大学顶层设计和优化高等教育结构，必须推进高等教育治理体系和治理能力现代化。党是校长治校理政、教师治学研术、学生求学问道过程中的“中流砥柱”，依法完善党委领导下的校长负责制、院长负责制等法治安排，实施教育管理创新计划和大学德治试点工程，和谐构建党政权力（政治权力）、师生权力（学术权力）、校企权力（社会权力）的“三角权力关系”善治系统，为“五个一流”建设保驾护航。

（三）加快构建高等教育“双循环”新发展格局

高等教育对内协同对外开放是21世纪世界高等教育发展的应然、已然与必然趋势，是世界高等教育系统对中国高校发展提出的必然要求，[14]也是中国高校应对全球挑战的中国智慧，协同开放水平是衡量特定时空高等教育核心竞争力的重要标准。在后疫情时代，实施省域高校对内协同对外开放战略是提高省域高等教育质量、高校创新能力和大学文化国际影响力的重要途径。必须深化高等教育供给侧与需求侧结构性改革，充分发挥我国高等教育超大规模优势和内需潜力，构建高等教育国内国际双循环相互促进的新发展格局。推动京津冀高校对内协同对外开放是提升河北省高等教育核心竞争力的主要策略，必须学习与借鉴宁波、深圳、苏州、青岛等引进国内外优质高等教育资源的运行经验和成功做法，协同引进京津“双一流”建设高校（原“985”高校优先）和开放引进境外高水平大学的优质资源（世界500强大学优先），建设研究院、研究生院和中外合作办学高校（分校）等，实现区域高等教育高质量发展中内生动力与外生助力的“双循环”。具体地说，在对内协同上，学习借鉴广东省、浙江省、江苏省等成功做法，设立河北省高等教育集团和中外人文交流服务平台，负责在雄安新区、正定新区、曹妃甸区等引入“双一流”大学资源，创建雄安大学、河北交大、河北海大、正定大学等新大学；在对外开放上，坚持“走出去”“引进来”战略，推动河北省高校与俄罗斯、日本、朝鲜、韩国等国外一流高校合作办学，实现河北省中外合作办学和境外建设分校零的突破。人才是创新的第一资源，[15]一方面利用好“中国绿卡”和“高等学校学科创新引智计划”（111计划）等法律制度安排，在“不拘一格”多样化引进海外优才的同时让河北省高校教师分批“走出去”进修深造，打造一流师资团队；另一方面优化《河北省外国留学生和外国学生管理办法》等教育开放政策，发挥河北省高等教育体系完备、教育成本较低、生活多元交通便利、历史悠久文化深厚、协同京津毗邻俄日韩等优势，争取更多政府学历留学生奖学金，通过交换生项目吸引更多东北亚地区国家优秀生源到河北省高校学习、深造，先行先试建设渤海大湾区（冀鲁辽津）高水平国际化大学群，培育具有“一带一路”意识、思维、态度、视野、胸怀、知识、能力、素质、水准的一流校友，促进河北高校融入世界实现可持续发展。[16]

第四节　河北省“双一流”大学统筹建设的行动方案

河北省“双一流”大学建设，必须以习近平新时代中国特色社会主义思想为指导，以全国教育大会精神为依规，坚守中国特色、对标世界一流、注重价值引领和立体贡献，坚持解放思想、改革创新、突出特色、分类指导、提高质量的改革原则，坚定走有特色、高水平、内涵式发展道路，始终把立德树人作为人才培养的初心使命，把质量特色作为竞争取胜的首要关键，把满足创新协同发展需要作为根本动力，把学科交叉融合作为品质提升的战略选择，把产学研用结合作为服务社会的必然要求，实施非均衡发展策略、错位差异化策略、分类分层分科策略、卓越人才引智策略。不断加快河北“双一流”大学建设步伐，实现河北高等教育超常规、跨越式发展，使雄安大学（筹）、燕山大学、河北大学、河北工业大学等若干所高校“后来居上”，在2035年前将河北高等教育“洼地”建设为中国高等教育“高原”。

一、抓重点，引导高校分类特色发展

未来已来，必须抢抓第二轮国家“双一流”建设高校机遇，早日出台高等教育“冲一流、补短板、强特色”提升计划建设高校和重点建设学科名单，服务经济强省美丽河北“3689”战略。借鉴广东、浙江、湖北、云南、上海、陕西、安徽、河南等省市经验，编制省级“双一流”大学建设“十四五”规划纲要，超前实施第二轮河北省级“一流大学”工程、“一流学科”工程和“双万计划”，分类确定面向2035年河北省“双一流”大学建设重点、建设目标，加大政策、资金等资源倾斜支持力度，加快培育具有河北特色、中国风格、世界影响的“双一流”大学系统，让不同类型层次的高校在不同赛道上竞争发展。

（一）优先建设河北省级“双一流”建设高校

建议拨付20亿元资金，优先建设燕山大学、河北工业大学、河北大学、雄安大学（筹）。河北大学和雄安大学（筹）定位为综合研究型大学，燕山大学和河北工业大学等定位为行业特色研究型大学，努力建成“河北一流、中国前列、东北亚顶尖”的研究型高水平大学。向党中央、国务院等争取将雄安大学（筹）纳入第二轮国家“双一流”建设高校名单。建议拨付10亿元

资金，重点建设河北师范大学、河北农业大学、河北医科大学、河北科技大学、河北中医学院等高校，定位为全面建设成行业特色鲜明的高水平大学。将河北师范大学（教师教育）、河北农业大学（农林科技）、河北医科大学（医药科技）等作为河北省级“一流学科”建设重点高校。

（二）重点建设河北省级“双万计划”高校

“双万计划”即教育部“双一流专业”计划，是教育部以建设面向未来、适应需求、引领发展、理念先进、保障有力的一流专业为目标，实施一流专业建设，建设一万个国家级一流本科专业点和一万个省级一流本科专业点。“双万计划”是“双一流”建设高校的基石，是培育一流人才的基础，是高等教育治理体系和治理能力现代化的“四梁八柱”。教育部办公厅印发的《关于公布2019年度国家级和省级一流本科专业建设点名单的通知》，公布了首批“双万计划”名单，包含4054个国家级（中央赛道1691个、地方赛道2363个）和6210个省级一流本科专业建设点。建议拨付5亿元资金，重点建设200个一流本科专业建设点（省级赛道100个、市级赛道100个），完善专业建设规划、建构专业预警机制、持续提升专业水平、发挥示范领跑效应，全面支撑“六卓越一拔尖”人才培养计划2.0版，力争在文、理、法、工、农、医、教等重点领域形成全局性改革成果，努力培养一大批具有引领未来发展能力的各类卓越人才。

（三）构建京津冀高水平大学智库创新联盟

借鉴粤港澳大湾区、长三角高校智库联盟等建设经验，根据核心功能分类构建京津冀高水平大学智库联盟，建设学术特区、给予特殊支持，为未来构建渤海大湾区大学创新联盟奠定基础，服务“京津冀协同发展”国家战略。全力支持以河北省骨干大学（省级“双一流”建设高校）为纽带构建京津冀新工科大学智库联盟（区域基础设施一体化）、京津冀新农科大学智库联盟（大气污染联防联控）、京津冀新文科大学智库联盟（产业结构优化升级）、京津冀研究型大学智库联盟（实现创新驱动发展）、京津冀新师范大学智库联盟和京津冀新医科大学智库联盟（加强文教、医疗等跨区域合作交流）等。如京津冀新师范大学智库联盟（京师大学联盟），以河北师范大学为核心、依托省内师范学院，共建京津冀协同发展教师教育研究与培训培养基地联盟

（“石家庄+张家口+唐山+邯郸+廊坊”），争取教育部教师工作司、国家教育行政学院、中国教育科学研究院、北京师范大学、首都师范大学、天津师范大学、天津技术师范大学等的对口支援和协作。

二、抓改革，着力激发高校内生动力

（一）实施一流学科珠峰计划

加大对一流学科扶持力度，设立省级一流学科研究基金，提高国家级、省级学科建设扶持。建立以一流学科为核心的资源配置与共享机制、绩效评价与激励机制，创新“高峰学科”“高原学科”建设计划，着力推进融汇优势学科群、特色学科和交叉学科优势的珠峰计划。建立健全学科和专业预警、退出机制。建立跨学科的独立研究机构，激发学科间的共鸣，为第二轮国家一流学科建设做准备。

（二）实施人才活力燎原计划

人才是第一资源，加大人才培养模式改革和卓越教师奖励力度，提高绩效考核中授课数量、精品课程和杰出校友等权重，激发人才活力，形成燎原之势。对申请到国家级项目的教师，给予获批经费30%~50%的直接奖励。试点推广“预聘—长聘教职制度”，在国内外取得重大科技突破的青年才俊可直接聘为教授（研究员）、博士生导师。实施“燕赵名师”培养计划和文科资深教授制度，严格一级、二级教授评选并切实落实待遇，提升高校高级职称教师比例。增加中青年教师海内外访问学者指标，让中青年人才脱颖而出。扩大高校专家学者申报“燕赵学者”名额，鼓励各高校针对讲座教授、讲席教授、青年学者、骨干教师设立“卓越学者”“杰出学者”等富有地域特色的人才燎原计划。

（三）实施科研能力提升计划

以推进国家“2011协同创新计划”和“双一流”战略为契机，推动同城大学内部和跨城大学间建立跨学科或交叉学科的协同创新平台，争取建成3~5个国家级或世界级协同创新中心。鼓励各高校每年出资300万~500万元，设立京津冀协同创新专项资金，加大对中青年教师深造、基础科研团队建设的扶持力度。

（四）实施教育管理创新计划

加快国家“金课”资源建设，坚决取消高校“清考”制度，建立全国学业预警系统，鼓励有条件的高校试行淘汰制，对连续三年排名末位的学生或“挂科”达到一定比例的学生试行退学处理，实现名师出高徒向严师出高徒的转变。在雄安大学（筹）、燕山大学、河北大学、河北工业大学试点精英、特长本科教学改革和本硕博连读教育模式。创新教务管理，改革人才培养模式和教法、学法、实习法，鼓励有条件的高校扩大通识教育和学分制、三学期制改革；创新课程管理，扩大省内高校校际合作，鼓励高校间开展课程互选、师资互聘和设施互用，建设全国学分银行系统（National Credit Banking System，NCBS）河北分行，推进高校学分互认、互换，开展交换生与暑期学习项目，逐步实施网上选课和“互联网+教”“互联网+学”“互联网+习”，引领学生进行深度学习。

三、抓开放，突出国际化办学优势特色

（一）推动国际合作办学零的突破

借鉴宁波诺丁汉大学、西交利物浦大学、上海纽约大学、昆山杜克大学、广东以色列理工学院等中外合作办学经验，推动俄罗斯、日本、朝鲜、韩国等高校与河北高校合作办学，积极主动服务“一带一路”倡议和“京津冀协同发展”、国家自贸区建设。设立河北高等教育集团，负责引入世界一流大学在河北省（雄安新区、正定新区、曹妃甸区等）兴办分校或开展中外合作办学。

（二）实施东北亚专项招生计划

以扩大留学生指标、加大双语教师培训和补贴力度、补助高校开展海外招生宣传、增加政府留学生奖学金指标和额度等方式，扶持省内医科院校、农林院校等扩大面向东北亚地区招生规模。将开展农林院校、医药院校等的合作交流作为河北省与东北亚区域国家政府合作的重要内容，争取更多国家政府补贴留学生计划指标。积极开展海外交换生项目，为河北省学子创造更多海外顶尖大学合作培养和攻读双学位的机会。

（三）实施河北高校抱团“走出去”战略

定期组织雄安大学（筹）、燕山大学、河北大学、河北工业大学等境外招

生热门学校赴东北亚地区开展联合招生推介活动。设立专门资金，鼓励河北高校教师赴东北亚地区国家进修培训、合作交流，增加公派到周边国家学习深造名额。整合河北优质高等教育资源，在东北亚国家兴建分校（学习厦门大学马来西亚分校、老挝苏州大学、北京大学英国校区等成功经验）。

四、抓服务，提升高校贡献地方能力

（一）健全大学科技成果转化激励机制

允许和鼓励高校科研人员开展在职创业、离岗创业。对职务发明成果所得收益，按不低于80%的比例划归参与研发的科技人员及其团队，知识产权等无形资产可按不少于60%的比例折算为技术股份。鼓励高校整合各类科研经费，建立科技成果转化风险投资资金，支持新产品研发、科技成果转化，让专利变“活”、变“现”，使高校成为国家创新体系的重要组成部分。

（二）增建国家级大学科技园和华北创客中心

整合高校科技园、创业园、创客中心等资源，推动河北高校在加大协同创新基础上，与京津合作开展国家级大学科技园区和华北创客中心建设（石家庄、保定、唐山等），依托雄安大学（筹）新建中关村雄安新区分中心、华北理工大学承建中关村曹妃甸分园等。

（三）实施大学生“双创”能力“拔节孕穗”计划

引导更多大学生积极参与“挑战杯”“创业杯”“世界技能大赛”等各类国内外创新创业竞赛。推进见习、实习、实训基地建设，扩大校内实验室开放度，建立一批校外就业创业、实习实训基地，强化对学生实践环节的要求和考核。设立政府—企业—高校—社会协同创新创业创造创意天使基金，鼓励大学生创新创业。

（四）畅通社会参与高校多元办学筹资渠道

鼓励各高校推行“教学工厂”“企业校区”“校企双体”等模式，加大校政企合作力度。支持各大学加大与地方政府和企业合作，采取委托培养、联合科研、共建实验室等多种方式。鼓励高校加大与政府、科研机构、企业研发机构的合作力度，推广校政联合、校企联合、科教融合、产教融合。邀请企业成功人士、杰出校友等参与教学科研、创业辅导。邀请国内外成功人士担任高校创业或就业导师，实行就业创业帮扶早期介入。落实国家教育捐赠免税政策，加大对社会资金办学的奖励力度，吸引更多的社会资金捐赠高校、捐资办学。

五、抓合作，凝聚大学多元发展资源

（一）创建立体化合作共建“双一流”大学体系

充分利用国际、国内两种资源、两个市场，创建国家主建（部属）、中外合作、部省合建、省部共建、院（中国科学院、中国工程院）校联建、市（区）校共建、校企合作等立体化“双一流”大学合作共建体系，实现“双一流”建设高校全球赛道、中国赛道和河北赛道的“三突破”。部属院校是国家高等教育战略布局的重大安排和省域高等教育实力的核心标志，为体现党中央关怀、树立形象，更好地服务“京津冀协同发展”战略，建议积极向教育部申请，争取将河北大学由“部省合建”高校升级为教育部直属院校，实现河北省部属高校零的突破。借鉴上海、深圳、苏州、宁波、青岛等推进“新大学运动”经验，设立雄安新区国家高等教育特区（National Higher Education Special Zone of Xiong'an New Area），大力引进世界一流大学资源和中国特色一流大学资源，在雄安新区兴办中外合作办学机构（研究院、分校或科技大学等），形成新时代“北有雄安南有深圳”的高等教育新格局。

（二）创新体制机制模式建设雄安大学系统

为服务雄安新区“千年大计”，借鉴国内“对口支援计划”和国外加州大学等系统经验，采用合建、共建、援建、联建新体制、新机制和新模式建设雄安大学，可考虑将河北工业大学整体迁建到雄安新区并更名为雄安大学（筹），增列为教育部直属高校，新建雄安大学雄县分校、容城分校、安新分校、西柏坡分校、正定分校、大兴分校、乐亭分校、黄骅分校等。合建：雄安大学（筹）由教育部与北京市、天津市、河北省合建。共建：河北省与雄安大学（筹）进行省校共建。援建：由北京大学牵头，联合京津冀的“双一流”建设高校对口援建雄安大学（筹）的20余个二级学院。联建：雄安大学（筹）的学科、专业与京津冀之外的“双一流”建设高校（国内）、世界一流大学（中外合作办学）（境外）联建。雄安大学（筹）的学科、专业为联建院校的“一流学科”和“一流专业”，本科、硕博研究生招生计划单列，颁发与联建高校毕业生同等毕业文凭与学位证书。同步设立博士后科研流动站、国家实验室、国家工程研究中心、国家大学科技园等国家知识创新体系、国家科技创新体系和国家创新转化体系。雄安大学（筹）党委书记从北京大学、清华大学等校党委副书记中择优选派，校长面向全球公开选聘。

（三）加快新建河北交通大学、河北海洋大学、正定大学

扩大与深化京津高校和科研院所分类、分层、分区对口支援河北高校的范围及力度，服务“一带一路”国际倡议和国家自贸区建设。在教育部支持和指导下，在河北省委、省政府领导下，充分借鉴南方科技大学、西湖大学等成功经验：以石家庄铁道大学和唐山学院（西南交通大学唐山研究院）等为基础组建河北交通大学（“石家庄+唐山”等），争取中国国家铁路集团有限公司、上海交通大学、西安交通大学、北京交通大学、西南交通大学、台湾交通大学等的对口支援和协作；以河北农业大学海洋学院、河北科技师范学院等为基础组建河北海洋大学（“秦皇岛+唐山曹妃甸+沧州”等），争取国家海洋局、中国科学院海洋研究所、中国海洋大学、浙江海洋大学、上海海洋大学、大连海事大学、江苏海洋大学等的对口支援和协作；借鉴西湖大学等模式，筹建正定大学。建议选址正定新区，以研究生教育为主，打造成以理工类学科为主、兼顾文商的省、市共建高水平研究型大学，与雄安大学（筹）形成河北高等教育的“两翼”。依托石家庄的生物医药、信息技术、装备制造、新材料等产业基础，瞄准生物医学、新一代信息技术、半导体照明、卫星导航、新能源汽车、人工智能等学科前沿，按照“依托产业、引领产业”的原则设置学科专业。

六、抓声誉，提升河北高校综合声誉

（一）重视校友资源的建设和利用

鼓励高校建立专门机构和网络，配备专门人员推进校友资源的开发和利用，组建校本部、全国各省市校友分会乃至海外校友分会。依法建立高校教育基金会，制定校友捐赠和社会捐赠鼓励、支持办法，建立校友与校友会间的信息互换、资金互助、资源共享等合作机制。保持并扩大与国内外唐山交

通大学老校友等的联系，并积极向他们汇报、推荐合作项目，争取唐山交通大学老校友支持河北“双一流”大学建设。

（二）引导高校重视并扩大舆论宣传

建立高校舆情监控应急机制，定期或不定期与宣传部门、新闻媒体交流，组织发布正面新闻报道，做好相关负面新闻的解释、化解工作。加强与驻京中央级媒体和北京市媒体的沟通、合作，为已建大学“点赞”、为新建大学“借势”，提升河北高校的媒体影响力和美誉度。

（三）扩大面向优质高阶生源的宣传

强化对优秀人才特别是优秀生源的吸引，优化《河北省外国留学生和外国学生管理办法》，发挥河北高等教育体系完备、教育成本相对较低、生活较方便、毗邻京津等优势，吸引更多国内外优秀人才，特别是吸引更多的东北亚地区国家的优秀生源到河北高校学习、深造，优化高校人才和生源结构。

评价是“推进器”“加油站”。教育强国，评价先行，到2050年形成富有时代特征、彰显中国特色、体现世界水平的高等教育质量评价标准体系。[17]在高等教育后普及化时代，通过深化评价改革助推省域高等教育高质量发展，大学评价必须聚焦大学立德树人的根本使命、以文化人的核心任务，通过综合评价大学在传扬中华文化、创新科技应用、服务社会进步等方面的增值贡献，引导河北高校在燕赵大地上建成文明文化意义而非大学“排行榜”意义上的省域“双一流”大学系统；通过区域协同和高质量发展等实现高等教育大省“逆风翻盘”建成高等教育强省，为其他省域推进新一轮“双一流”大学建设等提供河北方案。[18]

【参考文献】

［1］冯用军．河北应当建设高水平大学［J］．决策与信息，2016（1）：115-123.

［2］吴岩．办世界水平大学需要精准把握“四个一流”［EB/OL］．（2018-04-09）［2022-08-11］．http：//edu. people. com. cn/n1/2016/1223/c1006-28973041. html.

［3］冯用军，赵雪．中国“双一流”战略：概念框架、分类特征和评估标准［J］．现代教育管理，2018（1）：12-18.

［4］钟秉林，马陆亭，贾文键，等．大学发展与学科建设（笔谈）［J］．中国高教研究，2019（9）：12-15.

［5］冯用军，赵雪，朱立明．中国特色世界一流大学建设成效评价体系理论建构与实践验证［J］．江苏高教，2019（1）：20-26.

[6] 杜玉波．大学要切实承担起文化传承创新的历史使命［EB/OL］．（2018-04-09）［2022-08-11］．http：//old. moe. gov. cn//publicfiles/business/htmlfiles/moe/moe_176/201111/126434. html.

[7] 周作宇，马佳妮．人类命运共同体：高等教育国际合作的价值坐标［J］．教育研究，2017（12）：42.

[8] 冯用军，赵德国．中国大学评估研究报告（2015）［M］．北京：科学出版社，2015：1.

[9] 柴葳．推动“双一流”加快建设、特色建设、高质量建设　教育部召开“双一流”建设现场推进会［N］．中国教育报，2018-10-01（3）.

[10] 赵荣辉，冯用军．治理与善治之间：大学德治的理论创新与实践导向［J］．河北师范大学学报（教育科学版），2019（4）：79-85.

[11] 张烁．习近平在全国高校思想政治工作会议上强调　把思想政治工作贯穿教育教学全过程　开创我国高等教育事业发展新局面［N］．人民日报，2016-12-09（1）.

[12] 陈亮，党晶．“一带一路”视阈下的高等教育战略发展透视［J］．贵州师范大学学报（社会科学版），2020（3）：55-64.

[13] 冯用军，李丽丽，岳小尧．中国“双一流”大学建设成效中期监测评估研究［J］．黑龙江高教研究，2021（2）：40-46.

[14] 唐滢，冯用军，丁红卫，等．中国云南与东南亚、南亚高等教育国际化研究［M］．北京：社会科学文献出版社，2017：1-5.

[15] 习近平．在中国科学院第十九次院士大会、中国工程院第十四次院士大会上的讲话［N］．人民日报，2018-05-29（2）.

[16] 阿弗里卡·泰勒．学会融入世界：适应未来生存的教育［J］．陕西师范大学学报（哲学社会科学版），2021（5）：137-149.

[17] 刘海峰，韦骅峰．高瞻远瞩：中国高教2035与世界高教2050［J］．高等教育研究，2021（7）：1-10.

[18] 冯用军，赵雪．后普及化时代省域“双一流”大学建设研究：以京津冀协同发展中的河北省为例［J］．河北师范大学学报（教育科学版），2021（6）：35-45.

第九章　中国特色世界一流民族大学和学科专业建设进展评价研究

导读：中国少数民族高等教育是中国高等教育的重要组成部分，为维护中华民族团结、促进民族区域自治地方经济社会全面和谐发展、贯彻落实总体国家安全观、铸牢中华民族共同体意识、推动构建人类命运共同体等提供重要人力资源支撑和科技智慧支持。中国和平崛起和中华民族伟大复兴中国梦的实现，离不开中国特色世界一流民族大学与民族学学科专业的人才贡献和科技贡献。在合理界定中国特色世界一流民族大学、世界一流民族学学科和世界一流本科民族教育相关概念基础上，对中国大学进行客观分类和特征量化，进而科学构建有中国特色、与世界接轨的民族院校、民族学学科专业“双一流”建设评价指标体系，客观评价并分析其“双一流”建设进展，提出相关政策性建议，有助于为国家“双一流”战略公开遴选、动态评估、弹性进出民族类院校、民族学学科专业提供参考借鉴，最终建设民族高等教育强国，服务国家“一带一路”倡议，助力中国和平崛起和中华民族伟大复兴，共同实现中国梦。

五十六个民族五十六朵花，五十六个民族是一家。《中华人民共和国国民经济和社会发展第十四个五年规划和2035年远景目标纲要》提出“必须统筹中华民族伟大复兴战略全局和世界百年未有之大变局”，实现“人民精神文化生活日益丰富，中华文化影响力进一步提升，中华民族凝聚力进一步增强”。要“保护传统村落、民族村寨和乡村风貌”“健全非物质文化遗产保护传承体系，加强各民族优秀传统手工艺保护和传承”“提高民族地区教育质量和水平，加大国家通用语言文字推广力度”“促进少数民族医药发展”“促进民族团结和边疆稳定”，要“加大对民族地区发展支持力度，全面深入持久开展民族团结进步宣传教育和创建，促进各民族交往交流交融”，要“全面贯彻党的民族政策，坚持和完善民族区域自治制度，铸牢中华民族共同体意识，促进各民族团结奋斗、共同繁荣发展”，共创中华民族伟大复兴的美好未来。[1] 少数民族地区经济社会发展是少数民族高等教育发展的持久基石，高等教育是区域经济社会发展的不竭动力。中华民族高等教育是中国高等教育的重要组成部分，民族大学、学科和专业是培养民族类高级、专门的复合型、应用型人才的主载体、主平台、主阵地。高等教育强国离不开民族高等教育的发展，中国教育梦是中华民族教育梦，将我国民族高等教育做大、做强、做优、做特，融汇民族教育基因，不忘民族教育基质，是中国民族院校、民族学学科和专业建设中国特色世界一流大学、一流学科、一流专业、一流本科教育、一流研究生教育的必由之路，也是民族高等教育系统服务党中央治国理政、维系中华民族团结、促进民族区域自治地方经济社会全面和谐发展、贯彻落实总体国家安全观、铸牢中华民族共同体意识、助力国家“一带一路”倡议、构建人类命运共同体和实现中国梦的核心动力。

世界一流大学培育世界一流人才、世界一流人才成就世界一流国家，世界各国、各民族、各组织的博弈归根结底是人力资源的博弈。世界一流大学、世界一流学科是世界一流国家、世界一流民族的重要品牌和核心竞争力。[2] 对于民族院校和民族学相关学科、专业而言，中国特色就是中华民族特色，世界一流就是中华民族跻身世界优秀民族之林。为此，在国务院《“十三五”促进民族地区和人口较少民族发展规划》中提出既要“优化高等教育布局和结构，提升民族高等教育发展水平”，又要把“加快少数民族和民族地区发展摆到更加突出的战略位置”，还要“以就业为导向，优化民族院校和民族地区高校学科专业结构，重点提高工、农、医、管理、旅游等学科比例，支持办好师范类专业，提升民族特色学科水平。办好民族院校，加大省部和行业共建力度”。[3] 这为中国特色世界一流民族大学、学科和专业的建设指明了战略方向，高等教育理论界必须积极做出科学回应，即在党中央、国务院“双一流”战略顶层设计下，“要建什么样的一流大学和一流学科”与“如何建这样的一流大学和一流学科”中国高等教育体系必须以特色为统领、以贡献为优先，对党和政府高度关注、人民群众非常关心的这个“双一流”理论与实践问题做出回应、做好回答。

第一节　中国特色世界一流民族大学、学科及专业评价指标体系

世界一流大学、世界一流学科、世界一流本科、世界一流专业建设是当下中国高等教育改革与发展的重大议题和热门话题。百年大计教育为本，千年大计人才为基。2015 年 8 月 18 日，中央全面深化改革领导小组第十五次会议审议通过了《“双一流”建设总体方案》，标志着国家“双一流”战略正式出台，“双一流”战略是中共中央、国务院审时度势做出的重大发展战略，[4]是“国家大事、千年大计”，事关中国的和平崛起和中华民族的伟大复兴进程。

世界一流大学、世界一流学科、世界一流本科教育各具特色、极富个性，但也有一些共性特征、一些可以量化的同质基因，这是研发中国特色、世界接轨的“双一流”大学跟踪评价标准的前提和理论基础，为科学划分世界一流大学、世界一流学科比例提供了测算标准和参照体系。建成世界一流大学是 100 多年来中华民族的伟大梦想之一。经过 1960 年的“全国重点大学”、1995 年的“211 工程”、1998 年的“985 工程”三轮建设，目前中国大学比历史上任何时期都更接近世界一流大学和一流学科。为科学遴选和适时评估中国特色世界一流大学、世界一流学科和世界一流专业的建设状况，必须按照“世界眼光、国际标准、中国特色、高点定位”的要求研发“双一流”战略建设评价指标体系。特别是针对民族院校而言，必须围绕国内领先、世界一流目标，融汇中华民族特色和中华民族元素，站在第三方评估立场，突出对民族发展的贡献、民族特色的彰显和民族人才的培养；选择借鉴国内外大学评价研究团队的成果，[5]科学利用金字塔原理和“新闻洞”理论挑选常模评价参照指标，全面衡量民族高等教育促进个体社会化、促进社会发展两大基本功能和民族类院校培育英才、研发科技、服务社会、传创文化、国际交流五大核心职能，采用 DM、AHP 并利用社会科学统计软件包（SPSS）、数据处理系统（DPS）等，[6]最终建构起具有中华民族特色、国际水准和世界眼光的世界一流民族大学、民族学学科和专业评价标准体系（如表 9-1、表 9-2 和表 9-3 所示）。

表 9-1　中国特色世界一流民族大学评价标准

一级指标	二级指标	三级指标	指标权重	指标侧重	指标属性
民族人才培养（教学/文化传创）	教学质量	教学水平	0.104	中国特色	定性/历时数据
		校友质量	0.160	世界标准	定量/历时数据
	师资队伍	师资质量	0.120	世界标准	定量/历时数据
	培养基地	学科实力	0.096	中国特色	定性/历时数据
民族科技研发（科研/文化传创）	科研项目	科技项目	0.096	中国特色	定量/历时数据
	学术平台	创新平台	0.096	中国特色	定量/历时数据
	学术成果	科技成果	0.160	世界标准	定量/历时数据
民族社会影响（社会服务/国际交流/文化传创）	国际排名	世界排名	0.020	世界标准	定性/历时数据
	社会声誉	校友捐赠	0.050	世界标准	定量/历时数据
		生源质量	0.022	中国特色	定性/历时数据
		媒体影响	0.032	中国特色	定性/历时数据
	国际影响	学术影响	0.044	世界标准	定量/历时数据

表 9-2　中国特色世界一流民族学学科评价标准

一级指标	二级指标	三级指标	指标权重	主要观测指标	指标侧重
民族人才培养	教学质量	教学水平	0.08	（1）学生创新创业教育质量； （2）国家级、省级学生奖励	中国特色
		杰出校友	0.20	世界级学、政、商、艺体、慈善界等杰出校友	世界标准
				（1）国家级学、政、商、艺体、慈善界等杰出校友； （2）部省级、地市级学、政、商、艺体、慈善界等杰出校友	中国特色
	师资队伍	杰出师资	0.15	世界级杰出科学家和专家学者	世界标准
				（1）国家级与部省级杰出科学家和专家学者； （2）国家级教学名师	中国特色
	培养基地	学科建设	0.12	国际认证学科专业	世界标准
				（1）国家级高水平学科； （2）高水平研究院（智库）	中国特色

续表

一级指标	二级指标	三级指标	指标权重	主要观测指标	指标侧重
民族学学术研究	科研成果	科研成果	0.17	(1) 诺贝尔奖等世界级科学奖励； (2) *Nature* 等世界顶尖学术论文	世界标准
				(1) 国家级、省部级科研奖励（著作、专利、标准等）； (2) 中国顶尖学术论文	中国特色
	科研基地	创新基地	0.08	(1) 国家级知识创新、技术创新和工程转化基地； (2) 教育部科研创新基地	中国特色
		学术平台	0.05	国际三大索引	世界标准
				(1) 国家级、部级学术期刊奖励和资助项目； (2) 国内七大核心收录学术期刊； (3) 大学出版社	中国特色
	科研项目	科研项目	0.10	国际或跨国重大科研项目	世界标准
				(1) 国家级重大科技项目、自然及社科基金和软科学项目； (2) 教育部科技、社科、博士点、博士后基金项目	中国特色
国际声誉	社会影响	媒体影响	0.02	媒体宣传报道	中国特色
		国际影响	0.03	国际事务影响	世界标准

表 9-3　中国特色世界一流民族学专业评价标准

一级指标	二级指标	三级指标	指标权重	指标导向
教师质量	民族类教师队伍	理论教学型教师	0.25	国家名师
		科技研发型教师		
		实践教学型教师		
教学质量	教学成效	教学工程	0.25	卓越教学
		教学奖励		
		教学资源		
		“双创”教育		
特色声誉	专业影响	专业层次	0.25	优势学科
		专业特色		
		专业声誉		

续表

一级指标	二级指标	三级指标	指标权重	指标导向
毕业生质量	民族类毕业生发展	学界校友	0.25	杰出校友
		商界校友		
		政界校友		
		艺体界校友		
		慈善界校友		

中国特色世界一流民族大学、学科和专业的科学遴选、动态评估与弹性进出，影响面广、关涉重大，必须科学公平、慎之又慎，重点考虑对国家和民族的贡献、对世界和人类的影响。办好中国的世界一流民族大学，必须有中华民族特色；建设中国的世界一流民族学学科，必须有中华民族元素。因为中国特色蕴含世界标准、中国元素体现民族特色，越是民族的越是世界的。

第二节　中国特色世界一流民族大学建设进展评价

世界一流民族大学是已经和正在持续培养引领未来的民族人才（杰出校友）、持续产生推动民族地区和国家进步的创新思想（哲学家）、前沿科学（科学家）和未来技术（大国工匠）的民族类院校集合。利用中国特色世界一流民族大学评价指标体系，可以遴选和评估我国民族类院校的“双一流”建设状况（如表 9-4 所示），其中中央民族大学入选国家第一轮（A 类）、第二轮“双一流”建设高校及建设学科（民族学）名单。

表 9-4　中国特色世界一流民族大学建设进展

序号	名称	省域	全国排名	建设进展
1	中央民族大学	北京	90	世界知名、中国特色一流大学
2	中南民族大学	湖北	175	区域高水平大学
3	云南民族大学	云南	187	区域高水平大学
4	西南民族大学	四川	202	区域高水平大学
5	广西民族大学	广西	235	区域高水平大学
6	西北民族大学	甘肃	240	区域高水平大学

续表

序号	名称	省域	全国排名	建设进展
7	北方民族大学	宁夏	323	区域知名大学
8	内蒙古民族大学	内蒙古	328	区域知名大学
9	青海民族大学	青海	325	区域知名大学
10	西藏民族大学	西藏	328	区域知名大学
11	贵州民族大学	贵州	337	区域知名大学
12	大连民族大学	辽宁	370	区域知名大学
13	湖北民族学院	湖北	433	区域知名大学
14	四川民族学院	四川	688	区域知名大学
15	呼和浩特民族学院	内蒙古	699	区域知名大学

综合考虑党和国家战略需求、民族特色、区域均衡、学科实力、发展潜力等因素，中南民族大学的民族学有望进入 2026—2027 年度国家第三轮“双一流”建设高校及建设学科名单。

第三节　中国特色世界一流民族学学科建设进展评价

《中国教育现代化 2035》明确提出要“振兴中西部地区高等教育。提升民族教育发展水平”。[7]学科是联结高校和专业的“轴心”，是培育高级专门人才、产出高新科技的“载体”。高校发展和专业建设的核心是学科建设，是影响高校核心竞争力和发展速度的关键性因素。学科、专业是高校的核心要素，其建设水平、质量直接决定了高校的办学质量、层次和特色。学科建设是围绕提高学科水平所做的一系列基础性工作，是集学科方向、学术队伍、科学研究、人才培养、社会服务、文化传承、国际交流与合作于一体的系统控制性工程。世界一流民族学学科是拥有一流学者队伍、一流学生质量、一流科技成果、一流学术声誉、一流社会服务的民族学学科大集合。中国特色世界一流民族大学的建设核心是中国特色世界一流民族学学科的建设，必须精准掌握中国特色世界一流民族学学科建设进展（如表 9-5 所示），才能实事求是、与时俱进、扬长避短，才能科学定位、合理分类、办出特色。

表 9-5 中国特色世界一流民族学学科建设进展

全国排名	学校名称	学科类型	办学层次
1	中央民族大学	研究型	世界知名、中国特色顶尖学科
2	云南大学	研究型	世界有名、中国特色一流学科
3	中南民族大学	研究型	中国特色、世界高水平学科
4	中山大学	研究型	世界知名学科
4	西南民族大学	研究型	世界知名学科
4	兰州大学	研究型	世界知名学科
7	云南民族大学	研究型	中国一流学科
8	内蒙古大学	研究型	中国一流学科
8	广西民族大学	研究型	中国高水平学科
8	厦门大学	研究型	中国高水平学科
8	陕西师范大学	研究型	中国高水平学科
8	宁夏大学	研究型	中国高水平学科
8	西北民族大学	研究型	中国高水平学科
8	西藏民族大学	研究型	中国高水平学科
8	北方民族大学	研究型	中国高水平学科
8	青海民族大学	研究型	中国区域高水平学科
8	内蒙古师范大学	研究型	中国区域高水平学科
8	吉首大学	研究型	中国区域高水平学科
8	湖北民族学院	研究型	中国区域高水平学科
8	贵州民族大学	研究型	中国区域高水平学科
8	新疆师范大学	研究型	中国区域高水平学科
8	新疆大学	研究型	中国区域高水平学科
8	贵州大学	研究型	中国区域高水平学科
8	大连民族大学	研究型	中国区域高水平学科

在设置有民族学学科的上榜高校中，中山大学、厦门大学、中央民族大学、兰州大学、云南大学、陕西师范大学、新疆大学、贵州大学、内蒙古大学、宁夏大学等都是国家第一轮、第二轮“双一流”建设高校，其中，中央民族大学、云南大学等的民族学学科是国家第一轮、第二轮“双一流”建设学科，在教育部学位与研究生教育发展中心主持的“全国第四轮学科评估”

中结果为 A+，中南民族大学的民族学学科评估结果为 A，中山大学、西南民族大学、兰州大学的民族学学科为 B+，内蒙古大学、广西民族大学、云南民族大学的民族学学科为 B，厦门大学、陕西师范大学、宁夏大学的民族学学科为 B-。据此，在教育部“全国第五轮学科评估”中，中山大学、西南民族大学、兰州大学等校的民族学学科有望进入 A 类学科行列，宁夏大学、内蒙古大学、广西民族大学、云南民族大学等的民族学学科评级结果也有望提升。

第四节　中国特色世界一流民族学专业建设进展评价

世界一流本科教育是世界一流大学的灵魂，“建设一流本科教学、提高教学质量，是加快推进‘世界一流大学和一流学科建设’的迫切需要……一流的本科教育是一流大学的重要基础和基本特征”。[8] 世界一流本科民族教育是能够坚持立德树人，培养少数民族学生的社会责任感、家国情怀、批判思维、创新意识和实践能力的民族教育。专业是“高等教育培养学生的各个专门领域”，是大学为了满足社会分工的需要而进行的活动。这在一定程度上揭示了专业的本质内涵，表明了专业的范围、对象和功能，而“专门领域”是大学区别于其他层次教育的特征之一。具体地说，专业是承担大学最核心职能、最原始职能、最根本职能——教学的最基础的“细胞”，世界一流人才的培养、拔尖创新人才的孵化，主要在专业层面上展开。民族学专业培养具备系统的民族学基本知识，有培养潜能的民族学专门人才，以及能在国家机关、文教事业、新闻出版、社会团体和各类企事业部门从事实际工作的应用型、复合型高级专门人才。对于中国民族类院校而言，要建设中国特色世界一流大学，必须优先建成中国特色世界一流的专业（如表 9-6 所示），开展世界一流的本科教育。

表 9-6　中国特色世界一流专业建设进展

名次	学校名称	专业层次	所在省域	地区排名
1	中央民族大学	世界知名高水平、中国顶尖专业	北京	1
2	云南大学	世界高水平、中国顶尖专业	云南	1
3	中南民族大学	世界高水平、中国顶尖专业	湖北	1
4	中山大学	世界知名、中国一流专业	广东	1
5	兰州大学	中国高水平专业	甘肃	1

续表

名次	学校名称	专业层次	所在省域	地区排名
6	宁夏大学	中国高水平专业	宁夏	1
6	新疆大学	中国高水平专业	新疆	1
6	内蒙古大学	中国高水平专业	内蒙古	1
6	云南民族大学	中国高水平专业	云南	2
6	广西民族大学	中国高水平专业	广西	1
6	西南民族大学	中国高水平专业	四川	1
6	西北民族大学	中国高水平专业	甘肃	1
6	贵州民族大学	中国高水平专业	贵州	1
14	西藏民族大学	中国知名、区域一流专业	陕西	1
15	内蒙古民族大学	中国知名、区域一流专业	内蒙古	2
15	新疆师范大学	中国知名、区域一流专业	新疆	2

单纯就民族学专业的实力而言，云南民族大学、广西民族大学等的专业实力可能要强于中山大学、兰州大学等高校，但考虑民族学专业所在高校的综合实力，对于考生和家长等而言，中山大学、兰州大学等“双一流”建设高校的民族学专业核心实力强于非“双一流”建设高校。

第五节　中国特色世界一流民族大学和学科专业发展理路

从中国民族类院校、民族学学科、民族学专业的评价结果来看，无论是办学综合实力、核心竞争力还是质量特色，民族类院校离中国特色世界一流大学还有较大的差距，相较于哈佛大学、剑桥大学、北京大学等还有较多上升的空间，相较于民族类院校而言，已有若干数量的世界知名高水平学科、世界知名中国顶尖专业，离中国特色世界一流学科专业仅一步之遥。建议中央政府在国家“双一流”战略统筹布局中，单列“民族类院校拔尖支撑计划”和“民族学学科专业振兴计划”，引导地方政府与中央一道加大对民族类院校的综合投入，吸引和培育更多全球创新型人才加入民族高等教育系统，增强民族院校师资队伍的核心竞争力。

在中国“双一流”民族大学、民族学学科建设指导思想和建设路径上，民族类院校要坚持“立德树人”教育根本任务，坚持“以师生为中心”，坚持教学主体地位不动摇，坚持民族办学特色不同质化，通过打造世界一流本科民族教育，培养世界一流民族学拔尖创新人才，建设世界一流民族学学科，进而建成世界一流民族大学。对于所处地方的民族类院校而言，中央政府应领导地方政府采取整体省部共建（民族类院校）、部分省部共建（民族学学科）和示范省部共建（民族学专业）生态模式，分阶段分层次启动实施民族类高校国家—部委—省、自治区、直辖市三级“双一流”建设工程，设立时间节点和路线图，提出具体建设指标，引入第三方动态监测评估，重点推进一流民族学学科、一流民族学专业两大专项建设，实现民族类院校重点突破。其中，一流民族学学科专项建设应以省级重点学科为基础，分级分类推进，以加快形成布局合理、各具特色和优势的民族学学科体系。如围绕民族学学科发展前沿和民族问题基本理论，力争建成数个原始创新能力强的民族学优势学科；围绕国家民族政策和民族区域自治地方等的重点需求，建成若干服务少数民族地区经济社会发展的急需学科；在民族史学、民族语言文字学、蒙古学、藏学、维吾尔学、壮学等重点领域，打造一批特色学科群。在一流民族学专业专项建设方面，高度聚焦民族政策、少数民族政治制度、民族关系史、少数民族习俗等领域，支持建设一批本科特色示范专业点、特色专业群，以及服务地方民族支柱产业的高职（专科）专业点、高职（专科）骨干专业点。力争到2035年，我国民族类院校能建成若干与民族发展和民族地区创新驱动紧密相关、在国内具有一定优势和特色的民族学学科，其中2~3个民族学专业点进入国内前列，1~2个民族学学科进入ESI排名前1%，实现民族类院校综合排名提升、国际声誉彰显，1所民族类院校接近中国特色世界一流大学水平。

对于中央民族大学、云南大学、中南民族大学等民族学学科强校而言，要坚持以民族学学科建设为龙头、特色，聚焦世界各民族发展前沿，围绕党和国家关于民族地区发展的战略规划和各民族重大需求，实施“民族学一流学科建设计划”“民族学学科基础振兴计划”“新时代新文科新民族学发展计划”等，构建适应未来发展需要的民族学学科新体系，着力实现“一个引领”（民族学引领民族研究）、保持“两个第一”（民族学学科在推动铸牢中华民族共同体意识和人类命运共同体方面的第一）、建设“三个中心”（民族制度研究、民族文化博览、民族文物收藏中心）的目标。实现民族学引领民族研究，民族学学科要以推动铸牢中华民族共同体意识和人类命运共同体研究为主线，创新学科知识内涵、拓展学科外延、创新民族研究理论方法，建设民族研究新型特色智库，为全球民族治理和民族问题解决贡献中国智慧、中国方案，率先建成民族地区治理与民族问题解决高层次人才培养重镇。为实现中华民族伟大复兴的中国梦，加快民族高等教育发展步伐，率先建成富有中华民族特色的世界一流大学集群，建议在民族类院校实施“人才队伍提升”“教育质量提升”“科研能力提升”“开放合作提升”等四大工程，以整合全球优质富余资源，提升民族类院校世界声誉和国际竞争力。民族类院校要结合民族学学科专业建设实际需求，加大高层次少数民族人才培养和引进力度，面向海内外引进一批高层次创新型领军人才，以此夯实人才培养和科研创新的人力资源基础。在实施科研能力提升工程中，民族类院校要瞄准民族学学科专业建设和民族战略新兴行业产业发展需要，分层、分类、分批构建民族类院校科研平台体系（知识生产、成果转化、产品展示平台），以提高科技创新源头供给能力。民族类院校中的“国家队”应瞄准 ESI 世界排名前 1%的战略目标，遴选出民族学学科中的优势特色领域采取国际合作、省部委共建、校企协同等模式，优化布局，整合资源，在国家级科研平台、产学研合作示范基地、创新团队、新型智库等方面建设获得标志性成果。民族类院校要倡议凝聚民族优势，塑造民族特色，整合民族资源，形成民族品牌，发挥民族类院校与世界各民族互联互通的独特优势，依托国家“一带一路”倡议，大力实施全面对外开放合作提升工程，与世界一流大学、学术机构广泛开展合作交流。具体地说，中央民族大学、云南大学、中南民族大学、云南民族大学、内蒙古民族大学、西藏民族大学、喀什大学等高校，要积极贯彻落实中共中央办公厅、国务院办公厅《关于做好新时期教育对外开放工作的若干意见》精神，创建“一带一路”民族院校联盟，主动“走出去”“引进来”，大力开办中外合作办学机构及项目，到海外联合建立中国语言文化中心或孔子学院，推介中华民族优秀传统文化，讲好中国民族故事；与国外高水平大学开展教师交流、学生交换、学分学历互认、师生联合培养等，千方百计扩大来华留学生规模，并积极开展国际科技合作，培育一批国际协同创新中心、科技合作基地以及合作联合实验室。此外，我国民族类院校还应构建多领域、多类型、多层次的少数民族人才培养体系，改革人才培养模式，创新人才培养流程，实施民族高等教育质量提升工程。进一步推进民族类院校人事制度改革、高校科研体制机制改革等，从制度上保障、推进“双一流”的建设。[9]

建设中国特色世界一流民族大学、民族学科和专业，任重而道远。国家“双一流”战略蓝图已经绘就，但中国民族类院校践行“双一流”战略的路线图，必然需要顶层设计，以高瞻远瞩的眼界、矢志不渝的追求、勇往直前的气魄、大公无私的原则、献身科学的精神、大刀阔斧的改革、协同创新的方法、分类错位的发展、系统连贯的措施、脚踏实地的行动，落实教学名校、科技兴校、人才强校工程，中国民族类院校才有可能早日建成富有中华民族特色世界一流大学、一流学科、一流专业，可持续培养各民族拔尖创新人才。中国民族院校是保护与传承少数民族传统文化、培养少数民族传统文化保护者和传承人等的重要中心，少数民族传统文化是一个巨大宝藏，是中华文化的重要组成部分，是中华民族共有的精神财富，保护好、传承好、发展好少数民族传统文化，对于构建社会主义和谐社会、增强中华民族的凝聚力和创造力具有重要意义。党的十八大以来，以习近平同志为核心的党中央高度重视民族文化保护与发展，少数民族传统文化在创造性转化与发展中迸发新活力，为“中华民族一家亲，同心共筑中国梦”凝聚起强大的精神力量。中国民族类院校要努力在各族群众中加强社会主义核心价值观教育，牢固树立正确的祖国观、民族观、文化观、历史观，要以此为引领，推动各民族文化的传承保护和创新交融。中国民族类院校还要通过国际化传承弘扬中华优秀传统文化，保护和发展少数民族传统文化，实现高等教育现代化和高等教育强国梦，[10]服务“京津冀协同发展”“西部大开发”“黄河流域生态保护和高质量发展”等国家战略和“一带一路”等国际倡议，参与和谐世界和人类命运共同体建构，成为中国和平崛起和实现中华民族伟大复兴中国梦的积极参与者、主动贡献者与智慧助力者。[11]

【参考文献】

［1］中华人民共和国国民经济和社会发展第十四个五年规划和2035年远景目标纲要［N］. 人民日报，2021-03-13（1、5、6、7、8、9、10、11、12、13）.

［2］冯用军．中国特色世界一流大学和世界一流学科建设若干基本问题研究（上）：以湖北为例［J］. 决策与信息，2016（11）：82.

［3］国务院．关于印发“十三五”促进民族地区和人口较少民族发展规划的通知［Z］. 国发〔2016〕79号，2016年12月24日．

［4］李元元．办好中国特色世界一流大学［N］. 人民日报，2015-09-10（7）.

［5］艾瑞深研究院．校友会2017中国大学排行榜700强，北京大学十连冠［EB/OL］.（2017-06-20）［2022-08-01］. http：//www. cuaa. net/cur/2014/xjindex. shtml.

［6］伊继东，冯用军，刘六生．高等教育均衡测算指标体系及方法的前期研究［J］．教育科学，2007（4）：65.

［7］．中共中央　国务院印发《中国教育现代化 2035》［N］．人民日报，2019-02-24（1）．

［8］储召生．一流大学本科教学高峰论坛举行［N］．中国教育报，2016-05-07（2）．

［9］李星婷．重庆市分阶段分层次启动实施“双一流”建设力争到 2020 年有 30 个左右专业点进入国内前列［EB/OL］．（2017-06-20）［2022-08-01］．http://www.moe.edu.cn/srcsite/A01/s7048/201007/t20100729_171904.html.

［10］瞿振元．积极推动一批大学和学科跻身世界一流［N］．中国教育报，2016-09-29（8）．

［11］冯用军．中国特色世界一流民族大学和民族学学科专业建设进展评价研究［J］．民族高等教育研究，2017（5）：1-8.

第十章　第三轮中国“双一流”建设高校遴选评价先导研究

导读：2017 年、2022 年，教育部、财政部、国家发展改革委先后公布了第一轮、第二轮“双一流”建设高校及建设学科。其中，第一轮“双一流”建设高校中一流大学建设高校 42 所（A 类 36 所、B 类 6 所），一流学科建设高校 98 所（中国地质大学、中国石油大学、中国矿业大学两地独立办学，分开统计为 6 所，统称为 C 类），总计 140 所；第二轮“双一流”建设高校及建设学科共有建设高校 147 所（中国地质大学、中国石油大学、中国矿业大学两地独立办学，分开统计为 6 所；新增 7 所），建设学科中数学、物理、化学、生物学等基础学科布局 59 个、工程类学科 180 个、哲学社会科学学科 92 个。北京大学、清华大学自主建设的学科自行公布。为增强建设动力，完善约束机制，对首轮建设成效未完全达到预期、相比同类学科在整体发展水平、可持续发展能力和成长提升程度方面相对偏后的 15 所高校的 16 个学科给予警示（含撤销），相关学科应加强整改，2023 年接受再评价，届时未通过的，将调出建设范围。这就意味着，到 2023 年，第二轮“双一流”建设高校及建设学科可能会发生变动，从而给候补的非“双一流”高校提供了千载难逢的机遇，即如果学校拥有世界一流学科的综合实力和核心竞争力，有可能不用等到 2026—2027 年度就能增补进第二轮国家“双一流”建设高校及建设学科名单。

2018 年 9 月 10 日，全国教育大会在北京召开，习近平总书记出席会议并发表重要讲话。习近平总书记在全国教育大会讲话中提出的“九个坚持”重要论述，是我们开展第三轮中国“双一流”建设高校遴选评价先导研究的重要指导思想。他站在新时代坚持和发展中国特色社会主义的战略高度，深刻回顾了新中国成立 70 年来特别是党的十八大以来，我国教育事业发生的历史性变革、取得的历史性成就，系统总结了推进我国教育改革发展的“九个坚持”，对“第二个一百年”教育工作做出了重大部署，为加快推进教育现代化、通过建设“双一流”大学建成教育强国、办好人民满意的教育等提供了根本遵循。[1]“九个坚持”源于中国特色社会主义教育的伟大实践，是新时代中国特色社会主义教育的根本指针，是新时代党的教育理论的重大创新。[2]自中国共产党成立以来，党总揽全局、协调各方，坚持党对教育事业的全面领导，坚持把立德树人作为根本任务，坚持优先发展教育事业，坚持社会主义办学方向，坚持扎根中国大地办教育，坚持以人民为中心发展教育，坚持深化教育改革创新，坚持把服务中华民族伟大复兴作为教育的重要使命，坚持把教师队伍建设作为基础工作。“九个坚持”深刻回答了新时代中国高等教育“培养什么人、怎样培养人、为谁培养人”这一根本问题和“谁来培养人”这一核心问题，思想深刻、内涵丰富，是我们党对我国高等教育事业规律性认识的深化，是我们党在高等教育丰富实践基础上的理论创新成果，是习近平新时代中国特色社会主义思想的重要组成部分，来之不易，在推进新一轮“双一流”大学建设中必须始终坚持并不断丰富发展。

教育是国之大计、党之大计、民族之大计。党的十八大以来，以习近平同志为核心的党中央高度重视教育事业，习近平总书记到高等学校考察并同师生们座谈，给小学生、中学生、大学生和老师们回信，对推进教育改革发展提出了一系列新理念新思想新观点新论断，是马克思主义教育思想与中国教育实践相结合的原创性贡献。自中华人民共和国成立以来，特别是党的十八大以来，我国高等教育事业之所以取得巨大成就，根本就在于以“九个坚持”指导高等教育改革发展的实践，使高等教育事业的中国特色更加鲜明，高等教育现代化加速推进，用20年左右的时间实现了高等教育普及化，高等教育方面人民群众获得感明显增强，我国高等教育的国际影响力和核心竞争力加快提升，受高等教育总人数和比例显著增加，14亿多中国人民的思想道德素质和科学文化素质全面提升。因此，在建设中国特色世界一流大学的道路上，也要以“九个坚持”为根本遵循，扎根中国大地办大学、扎根中国大学建学科。[3]

教育兴则国家兴，教育强则国家强。中国“双一流”大学建设对于培养拔尖创新人才、提高人民综合素质、促进人的全面发展、增强中华民族创新创造活力、实现中华民族伟大复兴具有决定性意义。只有抓住机遇、超前布局，以更高远的历史站位、更宽广的国际视野、更深邃的战略眼光，加快对推进高等教育现代化、建设高等教育强国做出总体部署，坚持把加快建设“双一流”大学作为推动党和国家各项事业发展的重要先手棋，我们才能筑牢“建设高等教育强国”这个中华民族伟大复兴的提升工程，培养一代又一代德智体美劳全面发展的社会主义建设者和接班人，用好红色资源，传承好红色基因，培养出红色人才，把红色江山世世代代传下去。紧密团结在以习近平同志为核心的党中央周围，牢牢把握教育改革发展特别是高等教育改革发展的“九个坚持”，[4]真抓实干，开拓进取，我们就一定能在加快推进高等教育现代化、建设高等教育强国的伟大实践中，迎来中华民族的伟大复兴。

“动态监测+绩效评价”是国家治理高等教育的核心方法，也是推进高等教育治理体系和治理能力现代化的重要举措。“双一流”战略是国家意志、民族大计、百年梦想、千亿工程，事关中国和平崛起、中华民族伟大复兴中国梦的实现。“双一流”建设动态监测与跟踪评估是系统工程，是国家教育主权和教育治理权的重要体现，有充分的法理依据。总体而言，在习近平新时代中国特色社会主义思想指导下，坚持和完善中国特色现代大学评价制度，推进大学评价体系和评价能力现代化，破解“双一流”大学建设成效动态监测评价机制“卡脖子工程”技术，是高等教育工作者的一项重大战略任务。

建设中国特色世界一流大学，对于中国、中华民族和中国人民而言，具有重大战略意义。按照江泽民同志在北京大学百年校庆大会上讲话的精神，“为了实现现代化，我国要有若干所具有世界先进水平的一流大学”。经过长期的建设和积累，我国少数大学在少数学科与高新技术领域已达到和接近国际先进水平，拥有一批高水平的教授，尤其是本科生培养质量较高，为创建世界一流大学创造了条件。为此要相对集中国家有限财力，调动多方面积极性，从重点学科建设入手，加大投入力度，对若干所高等学校和已经接近并有条件达到国际先进水平的学科进行重点建设。今后 10～20 年，争取若干所大学和一批重点学科进入世界一流水平。同时要按照中共中央、国务院印发的《深化新时代教育评价改革总体方案》，改革教育评价制度，推行新的教育评价制度。由此可见，2021 年是 140 所第一轮中国“双一流”大学建设成效动态监测评估的“期末大考”之年，2022 年是系统遴选并发布第二轮中国“双一流”建设高校及建设学科名单之年，2023 年将是第一轮中国“双一流”大学中被“给予公开警示（含撤销）的首轮建设学科”的复查之年，按照 5

年一轮的建设周期，2026年将是第二轮中国“双一流”大学建设成效动态监测评估之年，2027年将公布第三轮中国“双一流”建设高校和建设学科名单。为增强建设动力，完善约束机制，对首轮建设成效未完全达到预期、相比同类学科在整体发展水平、可持续发展能力和成长提升程度方面相对偏后的15所高校的16个学科给予警示（含撤销），相关学科应加强整改，2023年接受再评价，届时未通过的，将调出建设范围。这就意味着，到2023年，第二轮“双一流”建设高校及建设学科可能会发生变动，从而给候补的非“双一流”高校提供了千载难逢的机遇，即如果学校拥有世界一流学科的综合实力和核心竞争力，有可能不用等到2026—2027年度就能增补进第二轮国家“双一流”建设高校及建设学科名单。因此，开展第三轮中国“双一流”建设高校遴选评价先导研究，具有非常重要的理论价值和实践指导意义。

第一节　第一轮、第二轮国家“双一流”建设高校及学科概述

“双一流”战略是中共中央、国务院做出的重大战略决策，是中国高等教育领域继“211工程”“985工程”等之后的又一国家战略，有利于提升中国高等教育综合实力和国际竞争力，为实现“两个一百年”奋斗目标和实现中华民族伟大复兴中国梦提供强力支撑。2017年1月，经国务院批准，教育部、财政部、国家发展改革委印发《“双一流”建设实施办法》；9月21日，教育部、财政部、国家发展改革委联合发布《关于公布世界一流大学和一流学科建设高校及建设学科名单的通知》。2022年2月14日，教育部、财政部、国家发展改革委公布第二轮“双一流”建设高校及建设学科名单，同时公布给予公开警示（含撤销）的首轮建设学科名单。

一、第一轮国家“双一流”建设高校及建设学科名单

根据国务院《“双一流”建设总体方案》以及教育部等三部委《“双一流”建设实施办法》，经专家委员会遴选认定，教育部、财政部、国家发展改革委研究并报国务院批准，2017年公布了第一轮世界一流大学和一流学科建设高校及建设学科名单。

（一）“双一流”建设高校名单

1. 一流大学建设高校42所

（1）A类36所。

北京大学、中国人民大学、清华大学、北京航空航天大学、北京理工大学、中国农业大学、北京师范大学、中央民族大学、南开大学、天津大学、大连理工大学、吉林大学、哈尔滨工业大学、复旦大学、同济大学、上海交通大学、华东师范大学、南京大学、东南大学、浙江大学、中国科学技术大学、厦门大学、山东大学、中国海洋大学、武汉大学、华中科技大学、中南大学、中山大学、华南理工大学、四川大学、重庆大学、电子科技大学、西安交通大学、西北工业大学、兰州大学、国防科技大学。

（2）B类6所。

东北大学、郑州大学、湖南大学、云南大学、西北农林科技大学、新疆大学。

2. 一流学科建设高校95所

北京交通大学、北京工业大学、北京科技大学、北京化工大学、北京邮电大学、北京林业大学、北京协和医学院、北京中医药大学、首都师范大学、北京外国语大学、中国传媒大学、中央财经大学、对外经济贸易大学、外交学院、中国人民公安大学、北京体育大学、中央音乐学院、中国音乐学院、中央美术学院、中央戏剧学院、中国政法大学、天津工业大学、天津医科大学、天津中医药大学、华北电力大学、河北工业大学、太原理工大学、内蒙古大学、辽宁大学、大连海事大学、延边大学、东北师范大学、哈尔滨工程大学、东北农业大学、东北林业大学、华东理工大学、东华大学、上海海洋大学、上海中医药大学、上海外国语大学、上海财经大学、上海体育学院、上海音乐学院、上海大学、苏州大学、南京航空航天大学、南京理工大学、中国矿业大学、南京邮电大学、河海大学、江南大学、南京林业大学、南京信息工程大学、南京农业大学、南京中医药大学、中国药科大学、南京师范大学、中国美术学院、安徽大学、合肥工业大学、福州大学、南昌大学、河南大学、中国地质大学、武汉理工大学、华中农业大学、华中师范大学、中南财经政法大学、湖南师范大学、暨南大学、广州中医药大学、华南师范大学、海南大学、广西大学、西南交通大学、西南石油大学、成都理工大学、四川农业大学、成都中医药大学、西南大学、西南财经大学、贵州大学、西藏大学、西北大学、西安电子科技大学、长安大学、陕西师范大学、青海大学、宁夏大学、石河子大学、中国石油大学、宁波大学、中国科学院大学、第二军医大学、第四军医大学。

（二）“双一流”建设学科名单

北京大学：哲学、理论经济学、应用经济学、法学、政治学、社会学、马克思主义理论、心理学、中国语言文学、外国语言文学、考古学、中国史、世界史、数学、物理学、化学、地理学、地球物理学、地质学、生物学、生态学、统计学、力学、材料科学与工程、电子科学与技术、控制科学与工程、计算机科学与技术、环境科学与工程、软件工程、基础医学、临床医学、口腔医学、公共卫生与预防医学、药学、护理学、艺术学理论、现代语言学、语言学、机械及航空航天和制造工程、商业与管理、社会政策与管理。

中国人民大学：哲学、理论经济学、应用经济学、法学、政治学、社会学、马克思主义理论、新闻传播学、中国史、统计学、工商管理、农林经济管理、公共管理、图书情报与档案管理。

清华大学：法学、政治学、马克思主义理论、数学、物理学、化学、生物学、力学、机械工程、仪器科学与技术、材料科学与工程、动力工程及工程热物理、电气工程、信息与通信工程、控制科学与工程、计算机科学与技术、建筑学、土木工程、水利工程、化学工程与技术、核科学与技术、环境科学与工程、生物医学工程、城乡规划学、风景园林学、软件工程、管理科学与工程、工商管理、公共管理、设计学、会计与金融、经济学和计量经济学、统计学与运筹学、现代语言学。

北京交通大学：系统科学。

北京工业大学：土木工程（自定）。

北京航空航天大学：力学、仪器科学与技术、材料科学与工程、控制科学与工程、计算机科学与技术、航空宇航科学与技术、软件工程。

北京理工大学：材料科学与工程、控制科学与工程、兵器科学与技术。

北京科技大学：科学技术史、材料科学与工程、冶金工程、矿业工程。

北京化工大学：化学工程与技术（自定）。

北京邮电大学：信息与通信工程、计算机科学与技术。

中国农业大学：生物学、农业工程、食品科学与工程、作物学、农业资源与环境、植物保护、畜牧学、兽医学、草学。

北京林业大学：风景园林学、林学。

北京协和医学院：生物学、生物医学工程、临床医学、药学。

北京中医药大学：中医学、中西医结合、中药学。

北京师范大学：教育学、心理学、中国语言文学、中国史、数学、地理学、系统科学、生态学、环境科学与工程、戏剧与影视学、语言学。

首都师范大学：数学。

北京外国语大学：外国语言文学。

中国传媒大学：新闻传播学、戏剧与影视学。

中央财经大学：应用经济学。

对外经济贸易大学：应用经济学（自定）。

外交学院：政治学（自定）。

中国人民公安大学：公安学（自定）。

北京体育大学：体育学。

中央音乐学院：音乐与舞蹈学。

中国音乐学院：音乐与舞蹈学（自定）。

中央美术学院：美术学、设计学。

中央戏剧学院：戏剧与影视学。

中央民族大学：民族学。

中国政法大学：法学。

南开大学：世界史、数学、化学、统计学、材料科学与工程。

天津大学：化学、材料科学与工程、化学工程与技术、管理科学与工程。

天津工业大学：纺织科学与工程。

天津医科大学：临床医学（自定）。

天津中医药大学：中药学。

华北电力大学：电气工程（自定）。

河北工业大学：电气工程（自定）。

太原理工大学：化学工程与技术（自定）。

内蒙古大学：生物学（自定）。

辽宁大学：应用经济学（自定）。

大连理工大学：化学、工程。

东北大学：控制科学与工程。

大连海事大学：交通运输工程（自定）。

吉林大学：考古学、数学、物理学、化学、材料科学与工程。

延边大学：外国语言文学（自定）。

东北师范大学：马克思主义理论、世界史、数学、化学、统计学、材料科学与工程。

哈尔滨工业大学：力学、机械工程、材料科学与工程、控制科学与工程、计算机科学与技术、土木工程、环境科学与工程。

哈尔滨工程大学：船舶与海洋工程。

东北农业大学：畜牧学（自定）。

东北林业大学：林业工程、林学。

复旦大学：哲学、政治学、中国语言文学、中国史、数学、物理学、化学、生物学、生态学、材料科学与工程、环境科学与工程、基础医学、临床医学、中西医结合、药学、机械及航空航天和制造工程、现代语言学。

同济大学：建筑学、土木工程、测绘科学与技术、环境科学与工程、城乡规划学、风景园林学、艺术与设计。

上海交通大学：数学、化学、生物学、机械工程、材料科学与工程、信息与通信工程、控制科学与工程、计算机科学与技术、土木工程、化学工程与技术、船舶与海洋工程、基础医学、临床医学、口腔医学、药学、电子电气工程、商业与管理。

华东理工大学：化学、材料科学与工程、化学工程与技术。

东华大学：纺织科学与工程。

上海海洋大学：水产。

上海中医药大学：中医学、中药学。

华东师范大学：教育学、生态学、统计学。

上海外国语大学：外国语言文学。

上海财经大学：统计学。

上海体育学院：体育学。

上海音乐学院：音乐与舞蹈学。

上海大学：机械工程（自定）。

南京大学：哲学、中国语言文学、外国语言文学、物理学、化学、天文学、大气科学、地质学、生物学、材料科学与工程、计算机科学与技术、化学工程与技术、矿业工程、环境科学与工程、图书情报与档案管理。

苏州大学：材料科学与工程（自定）。

东南大学：材料科学与工程、电子科学与技术、信息与通信工程、控制科学与工程、计算机科学与技术、建筑学、土木工程、交通运输工程、生物医学工程、风景园林学、艺术学理论。

南京航空航天大学：力学。

南京理工大学：兵器科学与技术。

中国矿业大学：安全科学与工程、矿业工程。

南京邮电大学：电子科学与技术。

河海大学：水利工程、环境科学与工程。

江南大学：轻工技术与工程、食品科学与工程。

南京林业大学：林业工程。

南京信息工程大学：大气科学。

南京农业大学：作物学、农业资源与环境。

南京中医药大学：中药学。

中国药科大学：中药学。

南京师范大学：地理学。

浙江大学：化学、生物学、生态学、机械工程、光学工程、材料科学与工程、电气工程、控制科学与工程、计算机科学与技术、农业工程、环境科学与工程、软件工程、园艺学、植物保护、基础医学、药学、管理科学与工程、农林经济管理。

中国美术学院：美术学。

安徽大学：材料科学与工程（自定）。

中国科学技术大学：数学、物理学、化学、天文学、地球物理学、生物学、科学技术史、材料科学与工程、计算机科学与技术、核科学与技术、安全科学与工程。

合肥工业大学：管理科学与工程（自定）。

厦门大学：化学、海洋科学、生物学、生态学、统计学。

福州大学：化学（自定）。

南昌大学：材料科学与工程。

山东大学：数学、化学。

中国海洋大学：海洋科学、水产。

中国石油大学（华东）：石油与天然气工程、地质资源与地质工程。

郑州大学：临床医学（自定）、材料科学与工程（自定）、化学（自定）。

河南大学：生物学。

武汉大学：理论经济学、法学、马克思主义理论、化学、地球物理学、生物学、测绘科学与技术、矿业工程、口腔医学、图书情报与档案管理。

华中科技大学：机械工程、光学工程、材料科学与工程、动力工程及工程热物理、电气工程、计算机科学与技术、基础医学、公共卫生与预防医学。

中国地质大学（武汉）：地质学、地质资源与地质工程。

武汉理工大学：材料科学与工程。

华中农业大学：生物学、园艺学、畜牧学、兽医学、农林经济管理。

华中师范大学：政治学、中国语言文学。

中南财经政法大学：法学（自定）。

湖南大学：化学、机械工程。

中南大学：数学、材料科学与工程、冶金工程、矿业工程。

湖南师范大学：外国语言文学（自定）。

中山大学：哲学、数学、化学、生物学、生态学、材料科学与工程、电子科学与技术、基础医学、临床医学、药学、工商管理。

暨南大学：药学（自定）。

华南理工大学：化学、材料科学与工程、轻工技术与工程、农学。

广州中医药大学：中医学。

华南师范大学：物理学。

海南大学：作物学（自定）。

广西大学：土木工程（自定）。

四川大学：数学、化学、材料科学与工程、基础医学、口腔医学、护理学。

重庆大学：机械工程（自定）、电气工程（自定）、土木工程（自定）。

西南交通大学：交通运输工程。

电子科技大学：电子科学与技术、信息与通信工程。

西南石油大学：石油与天然气工程。

成都理工大学：地质学。

四川农业大学：作物学（自定）。

成都中医药大学：中药学。

西南大学：生物学。

西南财经大学：应用经济学（自定）。

贵州大学：植物保护（自定）。

云南大学：民族学、生态学。

西藏大学：生态学（自定）。

西北大学：地质学。

西安交通大学：力学、机械工程、材料科学与工程、动力工程及工程热物理、电气工程、信息与通信工程、管理科学与工程、工商管理。

西北工业大学：机械工程、材料科学与工程。

西安电子科技大学：信息与通信工程、计算机科学与技术。

长安大学：交通运输工程（自定）。

西北农林科技大学：农学。

陕西师范大学：中国语言文学（自定）。

兰州大学：化学、大气科学、生态学、草学。

青海大学：生态学（自定）。

宁夏大学：化学工程与技术（自定）。

新疆大学：马克思主义理论（自定）、化学（自定）、计算机科学与技术（自定）。

石河子大学：化学工程与技术（自定）。

中国矿业大学（北京）：安全科学与工程、矿业工程。

中国石油大学（北京）：石油与天然气工程、地质资源与地质工程。

中国地质大学（北京）：地质学、地质资源与地质工程。

宁波大学：力学。

中国科学院大学：化学、材料科学与工程。

国防科技大学：信息与通信工程、计算机科学与技术、航空宇航科学与技术、软件工程、管理科学与工程。

第二军医大学：基础医学。

第四军医大学：临床医学（自定）。

（三）第一轮“双一流”建设高校及学科的量化统计

第一轮“双一流”建设高校 140 所，基本是原“211 工程”院校，其大区、省份分布等量化情况如表 10-1 所示。

表 10-1　第一轮“双一流”建设高校及学科的量化

2017 序列	省份	校名	学科	数量/个
华北地区（高校 42 所/学科 177 个）				
1	北京（高校 34 所/学科 162 个）	北京大学	哲学、理论经济学、应用经济学、法学、政治学、社会学、马克思主义理论、心理学、中国语言文学、外国语言文学、考古学、中国史、世界史、数学、物理学、化学、地理学、地球物理学、地质学、生物学、生态学、统计学、力学、材料科学与工程、电子科学与技术、控制科学与工程、计算机科学与技术、环境科学与工程、软件工程、基础医学、临床医学、口腔医学、公共卫生与预防医学、药学、护理学、艺术学理论、现代语言学、语言学、机械及航空航天和制造工程、商业与管理、社会政策与管理	41
		中国人民大学	哲学、理论经济学、应用经济学、法学、政治学、社会学、马克思主义理论、新闻传播学、中国史、统计学、工商管理、农林经济管理、公共管理、图书情报与档案管理	14
		清华大学	法学、政治学、马克思主义理论、数学、物理学、化学、生物学、力学、机械工程、仪器科学与技术、材料科学与工程、动力工程及工程热物理、电气工程、信息与通信工程、控制科学与工程、计算机科学与技术、建筑学、土木工程、水利工程、化学工程与技术、核科学与技术、环境科学与工程、生物医学工程、城乡规划学、风景园林学、软件工程、管理科学与工程、工商管理、公共管理、设计学、会计与金融、经济学和计量经济学、统计学与运筹学、现代语言学	34
		北京航空航天大学	力学、仪器科学与技术、材料科学与工程、控制科学与工程、计算机科学与技术、航空宇航科学与技术、软件工程	7
		北京理工大学	材料科学与工程、控制科学与工程、兵器科学与技术	3
		中国农业大学	生物学、农业工程、食品科学与工程、作物学、农业资源与环境、植物保护、畜牧学、兽医学、草学	9

续表

2017序列	省份	校名	学科	数量/个
华北地区（高校42所/学科177个）				
1	北京（高校34所/学科162个）	北京师范大学	教育学、心理学、中国语言文学、中国史、数学、地理学、系统科学、生态学、环境科学与工程、戏剧与影视学、语言学	11
		中央民族大学	民族学	1
		北京交通大学	系统科学	1
		北京工业大学	土木工程（自定）	1
		北京科技大学	科学技术史、材料科学与工程、冶金工程、矿业工程	4
		北京化工大学	化学工程与技术（自定）	1
		北京邮电大学	信息与通信工程、计算机科学与技术	2
		北京林业大学	风景园林学、林学	2
		北京协和医学院	生物学、生物医学工程、临床医学、药学	4
		北京中医药大学	中医学、中西医结合、中药学	3
		首都师范大学	数学	1
		北京外国语大学	外国语言文学	1
		中国传媒大学	新闻传播学、戏剧与影视学	2
		中央财经大学	应用经济学	1
		对外经济贸易大学	应用经济学（自定）	1
		外交学院	政治学（自定）	1
		中国人民公安大学	公安学（自定）	1
		北京体育大学	体育学	1
		中央音乐学院	音乐与舞蹈学	1
		中国音乐学院	音乐与舞蹈学（自定）	1
		中央美术学院	美术学、设计学	2
		中央戏剧学院	戏剧与影视学	1
		中国政法大学	法学	1
		中国科学院大学	化学、材料科学与工程	2
		华北电力大学（北京）	电气工程（自定）	1
		中国石油大学（北京）	石油与天然气工程、地质资源与地质工程	2
		中国地质大学（北京）	地质学、地质资源与地质工程	2
		中国矿业大学（北京）	安全科学与工程、矿业工程	2

续表

2017 序列	省份	校名	学科	数量/个
华北地区（高校 42 所/学科 177 个）				
2	天津（高校 5 所/学科 12 个）	南开大学	世界史、数学、化学、统计学、材料科学与工程	5
		天津大学	化学、材料科学与工程、化学工程与技术、管理科学与工程	4
		天津工业大学	纺织科学与工程	1
		天津医科大学	临床医学（自定）	1
		天津中医药大学	中药学	1
3	河北（高校 1 所/学科 1 个）	河北工业大学（天津）	电气工程（自定）	1
4	山西（高校 1 所/学科 1 个）	太原理工大学	化学工程与技术（自定）	1
5	内蒙古（高校 1 所/学科 1 个）	内蒙古大学	生物学（自定）	1
东北地区（高校 11 所/学科 28 个）				
6	辽宁（高校 4 所/学科 5 个）	大连理工大学	化学、工程	2
		东北大学	控制科学与工程	1
		辽宁大学	应用经济学（自定）	1
		大连海事大学	交通运输工程（自定）	1
7	吉林（高校 3 所/学科 12 个）	吉林大学	考古学、数学、物理学、化学、材料科学与工程	5
		延边大学	外国语言文学（自定）	1
		东北师范大学	马克思主义理论、世界史、数学、化学、统计学、材料科学与工程	6
8	黑龙江（高校 4 所/学科 11 个）	哈尔滨工业大学	力学、机械工程、材料科学与工程、控制科学与工程、计算机科学与技术、土木工程、环境科学与工程	7
		哈尔滨工程大学	船舶与海洋工程	1
		东北农业大学	畜牧学（自定）	1
		东北林业大学	林业工程、林学	2

续表

2017 序列	省份	校名	学科	数量/个
华东地区（高校 41 所/学科 146 个）				
9	上海 （高校 14 所/ 学科 57 个）	复旦大学	哲学、政治学、中国语言文学、中国史、数学、物理学、化学、生物学、生态学、材料科学与工程、环境科学与工程、基础医学、临床医学、中西医结合、药学、机械及航空航天和制造工程、现代语言学	17
		同济大学	建筑学、土木工程、测绘科学与技术、环境科学与工程、城乡规划学、风景园林学、艺术与设计	7
		上海交通大学	数学、化学、生物学、机械工程、材料科学与工程、信息与通信工程、控制科学与工程、计算机科学与技术、土木工程、化学工程与技术、船舶与海洋工程、基础医学、临床医学、口腔医学、药学、电子电气工程、商业与管理	17
		华东师范大学	教育学、生态学、统计学	3
		华东理工大学	化学、材料科学与工程、化学工程与技术	3
		东华大学	纺织科学与工程	1
		上海海洋大学	水产	1
		上海中医药大学	中医学、中药学	2
		上海外国语大学	外国语言文学	1
		上海财经大学	统计学	1
		上海体育学院	体育学	1
		上海音乐学院	音乐与舞蹈学	1
		上海大学	机械工程（自定）	1
		中国人民解放军海军军医大学（原第二军医大学）	基础医学	1

续表

2017序列	省份	校名	学科	数量/个
华东地区（高校41所/学科146个）				
10	江苏（高校15所/学科43个）	南京大学	哲学、中国语言文学、外国语言文学、物理学、化学、天文学、大气科学、地质学、生物学、材料科学与工程、计算机科学与技术、化学工程与技术、矿业工程、环境科学与工程、图书情报与档案管理	15
		东南大学	材料科学与工程、电子科学与技术、信息与通信工程、控制科学与工程、计算机科学与技术、建筑学、土木工程、交通运输工程、生物医学工程、风景园林学、艺术学理论	11
		苏州大学	材料科学与工程（自定）	1
		南京航空航天大学	力学	1
		南京理工大学	兵器科学与技术	1
		中国矿业大学	安全科学与工程、矿业工程	2
		南京邮电大学	电子科学与技术	1
		河海大学	水利工程、环境科学与工程	2
		江南大学	轻工技术与工程、食品科学与工程	2
		南京林业大学	林业工程	1
		南京信息工程大学	大气科学	1
		南京农业大学	作物学、农业资源与环境	2
		南京中医药大学	中药学	1
		中国药科大学	中药学	1
		南京师范大学	地理学	1
11	浙江（高校3所/学科20个）	浙江大学	化学、生物学、生态学、机械工程、光学工程、材料科学与工程、电气工程、控制科学与工程、计算机科学与技术、农业工程、环境科学与工程、软件工程、园艺学、植物保护、基础医学、药学、管理科学与工程、农林经济管理	18
		中国美术学院	美术学	1
		宁波大学	力学	1

续表

2017序列	省份	校名	学科	数量/个
华东地区（高校41所/学科146个）				
12	安徽（高校3所/学科13个）	中国科学技术大学	数学、物理学、化学、天文学、地球物理学、生物学、科学技术史、材料科学与工程、计算机科学与技术、核科学与技术、安全科学与工程	11
		安徽大学	管理科学与工程（自定）	1
		合肥工业大学	材料科学与工程（自定）	1
13	福建（高校2所/学科6个）	厦门大学	化学、海洋科学、生物学、生态学、统计学	5
		福州大学	化学（自定）	1
14	江西（高校1所/学科1个）	南昌大学	材料科学与工程	1
15	山东（高校3所/学科6个）	山东大学	数学、化学	2
		中国海洋大学	海洋科学、水产	2
		中国石油大学（华东）	石油与天然气工程、地质资源与地质工程	2
华中地区（高校13所/学科45个）				
16	河南（高校2所/学科4个）	郑州大学	临床医学（自定）、材料科学与工程（自定）、化学（自定）	3
		河南大学	生物学	1
17	湖北（高校7所/学科29个）	武汉大学	理论经济学、法学、马克思主义理论、化学、地球物理学、生物学、测绘科学与技术、矿业工程、口腔医学、图书情报与档案管理	10
		华中科技大学	机械工程、光学工程、材料科学与工程、动力工程及工程热物理、电气工程、计算机科学与技术、基础医学、公共卫生与预防医学	8
		中国地质大学（武汉）	地质学、地质资源与地质工程	2
		武汉理工大学	材料科学与工程	1
		华中农业大学	生物学、园艺学、畜牧学、兽医学、农林经济管理	5
		华中师范大学	政治学、中国语言文学	2
		中南财经政法大学	法学（自定）	1

续表

2017 序列	省份	校名	学科	数量/个
华中地区（高校 13 所/学科 45 个）				
18	湖南（高校 4 所/学科 12 个）	中南大学	数学、材料科学与工程、冶金工程、矿业工程	4
		湖南大学	化学、机械工程	2
		国防科技大学	信息与通信工程、计算机科学与技术、航空宇航科学与技术、软件工程、管理科学与工程	5
		湖南师范大学	外国语言文学（自定）	1
华南地区（高校 7 所/学科 20 个）				
19	广东（高校 5 所/学科 18 个）	中山大学	哲学、数学、化学、生物学、生态学、材料科学与工程、电子科学与技术、基础医学、临床医学、药学、工商管理	11
		华南理工大学	化学、材料科学与工程、轻工技术与工程、农学	4
		暨南大学	药学（自定）	1
		广州中医药大学	中医学	1
		华南师范大学	物理学	1
20	海南（高校 1 所/学科 1 个）	海南大学	作物学（自定）	1
21	广西（高校 1 所/学科 1 个）	广西大学	土木工程（自定）	1
西南地区（高校 13 所/学科 22 个）				
22	四川（高校 8 所/学科 14 个）	四川大学	数学、化学、材料科学与工程、基础医学、口腔医学、护理学	6
		电子科技大学	电子科学与技术、信息与通信工程	2
		西南交通大学	交通运输工程	1
		西南石油大学	石油与天然气工程	1
		成都理工大学	地质学	1
		四川农业大学	作物学（自定）	1
		成都中医药大学	中药学	1
		西南财经大学	应用经济学（自定）	1

续表

2017 序列	省份	校名	学科	数量/个
西南地区（高校 13 所/学科 22 个）				
23	重庆（高校 2 所/学科 4 个）	重庆大学	机械工程（自定）、电气工程（自定）、土木工程（自定）	3
		西南大学	生物学	1
24	贵州（高校 1 所/学科 1 个）	贵州大学	植物保护（自定）	1
25	云南（高校 1 所/学科 2 个）	云南大学	民族学、生态学	2
26	西藏（高校 1 所/学科 1 个）	西藏大学	生态学（自定）	1
西北地区（高校 13 所/学科 27 个）				
27	陕西（高校 8 所/学科 17 个）	西安交通大学	力学、机械工程、材料科学与工程、动力工程及工程热物理、电气工程、信息与通信工程、管理科学与工程、工商管理	8
		西北工业大学	机械工程、材料科学与工程	2
		西北农林科技大学	农学	1
		西北大学	地质学	1
		西安电子科技大学	信息与通信工程、计算机科学与技术	2
		长安大学	交通运输工程（自定）	1
		陕西师范大学	中国语言文学（自定）	1
		中国人民解放军空军军医大学（原第四军医大学）	临床医学（自定）	1
28	甘肃（高校 1 所/学科 4 个）	兰州大学	化学、大气科学、生态学、草学	4
29	青海（高校 1 所/学科 1 个）	青海大学	生态学（自定）	1

续表

2017 序列	省份	校名	学科	数量/个
30	宁夏（高校 1 所/学科 1 个）	宁夏大学	化学工程与技术（自定）	1
31	新疆（高校 2 所/学科 4 个）	新疆大学	马克思主义理论（自定）、化学（自定）、计算机科学与技术（自定）	3
		石河子大学	化学工程与技术（自定）	1

二、第二轮国家“双一流”建设高校及建设学科名单

根据首轮监测数据和成效评价，教育部、财政部、国家发展改革委依据中共中央、国务院确定的“十四五”期间国家战略急需领域，按照“总体稳定，优化调整”的原则，经过“双一流”建设专家委员会研究，以需求为导向、以学科为基础、以比选为手段，确定了新一轮建设高校及学科范围。北京大学、清华大学在第一轮“双一流”大学建设中表现卓越，超额完成了第一轮“双一流”大学建设任务，整体办学实力接近世界一流大学水平，获得了第二轮“双一流”建设中自主确定建设学科并自行公布等办学自主权。第二轮“双一流”大学建设的一个重大变化是建设名单不再区分一流大学建设高校和一流学科建设高校，第一轮“双一流”建设高校及建设学科全部学科取消（自定）标记，教育部的目的是探索建立分类发展、分类支持、分类评价建设体系，引导建设高校切实把精力和重心聚焦有关领域、方向的创新与实质突破上，创造真正意义上的世界一流大学。具体地说，第二轮“双一流”大学建设必须全面贯彻习近平总书记系列重要讲话精神和中央人才工作会议精神，按照党中央、国务院关于“双一流”建设的决策部署，坚持以马克思主义为指导，坚持社会主义办学方向，坚持中国特色社会主义教育发展道路，全面加强党对高校的领导，立足新发展阶段、贯彻新发展理念、服务构建新发展格局，落实立德树人根本任务，突出“双一流”建设培养一流人才、服务国家战略需求、争创世界一流的导向，深化体制机制改革，不断提高建设水平，更好地为高等教育内涵式发展发挥引领作用，为建设世界重要人才中心和创新高地提供有力支撑。

（一）第二轮“双一流”建设高校及建设学科新增情况

第二轮“双一流”建设高校及建设学科分别新增7所高校、8个学科（如表10-2所示），新增的“双一流”建设高校是山西大学、湘潭大学、南京医科大学、上海科技大学、华南农业大学、广州医科大学和南方科技大学，广东3所、上海1所、湖南1所、江苏1所、山西1所。南方科技大学、上海科技大学属于新型体制机制创办的年轻大学，山西大学、华南农业大学属于百年名校，湘潭大学、广州医科大学属于新中国创办的老牌大学。广东是第二轮“双一流”大学遴选的最大赢家，总数达到8所，与陕西、四川持平，仅次于北京（34所）、江苏（16所）和上海（15所），一举超过湖北（7所）、湖南（5所）、天津（5所），将辽宁（4所）、黑龙江（4所）、浙江（3所）、山东（3所）、安徽（3所）远远抛在身后。这从侧面说明，一个省的经济实力与高等教育实力有直接关系，但最终决定能否入选“双一流”大学建设名单还是要靠大学的“独门内功”——人无我有、人有我优、人有我特、人特我强。

表10-2　第二轮“双一流”新增建设高校及学科

序号	所在省份	新增院校	建设学科
1	山西	山西大学	哲学、物理学
2	湖南	湘潭大学	数学
3	江苏	南京医科大学	公共卫生与预防医学
4	上海	上海科技大学	材料科学与工程
5	广东	华南农业大学	作物学
6		广州医科大学	临床医学
7		南方科技大学	数学

（二）第二轮“双一流”建设高校及建设学科警示情况

国家第二轮“双一流”大学建设名单的第二个重大变化是公开警示（含撤销）15所院校的16个首轮建设学科（如表10-3所示），要求高校加强整改，2023年再接受评价。由此可见，“双一流”大学建设成效监测评估结果对入选高校影响非常大，建设任务压力不小。另外，东北师范大学撤销数学，调整为教育学，主要目的是聚焦学校主责主业，发挥教师教育优势，服务党和国家对优秀基础教育师资的需求；上海财经大学撤销统计学，调整为应用经济学，主要目的是结合党和国家对上海市国际经济中心、贸易中心、金融中心、航运中心、物流集散中心、信息服务中心等的战略定位，更好地满足党和国家对优秀应用经济人才的需求；其他公开警示学校在第一轮“双一流”大学建设成效中期和终期评估中表现不好，说明未能很好地完成“双一流”方案中五大建设任务和五大改革任务，期末专家组考察建设达成度、发展度和第三方评价表现度未达到建设预期，显示高校和学科的总体建设成效较差，公开警示高校必须在1年内对标对表、从严从实、立行立改、抓出成效。

表10-3 第二轮“双一流”大学建设公开警示（含撤销）的首轮建设学科名单

学校	学科
北京中医药大学	中药学
内蒙古大学	生物学
辽宁大学	应用经济学
东北师范大学	数学（予以撤销，根据学科建设情况调整为“教育学”）
延边大学	外国语言文学
上海财经大学	统计学（予以撤销，根据学科建设情况调整为“应用经济学”）
宁波大学	力学
安徽大学	材料科学与工程
华中师范大学	中国语言文学
中南财经政法大学	法学
广西大学	土木工程
西藏大学	生态学
宁夏大学	化学工程与技术
新疆大学	化学、计算机科学与技术
中国人民解放军海军军医大学	基础医学

（三）第二轮“双一流”建设高校及学科的量化统计

第二轮“双一流”建设高校共147所，在第一轮“双一流”建设高校的基础上新增了7所，其大区、省份分布等量化情况如表10-4所示。

表 10-4　第二轮“双一流”建设高校及学科的量化

2022 序列	省份	校名	学科	数量/个
华北地区（高校 43 所/学科 186 个）				
1	北京（高校 34 所/学科 167 个）	北京大学（自定）	哲学、理论经济学、应用经济学、法学、政治学、社会学、马克思主义理论、心理学、中国语言文学、外国语言文学、考古学、中国史、世界史、数学、物理学、化学、地理学、地球物理学、地质学、生物学、生态学、统计学、力学、材料科学与工程、电子科学与技术、控制科学与工程、计算机科学与技术、环境科学与工程、软件工程、基础医学、临床医学、口腔医学、公共卫生与预防医学、药学、护理学、艺术学理论、现代语言学、语言学、机械及航空航天和制造工程、商业与管理、社会政策与管理（根据第一轮建设名单和学校统计，供参考）	41
		中国人民大学	哲学、理论经济学、应用经济学、法学、政治学、社会学、马克思主义理论、新闻传播学、中国史、统计学、工商管理、农林经济管理、公共管理、图书情报与档案管理	14
		清华大学（自定）	法学、政治学、马克思主义理论、数学、物理学、化学、生物学、力学、机械工程、仪器科学与技术、材料科学与工程、动力工程及工程热物理、电气工程、信息与通信工程、控制科学与工程、计算机科学与技术、建筑学、土木工程、水利工程、化学工程与技术、核科学与技术、环境科学与工程、生物医学工程、城乡规划学、风景园林学、软件工程、管理科学与工程、工商管理、公共管理、设计学、会计与金融、经济学和计量经济学、统计学与运筹学、现代语言学、航空宇航科学与技术（根据第一轮建设名单和学校统计，供参考）	35
		北京航空航天大学	力学、仪器科学与技术、材料科学与工程、控制科学与工程、计算机科学与技术、航空宇航科学与技术、软件工程、交通运输工程	8
		北京理工大学	材料科学与工程、控制科学与工程、兵器科学与技术、物理学	4
		中国农业大学	生物学、农业工程、食品科学与工程、作物学、农业资源与环境、植物保护、畜牧学、兽医学、草学	9

续表

2022 序列	省份	校名	学科	数量/个
华北地区（高校 43 所/学科 186 个）				
1	北京（高校 34 所/学科 167 个）	北京师范大学	教育学、心理学、中国语言文学、中国史、数学、地理学、系统科学、生态学、环境科学与工程、戏剧与影视学、外国语言文学、哲学	12
		中央民族大学	民族学	1
		北京交通大学	系统科学	1
		北京工业大学	土木工程	1
		北京科技大学	科学技术史、材料科学与工程、冶金工程、矿业工程	4
		北京化工大学	化学工程与技术	1
		北京邮电大学	信息与通信工程、计算机科学与技术	2
		北京林业大学	风景园林学、林学	2
		北京协和医学院	生物学、生物医学工程、临床医学、药学、公共卫生与预防医学	5
		北京中医药大学	中医学、中西医结合、中药学	3
		首都师范大学	数学	1
		北京外国语大学	外国语言文学	1
		中国传媒大学	新闻传播学、戏剧与影视学	2
		中央财经大学	应用经济学	1
		对外经济贸易大学	应用经济学	1
		外交学院	政治学	1
		中国人民公安大学	公安学	1
		北京体育大学	体育学	1
		中央音乐学院	音乐与舞蹈学	1
		中国音乐学院	音乐与舞蹈学	1
		中央美术学院	美术学、设计学	2
		中央戏剧学院	戏剧与影视学	1
		中国政法大学	法学	1
		中国科学院大学	化学、材料科学与工程	2
		华北电力大学（北京）	电气工程	1
		中国石油大学（北京）	地质资源与地质工程、石油与天然气工程	2
		中国地质大学（北京）	地质学、地质资源与地质工程	2
		中国矿业大学（北京）	矿业工程、安全科学与工程	2

续表

2022 序列	省份	校名	学科	数量/个
华北地区（高校 43 所/学科 186 个）				
2	天津（高校 5 所/学科 14 个）	南开大学	世界史、数学、化学、统计学、材料科学与工程、应用经济学	6
		天津大学	化学、材料科学与工程、化学工程与技术、管理科学与工程、动力工程及工程热物理	5
		天津工业大学	纺织科学与工程	1
		天津医科大学	临床医学	1
		天津中医药大学	中药学	1
3	河北（高校 1 所/学科 1 个）	河北工业大学（天津）	电气工程	1
4	山西（高校 2 所/学科 3 个）	山西大学	哲学、物理学	2
		太原理工大学	化学工程与技术	1
5	内蒙古（高校 1 所/学科 1 个）	内蒙古大学	生物学	1
东北地区（高校 11 所/学科 32 个）				
6	辽宁（高校 4 所/学科 7 个）	大连理工大学	（化学、工程）力学、机械工程、化学工程与技术	3
		东北大学	控制科学与工程、冶金工程	2
		辽宁大学	应用经济学	1
		大连海事大学	交通运输工程	1
7	吉林（高校 3 所/学科 13 个）	吉林大学	考古学、数学、物理学、化学、材料科学与工程、生物学	6
		延边大学	外国语言文学	1
		东北师范大学	马克思主义理论、世界史、化学、统计学、材料科学与工程、教育学	6
8	黑龙江（高校 4 所/学科 12 个）	哈尔滨工业大学	力学、机械工程、材料科学与工程、控制科学与工程、计算机科学与技术、土木工程、环境科学与工程、航空宇航科学与技术	8
		哈尔滨工程大学	船舶与海洋工程	1
		东北农业大学	畜牧学	1
		东北林业大学	林业工程、林学	2

续表

2022 序列	省份	校名	学科	数量/个
华东地区（高校 43 所/学科 164 个）				
9	上海（高校 15 所/学科 64 个）	复旦大学	哲学、政治学、中国语言文学、中国史、数学、物理学、化学、生物学、生态学、材料科学与工程、环境科学与工程、基础医学、临床医学、中西医结合、药学、外国语言文学（现代语言学，第一轮学科名称）、应用经济学、马克思主义理论、公共卫生与预防医学、集成电路科学与工程（机械及航空航天和制造工程）	20
		同济大学	建筑学、土木工程、测绘科学与技术、环境科学与工程、城乡规划学、风景园林学、设计学（艺术与设计，第一轮学科名称）、生物学	8
		上海交通大学	数学、化学、生物学、机械工程、材料科学与工程、信息与通信工程、控制科学与工程、计算机科学与技术、土木工程、化学工程与技术、船舶与海洋工程、基础医学、临床医学、口腔医学、药学、电子科学与技术（电子电气工程，第一轮学科名称）、工商管理（商业与管理，第一轮学科名称）、物理学	18
		华东师范大学	教育学、生态学、统计学	3
		华东理工大学	化学、材料科学与工程、化学工程与技术	3
		东华大学	纺织科学与工程、材料科学与工程	2
		上海海洋大学	水产	1
		上海中医药大学	中医学、中药学	2
		上海外国语大学	外国语言文学	1
		上海财经大学	应用经济学	1
		上海体育学院	体育学	1
		上海音乐学院	音乐与舞蹈学	1
		上海大学	机械工程	1
		中国人民解放军海军军医大学（原第二军医大学）	基础医学	1
		上海科技大学	材料科学与工程	1

续表

2022 序列	省份	校名	学科	数量/个
华东地区（高校 43 所/学科 164 个）				
10	江苏（高校 16 所/学科 48 个）	南京大学	哲学、中国语言文学、外国语言文学、物理学、化学、天文学、大气科学、地质学、生物学、材料科学与工程、计算机科学与技术、化学工程与技术、矿业工程、环境科学与工程、图书情报与档案管理、理论经济学	16
		东南大学	材料科学与工程、电子科学与技术、信息与通信工程、控制科学与工程、计算机科学与技术、建筑学、土木工程、交通运输工程、生物医学工程、风景园林学、艺术学理论、机械工程	12
		苏州大学	材料科学与工程	1
		南京航空航天大学	力学、控制科学与工程、航空宇航科学与技术	3
		南京理工大学	兵器科学与技术	1
		中国矿业大学	矿业工程、安全科学与工程	2
		南京邮电大学	电子科学与技术	1
		河海大学	水利工程、环境科学与工程	2
		江南大学	轻工技术与工程、食品科学与工程	2
		南京林业大学	林业工程	1
		南京信息工程大学	大气科学	1
		南京农业大学	作物学、农业资源与环境	2
		南京中医药大学	中药学	1
		中国药科大学	中药学	1
		南京师范大学	地理学	1
		南京医科大学	公共卫生与预防医学	1
11	浙江（高校 3 所/学科 23 个）	浙江大学	化学、生物学、生态学、机械工程、光学工程、材料科学与工程、电气工程、控制科学与工程、计算机科学与技术、农业工程、环境科学与工程、软件工程、园艺学、植物保护、基础医学、药学、管理科学与工程、农林经济管理、动力工程及工程热物理、土木工程、临床医学	21
		中国美术学院	美术学	1
		宁波大学	力学	1

续表

2022 序列	省份	校名	学科	数量/个
华东地区（高校 43 所/学科 164 个）				
12	安徽（高校 3 所/学科 13 个）	中国科学技术大学	数学、物理学、化学、天文学、地球物理学、生物学、科学技术史、材料科学与工程、计算机科学与技术、核科学与技术、安全科学与工程	11
		安徽大学	管理科学与工程	1
		合肥工业大学	管理科学与工程（材料科学与工程，第一轮学科名称）	1
13	福建（高校 2 所/学科 7 个）	厦门大学	化学、海洋科学、生物学、生态学、统计学、教育学	6
		福州大学	化学	1
14	江西（高校 1 所/学科 1 个）	南昌大学	材料科学与工程	1
15	山东（高校 3 所/学科 8 个）	山东大学	数学、化学、中国语言文学、临床医学	4
		中国海洋大学	海洋科学、水产	2
		中国石油大学（华东）	地质资源与地质工程、石油与天然气工程	2
华中地区（高校 14 所/学科 51 个）				
16	河南（高校 2 所/学科 4 个）	郑州大学	化学、材料科学与工程、临床医学	3
		河南大学	生物学	1
17	湖北（高校 7 所/学科 32 个）	武汉大学	理论经济学、法学、马克思主义理论、化学、地球物理学、生物学、测绘科学与技术、土木工程（矿业工程，第一轮学科名称）、口腔医学、图书情报与档案管理、水利工程	11
		华中科技大学	机械工程、光学工程、材料科学与工程、动力工程及工程热物理、电气工程、计算机科学与技术、基础医学、公共卫生与预防医学、临床医学	9
		中国地质大学（武汉）	地质学、地质资源与地质工程	2
		武汉理工大学	材料科学与工程	1
		华中农业大学	生物学、园艺学、畜牧学、兽医学、农林经济管理	5
		华中师范大学	政治学、中国语言文学、教育学	3
		中南财经政法大学	法学	1

续表

2022序列	省份	校名	学科	数量/个
华中地区（高校14所/学科51个）				
18	湖南（高校5所/学科15个）	中南大学	数学、材料科学与工程、冶金工程、矿业工程、交通运输工程	5
		湖南大学	化学、机械工程、电气工程	3
		国防科技大学	信息与通信工程、计算机科学与技术、航空宇航科学与技术、软件工程、管理科学与工程	5
		湖南师范大学	外国语言文学	1
		湘潭大学	数学	1
华南地区（高校10所/学科23个）				
19	广东（高校8所/学科21个）	中山大学	哲学、数学、化学、生物学、生态学、材料科学与工程、电子科学与技术、基础医学、临床医学、药学、工商管理	11
		华南理工大学	化学、材料科学与工程、轻工技术与工程、食品科学与工程（农学，第一轮学科名称）	4
		暨南大学	药学	1
		广州中医药大学	中医学	1
		华南师范大学	物理学	1
		华南农业大学	作物学	1
		广州医科大学	临床医学	1
		南方科技大学	数学	1
20	海南（高校1所/学科1个）	海南大学	作物学	1
21	广西（高校1所/学科1个）	广西大学	土木工程	1
西南地区（高校13所/学科23个）				
22	四川（高校8所/学科14个）	四川大学	数学、化学、材料科学与工程、基础医学、口腔医学、护理学	6
		电子科技大学	电子科学与技术、信息与通信工程	2
		西南交通大学	交通运输工程	1
		西南石油大学	石油与天然气工程	1
		成都理工大学	地质资源与地质工程（地质学，第一轮学科名称）	1
		四川农业大学	作物学	1
		成都中医药大学	中药学	1
		西南财经大学	应用经济学	1

续表

2022 序列	省份	校名	学科	数量/个
西南地区（高校 13 所/学科 23 个）				
23	重庆（高校 2 所/学科 5 个）	重庆大学	机械工程、电气工程、土木工程	3
		西南大学	教育学、生物学	2
24	贵州（高校 1 所/学科 1 个）	贵州大学	植物保护	1
25	云南（高校 1 所/学科 2 个）	云南大学	民族学、生态学	2
26	西藏（高校 1 所/学科 1 个）	西藏大学	生态学	1
西北地区（高校 13 所/学科 30 个）				
27	陕西（高校 8 所/学科 20 个）	西安交通大学	力学、机械工程、材料科学与工程、动力工程及工程热物理、电气工程、控制科学与工程（信息与通信工程，第一轮学科名称）、管理科学与工程、工商管理	8
		西北工业大学	机械工程、材料科学与工程、航空宇航科学与技术	3
		西北农林科技大学	植物保护（农学，第一轮学科名称）、畜牧学	2
		西北大学	考古学、地质学	2
		西安电子科技大学	信息与通信工程、计算机科学与技术	2
		长安大学	交通运输工程	1
		陕西师范大学	中国语言文学	1
		中国人民解放军空军军医大学（原第四军医大学）	临床医学	1
28	甘肃（高校 1 所/学科 4 个）	兰州大学	化学、大气科学、生态学、草学	4
29	青海（高校 1 所/学科 1 个）	青海大学	生态学	1
30	宁夏（高校 1 所/学科 1 个）	宁夏大学	化学工程与技术	1
31	新疆（高校 2 所/学科 4 个）	新疆大学	马克思主义理论、化学、计算机科学与技术	3
		石河子大学	化学工程与技术	1

第二节　第三轮中国“双一流”建设高校遴选对象分析

按照党和国家5年一轮的建设、评估周期，2026—2027年度将迎来第二轮“双一流”建设高校及建设学科终期评估和第三轮中国“双一流”建设高校及建设学科遴选公示。根据目前中国大学的发展情况和未来5年中国大学的发展趋势预测分析，遴选对象主要包括以下两大类。

一、第二轮中国“双一流”建设高校（含警示高校）

第一轮“双一流”建设高校5年建设期满后全部入选第二轮“双一流”建设高校名单，第二轮“双一流”建设高校总计147所，其中15所高校被公开警示（含撤销）。

二、第一轮、第二轮中国“双一流”建设落选高校

落选第一轮国家“双一流”建设高校名单，但先后入选下列国家高等教育战略工程或计划、排名等的高校：国家“全国重点大学”（1959年、1960年、1978年、1981年共4批，100余所）、“副部级大学”（1992年、2000年、2003年，31所）、“教育部直属高校”（1949年，75所）、“211工程”重点建设高校（1994年、2011年，112所）、“中西部高校基础能力建设工程”高校（2012年，147所）、“中西部高校综合实力提升工程”高校/部省合作共建高校（2012年，14所）、“省部共建大学”（2004年，120余所）、“研究生院”高校（1978年、1981年、1984年、1986年、2002年、2003年、2005年、2011年、2012年、2017年，125所）、“C9”高校（2009年，9所）、“985工程”高校（1998年，39所）、“985工程优势学科创新平台”高校（2006年，33所）、省级“双一流”建设高校（2017年，100余所）、“硕士生自主划线高校”（2002年，34所）、“2011计划”高校（2012年，38所）、“省部共建协同创新中心”高校（2018年，123所）、“推荐免试研究生资格”高校（1985年，367所）、“强军计划”高校（2001年，31所）、“111计划”高校（2006年，140所）、“六卓越一拔尖计划”高校（2010年，含“珠峰计

划”高校，动态更新）、“双万计划”高校（动态更新）、世界十大权威排行榜入选高校（前1200名，共计60所）。

总计200所，推荐优先遴选150所（国家支持）、重点培育50所（省级支持），占全国高等学校共计2956所的6.766%、普通高等学校2688所的7.440%。

第三节　第三轮中国“双一流”建设高校遴选方法论

一、遴选思想

以习近平新时代中国特色社会主义思想为指导，以全国教育大会精神为依规，坚持以立德树人为根本任务和唯一标准，坚持对标世界一流，聚焦国家战略需求、社会美誉度、进步程度及发展差距（潜力）四个参照维度，凸显人才培养、创新能力、服务贡献、文化传承和国际影响力等核心职能，立足服务党的伟大工程和国家战略需求，强调中国特色和世界一流质量水平，重点关注人才培养质量和改革创新能力，注重价值引领和立体贡献，建构分类分层考核、多维多元评价、综合定量监测的“双一流”建设绩效评价标准体系和建设情况动态监测机制。概括起来就是一个指导思想、一个根本指标、四个参照维度、五个核心职能、一个重点关注。

二、遴选模型

不同类型、层次、区域、等级的大学都是世界一流大学，差异在于它们的贡献侧重不同。为破解世界大学排名的“两难问题”和中国大学评价的“五唯问题”，安邦智库汇聚全球高等教育评价专家智慧，积数十年之功持续创新大学评价理念、思想、方法和体制、机制、体系，克服大学排名“重世轻中、重科轻教、重显轻隐”三大弊端。安邦智库继2010年创新性提出中国大学分类新标准后，2017年又提出了大学排名新方法，用一套弹性排名指标体系评价全球大学的AI-URM，即根据大学在人才培育、知识创新、技术发明、文化传承创新、国际交流合作、道德引领等维度上的标志性贡献侧重来科学调协各级指标算法，合理协调各级指标权重，运用BIMCP计算出*CUDI*并据此发布中国大学发展趋势报告，基本实现了大学评价中教学与科研、投入与产出、人才与技术、文科与理科、历史与现实、创新与应用、中国与世界等的弹性均衡和动态协调，基本破解了全球大学评价的“卡脖子工程”难题。AI-URM系统体现了现代高等教育的两大基本功能和现代大学的五大核心职能，符合新时代高等教育的发展规律、人才成长的规律和社会进步的规律。

大学五大核心职能其实可以简约为教育教学、科技研发、社会贡献三大核心职能，文化传承与创新、国际交流与合作可以归入社会贡献，现代大学的三大核心职能是为人才培养这个根本任务服务的。现代大学的社会贡献不仅是理工科高校的科技成果转化，还包括文科高校的决策咨询服务等，其中，师范类高校为基础教育系统培育师资是重大社会贡献。

三、遴选原则

遴选原则：国际排名专家组（International Ranking Expert Group，IREG）制定的BPRHEI，市场观点、产出评价、数据公正、信息公开；CUQA中国大学排名原则（China Principles on Universities Ranking，CPUR），科学公正、简约可行、贡献优先、信息共享。具体如下。

（1）党和国家战略需求（P1），每一个时期党和国家对大学的定位、期望与需求情况；

（2）绩效贡献（P2），大学自身的办学成绩和对国家、民族、区域经济社会发展的贡献度；

（3）区域均衡（P3），侧重考虑乡村振兴和共同富裕背景下东部—中部—西部和北方—南方的区域均衡，兼顾省域经济实力和人口规模；

（4）优势特色（P4），大学的比较优势和绝对优势，独一无二的办学特色；

（5）世界影响（P5），服务构建全球人类命运共同体，侧重对世界、人类和宇宙的贡献；

（6）科学合理（P6），既充分考虑大学的国家贡献，也系统考量大学的世界影响。

四、遴选方法

遴选方法为钱学森院士创立的TMS，具体如下。

（1）专家咨询法（DM）、AHP等，用于遴选指标体系的指标及其权重的科学确定；

（2）标准参照法、常模参照法等，常模参照算法主要用于 TOP200（中国/全球）大学选优排名，标准参照算法主要用于 TOP200（中国/全球）之外的大学竞争排名；

（3）线性加权法（线性方程模型，HLM）、层位分析法（多元回归方程，MRA），用于学科领域内强校（学科布局）、区域范围内强校（区域布局）、全国范围内强校（全球布局）的分层、分类、分区、分级遴选；

（4）优选法、统筹法、TMS。

五、遴选系统

遴选系统为高等教育大数据深度挖掘和处理分析系统（Higher Education Big Data Deep Mining and Processing Analysis System，HEDPS）。

借助“中国高等教育追踪调查项目”资源，利用大数据、云计算、人工智能、元宇宙等技术建设 HEDPS，用于大学的质量监测与跟踪评价，实现数据实时采集、实时分析、智能分析。

六、遴选算法

弹性系数和优化算法，HLM、MRA 遴选优化算法的多元回归方程如下：

$$CUDI = \left| \sum_{i=1}^{n=3} TDI \times 0.40 + RDI \times 0.35 + SCI \times 0.25 \right| \times 40 + 60$$

第四节　第三轮中国“双一流”建设高校初步遴选结果

教育是民族振兴、社会进步的重要基石，是功在当代、利在千秋的德政工程。不同类型、不同层次、不同区域的大学，虽然担负着不同的历史使命，但都肩负着共同的时代责任，即坚守立德树人初心，牢牢把握教育改革发展的“九个坚持”，为中国的和平崛起、中华民族的伟大复兴培育人才。中国“双一流”建设高校的科学遴选、动态遴选、系统遴选，不仅要看高校的办学历史、改革成就、领先水平和发展潜力，还要看高校对党和国家战略需求的满足度、区域经济社会综合发展的贡献度、行业产业关键领域创新的支撑度、国际科学和人类社会进步的影响度，具体有国家级平台、国家级重大项目、国家级科技奖励、国家级教学成果奖、国家社科基金成果文库、国家大学生

“双创”竞赛、国家级决策咨询报告、国家级智库、服务党和国家战略需求及地方经济社会发展需求、国际学术界公认成就等核心指标。对于已入选“双一流”建设高校而言，动态监测与绩效评价重点是学校的领先水平、发展潜力、满足度和影响度；对于“双一流”公开警示（含撤销）高校而言，动态监测和绩效评价重点是学科的领先水平、发展潜力和贡献度、支撑度；对于候选高校而言，动态监测和绩效评价重点是学科的改革成就与贡献度、支撑度。

结合科学遴选，清华大学等 15 所大学建议遴选为“A”（自主确定建设学科并自行公布的一流大学建设高校）、北京师范大学等 30 所大学建议遴选为“B”（一流大学建设高校——整体）、东华大学等 92 所大学（15 所大学为专业特色型高校，纳入常轨资助计划，不占总体指标）建议遴选为“C”（一流学科建设高校——学科）、燕山大学等 13 所大学建议遴选为“D”（一流学科建设高校——国家公示，经费自筹）、香港大学等 10 所大学建议遴选为“E”（港澳台“双一流”建设高校特别资助计划 CUSP。提供 5 所台湾高校特别资助名额），总数为 160 所；对区域经济社会发展或行业产业关键创新做出重大而持续贡献的 25 所高校建议遴选为“F”（省部共建或部省合建“双一流”建设高校）。2026—2027 年度第三轮中国“双一流”建设高校遴选建议名单（如表 10-5 所示）保持在 120~160 所区间波动，实现国家“总量控制、强化绩效、公平竞争、动态调整”的“双一流”建设战略目标。

表 10-5　2026 —2027 年度第三轮中国“双一流”建设高校遴选建议名单

排序	校名	地区	*CUDI*	世界排名	2017 年度定位	2022 年度定位	遴选原则	遴选方法	2026 —2027 年度	战略目标
标杆学校	哈佛大学	马州	100.00	1~3	—	—	P5	MRA	—	世界顶尖大学（U1）
标杆学校	牛津大学	牛津	99.90	1~5	—	—	P5	MRA	—	世界顶尖大学（U1）
学术研究型大学（U1）、技术研究型大学（U2）、行业特色型大学（U3）、动态资助计划										
1	清华大学	京	97.00	20~25	A	A+	P1	TMS	A	世界顶尖大学（U1）
2	北京大学	京	96.50	31~40	A	A+	P1	TMS	A	世界顶尖大学（U1）
3	中国科学院大学	京	95.50	41~50	C	A	P5	TMS	A	世界顶尖大学（U1）
4	浙江大学	浙（杭州）	95.00	51~100	A	A+	P1	TMS	A	世界顶尖大学（U1）
5	上海交通大学	沪	94.50	51~100	A	A+	P1	TMS	A	世界顶尖大学（U1）

续表

排序	校名	地区	*CUDI*	世界排名	2017 年度定位	2022 年度定位	遴选原则	遴选方法	2026—2027 年度	战略目标
6	复旦大学	沪	94.00	51~100	A	A+	P1	TMS	A	世界顶尖大学（U1）
7	中国科学技术大学	皖（合肥）	93.50	51~100	A	A+	P1	TMS	A	世界顶尖大学（U1）
8	国防科技大学	湘（长沙）	92.50	51~100	A	A+	P1	TMS	A	世界顶尖大学（U1）
9	南京大学	苏（南京）	92.00	101~200	A	A+	P1	TMS	A	世界顶尖大学（U1）
10	中山大学	粤（广州）	91.00	101~200	A	A+	P1	TMS	A	世界顶尖大学（U1）
11	哈尔滨工业大学	黑（哈尔滨）	90.00	101~200	A	A+	P1	TMS	A	世界顶尖大学（U1）
12	四川大学	蜀（成都）	89.50	101~200	A	A+	P1	TMS	A	世界一流大学（U1）
13	武汉大学	鄂（武汉）	88.00	101~200	A	A+	P1	TMS	A	世界一流大学（U1）
14	华中科技大学	鄂（武汉）	87.80	101~200	A	A+	P1	TMS	A	世界一流大学（U1）
15	北京师范大学	京	87.20	101~200	A	A+	P4	TMS	B	世界一流大学（U1）
16	南开大学	津	86.00	101~200	A	A+	P1	TMS	B	世界一流大学（U1）
17	西安交通大学	陕（西安）	86.50	101~200	A	A+	P1	TMS	B	世界一流大学（U1）
18	同济大学	沪	86.90	101~200	A	A+	P1	TMS	B	世界一流大学（U1）
19	天津大学	津	85.70	201~300	A	A+	P1	TMS	B	世界一流大学（U1）
20	厦门大学	闽（厦门）	85.50	201~300	A	A	P5	TMS	B	世界一流大学（U1）
21	吉林大学	吉（长春）	85.00	201~300	A	A+	P1	TMS	B	世界一流大学（U1）
22	东南大学	苏（南京）	85.30	201~300	A	A+	P2	TMS	B	世界一流大学（U1）
23	华南理工大学	粤（广州）	84.85	201~300	A	A+	P2	TMS	B	世界一流大学（U1）
24	山东大学	鲁（济南）	84.80	201~300	A	A	P2	TMS	B	世界一流大学（U1）
25	中国人民大学	京	84.70	201~300	A	A	P1	TMS	A	世界一流大学（U1）
26	北京航空航天大学	京	84.40	301~400	A	A+	P1	TMS	B	世界一流大学（U1）
27	中南大学	湘（长沙）	84.25	301~400	A	A+	P2	TMS	B	世界一流大学（U1）
28	北京理工大学	京	83.95	301~400	A	A+	P2	TMS	B	世界一流大学（U1）
29	大连理工大学	辽（大连）	84.00	301~400	A	A	P6	TMS	B	世界一流大学（U1）
30	华东师范大学	沪	83.40	301~400	A	A	P4	TMS	B	世界一流大学（U1）
31	兰州大学	甘（兰州）	82.80	301~400	A	A+	P2	TMS	B	世界一流大学（U1）
32	苏州大学	苏（苏州）	83.38	301~400	C	B+	P2	TMS	B	世界一流大学（U1）
33	中国农业大学	京	81.78	401~500	A	A	P4	TMS	B	世界一流学科大学（U3）
34	湖南大学	湘（长沙）	80.26	401~500	B	A-	P2	TMS	B	世界一流大学（U1）

续表

排序	校名	地区	*CUDI*	世界排名	2017年度定位	2022年度定位	遴选原则	遴选方法	2026—2027年度	战略目标
35	电子科技大学	蜀（成都）	80.00	401~500	A	A	P4	TMS	B	世界一流学科大学（U3）
36	重庆大学	渝	79.87	401~500	A	A-	P6	TMS	B	世界一流大学（U1）
37	中国地质大学（武汉）	鄂（武汉）	78.73	501~600	C	A-	P4	TMS	B	世界一流学科大学（U3）
38	华东理工大学	沪	78.71	501~600	C	B-	P2	TMS	B	世界一流学科大学（U2）
39	东北师范大学	吉（长春）	78.60	501~600	C	B+	P4	TMS	B	世界一流大学（U1）
40	北京化工大学	京	78.09	601~700	C	B	P2	TMS	B	世界一流学科大学（U3）
41	南京理工大学	苏（南京）	77.67	601~700	C	B	P2	TMS	B	世界一流学科大学（U2）
42	东北大学	辽（沈阳）	77.36	601~700	B	A-	P2	TMS	B	世界一流大学（U1）
43	西北农林科技大学	陕（咸阳）	77.00	601~700	B	B	P4	TMS	B	世界一流学科大学（U3）
44	北京协和医学院	京	76.83	601~700	C	C+	P4	TMS	B	世界一流学科大学（U3）
45	武汉理工大学	鄂（武汉）	76.72	601~700	C	B	P2	TMS	B	世界一流学科大学（U2）
46	东华大学	沪	76.51	601~700	C	C	P4	TMS	C	世界一流学科大学（U3）
47	华中农业大学	鄂（武汉）	76.40	601~700	C	C	P6	TMS	C	世界一流学科大学（U3）
48	中国石油大学（华东）	鲁（青岛）	76.28	601~700	C	C+	P4	TMS	C	世界一流学科大学（U3）
49	西南大学	渝	76.17	601~700	C	C	P4	TMS	C	世界一流学科大学（U3）
50	第二军医大学（海军军医大学）	沪	76.06	601~700	C	C	P1	TMS	C	世界一流学科大学（U3）
51	中国石油大学（北京）	京	76.01	701~800	C	C	P4	TMS	C	世界一流学科大学（U3）
52	福州大学	闽（福州）	75.85	701~800	C	C	P6	TMS	C	世界一流学科大学（U1）
53	华中师范大学	鄂（武汉）	75.54	701~800	C	C	P4	TMS	C	世界一流学科大学（U3）
54	南京师范大学	苏（南京）	75.52	701~800	C	C	P4	TMS	C	世界一流学科大学（U3）
55	北京科技大学	京	75.50	701~800	C	C	P4	TMS	C	世界一流学科大学（U2）
56	上海大学	沪	75.45	701~800	C	C	P6	TMS	C	世界一流学科大学（U1）
57	北京交通大学	京	75.37	701~800	C	C	P4	TMS	C	世界一流学科大学（U3）
58	中国矿业大学	苏（徐州）	75.26	701~800	C	C	P4	TMS	C	世界一流学科大学（U3）
59	中国地质大学（北京）	京	75.13	701~800	C	C	P4	TMS	C	世界一流学科大学（U3）
60	西北工业大学	陕（西安）	75.07	701~800	A	A-	P1	TMS	C	世界一流学科大学（U2）

续表

排序	校名	地区	*CUDI*	世界排名	2017 年度定位	2022 年度定位	遴选原则	遴选方法	2026—2027 年度	战略目标
61	南京航空航天大学	苏（南京）	75.02	601~700	C	C+	P4	TMS	C	世界一流学科大学（U3）
62	中国矿业大学（北京）	京	75.00	701~800	C	C	P4	TMS	C	世界一流学科大学（U3）
63	第四军医大学（空军军医大学）	陕（西安）	74.89	801~900	C	C+	P1	TMS	C	世界高水平大学（U3）
64	中国海洋大学	鲁（青岛）	74.76	701~800	A	A-	P4	TMS	C	世界一流学科大学（U3）
65	郑州大学	豫（郑州）	74.58	701~800	B	B+	P6	TMS	C	世界一流学科大学（U1）
66	云南大学	滇（昆明）	74.40	701~800	B	B	P2	TMS	C	世界高水平大学（U1）
67	陕西师范大学	陕（西安）	74.35	801~900	C	C	P4	TMS	C	世界高水平大学（U3）
68	对外经济贸易大学	京	74.24	801~900	C	C	P4	TMS	C	世界高水平大学（U3）
69	南京农业大学	苏（南京）	74.21	801~900	C	C-	P4	TMS	C	世界高水平大学（U3）
70	西安电子科技大学	陕（西安）	74.18	801~900	C	C	P4	TMS	C	世界高水平大学（U3）
71	哈尔滨工程大学	黑（哈尔滨）	74.15	801~900	C	C	P4	TMS	C	世界高水平大学（U3）
72	西北大学	陕（西安）	74.12	801~900	C	C	P2	TMS	C	世界高水平大学（U1）
73	南京信息工程大学	苏（南京）	74.09	801~900	C	C	P4	TMS	C	世界高水平大学（U3）
74	暨南大学	粤（广州）	74.07	801~900	C	C	P3	TMS	C	世界高水平大学（U1）
75	西南交通大学	蜀（成都）	74.04	801~900	C	C	P4	TMS	C	世界高水平大学（U3）
76	中央财经大学	京	74.02	801~900	C	C	P4	TMS	C	世界高水平大学（U2）
77	北京邮电大学	京	74.00	901~1500	C	C	P4	TMS	C	世界高水平大学（U1）
78	广西大学	桂（南宁）	73.97	901~1500	C	C	P3	TMS	C	世界高水平大学（U3）
79	上海财经大学	沪	73.66	1500+	C	C	P4	TMS	C	世界高水平大学（U3）
80	北京外国语大学	京	73.62	901~1500	C	C	P4	TMS	C	世界高水平大学（U3）
81	天津医科大学	津	73.50	901~1500	C	C	P4	TMS	C	世界高水平大学（U3）
82	江南大学	苏（无锡）	73.38	901~1500	C	C	P6	TMS	C	世界高水平大学（U1）
83	华北电力大学	京/冀（保定）	73.14	901~1500	C	C	P4	TMS	C	世界高水平大学（U3）
84	西南财经大学	蜀（成都）	73.02	901~1500	C	C	P3	TMS	C	世界高水平大学（U3）
85	中国药科大学	苏（南京）	73.00	901~1500	C	C	P4	TMS	C	世界高水平大学（U3）

续表

排序	校名	地区	*CUDI*	世界排名	2017年度定位	2022年度定位	遴选原则	遴选方法	2026—2027年度	战略目标
86	北京工业大学	京	72.85	901~1500	C	C	P2	TMS	C	世界高水平大学（U2）
87	河海大学	苏（南京）	72.80	901~1500	C	C	P4	TMS	C	世界高水平大学（U3）
88	上海外国语大学	沪	72.77	901~1500	C	C	P4	TMS	C	世界高水平大学（U3）
89	中南财经政法大学	鄂（武汉）	72.49	1500+	C	C	P3	TMS	C	世界高水平大学（U3）
90	中央民族大学	京	72.01	901~1500	A	A~	P1	TMS	C	世界高水平大学（U1）
91	合肥工业大学	皖（合肥）	72.00	1500+	C	C	P6	TMS	C	世界高水平大学（U2）
92	上海中医药大学	沪	71.96	1500+	C	C	P4	TMS	C	世界高水平大学（U3）
93	北京中医药大学	京	71.79	1500+	C	C	P4	TMS	C	世界高水平大学（U3）
94	北京林业大学	京	71.60	1500+	C	C	P4	TMS	C	世界高水平大学（U3）
95	南京邮电大学	苏（南京）	71.55	1500+	C	C	P4	TMS	C	世界高水平大学（U3）
96	中国政法大学	京	71.48	1500+	C	C	P4	TMS	C	世界高水平大学（U3）
97	中国传媒大学	京	71.35	1500+	C	C	P4	TMS	C	世界高水平大学（U3）
98	宁波大学	浙（宁波）	71.30	1500+	C	C	P3	TMS	C	世界高水平大学（U1）
99	华南师范大学	粤（广州）	71.21	3000+	C	C	P4	TMS	C	世界高水平大学（U3）
100	首都师范大学	京	71.13	3000+	C	C	P4	TMS	C	世界高水平大学（U3）
101	湖南师范大学	湘（长沙）	71.08	3000+	C	C	P4	TMS	C	世界高水平大学（U3）
102	安徽大学	皖（合肥）	71.00	3000+	C	C	P3	TMS	C	世界高水平大学（U1）
103	河北工业大学	冀（津）	69.94	3000+	C	C	P3	TMS	C	世界高水平大学（U2）
104	大连海事大学	辽（大连）	69.91	3000+	C	C	P4	TMS	C	世界知名大学（U3）
105	长安大学	陕（西安）	69.88	3000+	C	C-	P4	TMS	C	世界知名大学（U3）
106	太原理工大学	晋（太原）	69.80	3000+	C	C	P6	TMS	C	世界知名大学（U2）
107	南昌大学	赣（南昌）	69.75	3000+	C	C	P2	TMS	C	世界知名大学（U1）
108	辽宁大学	辽（沈阳）	69.72	3000+	C	C-	P3	TMS	C	世界知名大学（U1）
109	东北农业大学	黑（哈尔滨）	69.65	3000+	C	C	P4	TMS	C	世界知名大学（U3）
110	东北林业大学	黑（哈尔滨）	69.60	3000+	C	C	P4	TMS	C	世界知名大学（U3）
111	天津工业大学	津	69.57	3000+	C	C	P3	TMS	C	世界知名大学（U2）
112	南京中医药大学	苏（南京）	69.55	3000+	C	C	P4	TMS	C	世界知名大学（U3）
113	河南大学	豫（开封）	69.45	5000+	C	C	P3	TMS	C	世界知名大学（U3）
114	四川农业大学	蜀（成都）	69.38	5000+	C	C	P4	TMS	C	世界知名大学（U3）

续表

排序	校名	地区	*CUDI*	世界排名	2017年度定位	2022年度定位	遴选原则	遴选方法	2026—2027年度	战略目标
115	广州中医药大学	粤（广州）	69.30	5000+	C	C	P4	TMS	C	世界知名大学（U3）
116	天津中医药大学	津	69.27	5000+	C	C	P4	TMS	C	世界知名大学（U3）
117	内蒙古大学	内蒙古（呼和浩特）	69.25	5000+	C	C	P3	TMS	C	世界知名大学（U1）
118	上海海洋大学	沪	69.20	5000+	C	C	P4	TMS	C	世界知名大学（U3）
119	海南大学	琼（海口）	69.19	5000+	C	C	P3	TMS	C	世界知名大学（U1）
120	贵州大学	黔（贵阳）	69.15	5000+	C	C	P3	TMS	C	世界知名大学（U1）
121	延边大学	吉（延吉）	69.13	5000+	C	C	P3	TMS	C	世界知名大学（U1）
122	成都理工大学	蜀（成都）	69.10	10000+	C	C	P4	TMS	C	世界知名大学（U2）
123	西南石油大学	蜀（成都）	69.04	10000+	C	C	P4	TMS	C	世界知名大学（U3）
124	南京林业大学	苏（南京）	69.01	10000+	C	C	P4	TMS	C	世界知名大学（U3）
125	宁夏大学	宁（银川）	69.00	10000+	C	C	P3	TMS	C	世界知名大学（U1）
126	成都中医药大学	蜀（成都）	68.97	10000+	C	C	P4	TMS	C	世界知名大学（U3）
127	新疆大学	新（乌鲁木齐）	68.95	10000+	B	B-	P3	TMS	C	世界知名大学（U1）
128	石河子大学	新（石河子）	68.85	10000+	C	C	P3	TMS	C	世界知名大学（U1）
129	青海大学	青（西宁）	68.80	10000+	C	C	P3	TMS	C	世界知名大学（U1）
130	西藏大学	藏（拉萨）	68.78	10000+	C	C	P3	TMS	C	世界知名大学（U1）
131	山西大学	晋（太原）	68.75	10000+	—	C	P2	TMS	C	世界一流学科大学（U1）
132	湘潭大学	湘（湘潭）	68.73	10000+	—	C	P6	TMS	C	世界一流学科大学（U1）
133	南京医科大学	苏（南京）	68.71	10000+	—	C	P4	TMS	C	世界一流学科大学（U2）
134	南方科技大学	粤（深圳）	68.69	10000+	—	C	P6	TMS	C	世界一流学科大学（U2）
135	华南农业大学	粤（广州）	68.68	10000+	—	C	P4	TMS	C	世界一流学科大学（U3）
136	上海科技大学	沪	68.65	10000+	—	C	P6	TMS	C	世界一流学科大学（U2）
137	广州医科大学	粤（广州）	68.60	10000+	—	C	P4	TMS	C	世界一流学科大学（U3）
138	燕山大学	冀（秦皇岛）	—	—	—	—	P2	—	D+	世界一流学科大学（U2）
139	南京工业大学	苏（南京）	—	—	—	—	P2	—	D	世界一流学科大学（U2）
140	深圳大学	粤（深圳）	—	—	—	—	P6	—	D	世界一流学科大学（U1）
141	中国社会科学院大学	京	—	—	—	—	P1	—	D	世界一流学科大学（U1）

续表

排序	校名	地区	*CUDI*	世界排名	2017年度定位	2022年度定位	遴选原则	遴选方法	2026—2027年度	战略目标
142	第三军医大学（陆军军医大学）	渝	—	—	—	—	P1	—	D+	世界一流学科大学（U3）
143	解放军信息工程大学	豫（郑州）	—	—	—	—	P1	—	D+	世界一流学科大学（U3）
144	南方医科大学	粤（广州）	—	—	—	—	P4	—	D	世界一流学科大学（U3）
145	解放军陆军工程大学	苏（南京）	—	—	—	—	P1	—	D	世界一流学科大学（U2）
146	昆明理工大学	滇（昆明）	—	—	—	—	P2	—	D+	世界一流学科大学（U2）
147	浙江工业大学	浙（杭州）	—	—	—	—	P2	—	D+	世界一流学科大学（U3）
147	西北师范大学	甘（兰州）	—	—	—	—	P3	—	D	世界一流学科大学（U3）
148	江苏大学	苏（镇江）	—	—	—	—	P3	—	D	世界一流学科大学（U1）
149	解放军海军工程大学	鄂（武汉）	—	—	—	—	P1	—	D	世界一流学科大学（U2）
150	首都医科大学	京	—	—	—	—	P4	—	F	世界一流学科大学（U1）
151	华侨大学	闽（泉州/厦门）	—	—	—	—	P1	—	F	世界一流学科大学（U3）
152	解放军空军工程大学	陕（西安）	—	—	—	—	P1	—	F	世界一流学科大学（U3）
153	广东工业大学	粤（广州）	—	—	—	—	P2	—	F	世界一流学科大学（U3）
154	中国医科大学	辽（沈阳）	—	—	—	—	P4	—	F	世界一流学科大学（U3）
155	上海师范大学	沪	—	—	—	—	P4	—	F	世界一流学科大学（U2）
156	东北财经大学	辽（大连）	—	—	—	—	P4	—	F+	世界一流学科大学（U3）
157	济南大学	鲁（济南）	—	—	—	—	P3	—	F	世界一流学科大学（U1）
158	浙江师范大学	浙（金华）	—	—	—	—	P4	—	F+	世界一流学科大学（U3）
159	中南民族大学	鄂（武汉）	—	—	—	—	P4	—	F	世界一流学科大学（U3）
160	河北大学	冀（保定）	—	—	—	—	P3	—	F	世界一流学科大学（U1）
161	华东政法大学	沪	—	—	—	—	P4	—	F	世界一流学科大学（U3）
162	西南政法大学	渝	—	—	—	—	P4	—	F	世界一流学科大学（U3）
163	青岛大学	鲁（青岛）	—	—	—	—	P3	—	F	世界一流学科大学（U1）
164	齐鲁工业大学	鲁（济南）	—	—	—	—	P2	—	F	世界一流学科大学（U3）
165	杭州电子科技大学	浙（杭州）	—	—	—	—	P4	—	F	世界一流学科大学（U3）

续表

排序	校名	地区	*CUDI*	世界排名	2017年度定位	2022年度定位	遴选原则	遴选方法	2026—2027年度	战略目标
166	哈尔滨医科大学	黑（哈尔滨）	—	—	—	—	P4	—	F	世界一流学科大学（U3）
167	汕头大学	粤（汕头）	—	—	—	—	P3	—	F	世界一流学科大学（U1）
168	山东师范大学	鲁（济南）	—	—	—	—	P4	—	F	世界一流学科大学（U3）
169	广州大学	粤（广州）	—	—	—	—	P6	—	F	世界一流学科大学（U1）
170	江苏师范大学	苏（徐州）	—	—	—	—	P4	—	F	世界一流学科大学（U3）
171	上海理工大学	沪	—	—	—	—	P6	—	F	世界一流学科大学（U3）
172	杭州师范大学	浙（杭州）	—	—	—	—	P4	—	F	世界一流学科大学（U3）
173	扬州大学	苏（扬州）	—	—	—	—	P3	—	F+	世界一流学科大学（U1）
174	武汉科技大学	鄂（武汉）	—	—	—	—	P2	—	F	世界一流学科大学（U2）
175	河南农业大学	豫（郑州）	—	—	—	—	P4	—	F	世界一流学科大学（U3）
176	长春理工大学	吉（长春）	—	—	—	—	P6	—	F	世界一流学科大学（U3）
177	湖北大学	鄂（武汉）	—	—	—	—	P3	—	F	世界一流学科大学（U1）
178	江西师范大学	赣（南昌）	—	—	—	—	P4	—	F	世界一流学科大学（U3）
179	中国计量大学	浙（杭州）	—	—	—	—	P4	—	F	世界一流学科大学（U3）
180	雄安大学（预留）	冀（雄安）	—	—	—	—	P1	—	F	世界一流学科大学（U1）

专业特色型大学（U4，15所）常规资助计划

排序	校名	地区	*CUDI*	世界排名	2017定位	2022定位	遴选原则	遴选方法	2026—2027年度	战略目标
1	中央音乐学院	京	98.90	—	C	C+	P4	HLM	C+	中国特色 世界一流大学（U4）
2	北京体育大学	京	98.85	—	C	C+	P4	HLM	C+	中国特色 世界一流大学（U4）
3	中国人民公安大学	京	97.20	—	C	C	P4	HLM	C	中国特色 世界一流大学（U4）
4	外交学院	京	97.05	—	C	C+	P4	HLM	C+	中国特色 世界一流大学（U4）
5	中国音乐学院	京	97.00	—	C	C+	P4	HLM	C+	中国特色 世界一流大学（U4）
6	中央美术学院	京	96.97	—	C	C+	P4	HLM	C+	中国特色 世界一流大学（U4）
7	中央戏剧学院	京	96.63	—	C	C+	P4	HLM	C+	中国特色 世界一流大学（U4）

续表

排序	校名	地区	*CUDI*	世界排名	2017年度定位	2022年度定位	遴选原则	遴选方法	2026—2027年度	战略目标
8	上海体育学院	沪	96.40	—	C	C	P4	HLM	C	中国特色世界一流大学（U4）
9	上海音乐学院	沪	96.11	—	C	C	P4	HLM	C	中国特色世界一流大学（U4）
10	中国美术学院	浙（杭州）	96.00	—	C	C	P4	HLM	C	中国特色世界一流大学（U4）
11	国际关系学院	京	—	—	—	—	P4	TMS	C	中国特色世界一流大学（U4）
12	北京语言大学	京	—	—	—	—	P4	TMS	C	中国特色世界一流大学（U4）
13	北京电影学院	京	—	—	—	—	P4	TMS	C	中国特色世界一流大学（U4）
14	中国戏曲学院	京	—	—	—	—	P4	TMS	C	中国特色世界一流大学（U4）
15	南京艺术学院	苏（南京）	—	—	—	—	P4	TMS	C	中国特色世界一流大学（U4）

港澳台“双一流”建设高校（10所）特别资助计划

排序	校名	地区	*CUDI*	世界排名	2017年度定位	2022年度定位	遴选原则	遴选方法	2026—2027年度	战略目标
1	香港大学	香港	98.80	20~50	—	EⅠ	P2	HLM	A	世界顶尖大学（U1）
2	香港中文大学	香港	98.60	30~60	—	EⅠ	P5	HLM	A	世界顶尖大学（U2）
3	香港科技大学	香港	98.50	40~80	—	EⅠ	P2	HLM	A	世界顶尖大学（U1）
4	台湾大学	台湾	98.45	90~120	—	EⅠ	P1	HLM	A	世界顶尖大学（U1）
5	台湾成功大学	台湾	98.28	150~300	—	EⅠ	P1	HLM	A	世界一流学科大学（U2）
6	香港城市大学	香港	82.00	200~400	—	EⅡ	P1	TMS	B	世界一流学科大学（U2）
7	台湾阳明交通大学	台湾	98.25	200~400	—	EⅡ	P1	HLM	A	世界一流学科大学（U2）
8	台湾清华大学	台湾	98.20	200~400	—	EⅡ	P1	HLM	A	世界一流学科大学（U2）
9	台湾中国医药大学	台湾	80.36	300~500	—	EⅡ	P1	TMS	B	世界一流学科大学（U2）
10	澳门大学	澳门	80.00	300~500	—	EⅡ	P3	MRA	B	世界一流学科大学（U1）

注：学术研究型大学为U1、技术研究型大学为U2、行业特色型大学为U3、专业特色型大学为U4。

遴选名单显示，清华大学、北京大学、中国科学院大学等作为中国“双一流”建设高校的“领头羊”，已跻身全球大学集团的前5‰，是目前中国（不包括港澳台）最接近世界一流大学行列的世界一流学科高水平大学；浙江大学、上海交通大学、复旦大学、中国科学技术大学、国防科技大学、南京大学、中山大学等作为中国“双一流”建设高校的主力军，已挺进全球大学集团的前5‰，是目前中国（不包括港澳台）最接近世界一流学科高水平大学行列的世界著名、亚太一流大学；哈尔滨工业大学、四川大学、武汉大学、华中科技大学、北京师范大学、同济大学、西安交通大学、南开大学、天津大学、厦门大学、东南大学、吉林大学、华南理工大学、山东大学、大连理工大学、中国人民大学等作为中国“双一流”建设高校的生力军，已挺进世界大学集团的前5%，是世界知名、亚太高水平大学。北京体育大学、外交学院、中央音乐学院、中国人民公安大学等中国特色专业型院校（单列，排名不分先后），已经跻身同领域、同类型、同层次世界一流大学行列。

在第三轮中国“双一流”建设高校遴选评价的政策建议方面，有两种方案。一是国家“双一流”建设高校不扩充模式（不进不出），即15所A类国家出资自主建设高校、30所B类国家出资整体建设高校、102所C类国家出资学科建设高校共计147所，其中北京体育大学等10所专业特色型“双一流”建设高校纳入常规资助计划，仍占“A类、B类、C类”建设高校指标。二是国家“双一流”建设高校扩充（有进有出），即15所A类国家出资自主建设高校、30所B类国家出资整体建设高校、92所C类国家出资学科建设高校、13所D类国家立项自筹建设高校、10所E类港澳台特支计划高校共计160所，其中18所省级“双一流”建设高校升级为省部共建或部省合建“双一流”建设高校，且中央音乐学院等10所专业特色型“双一流”建设高校纳入常规资助计划，不占用“A类、B类、C类”建设高校指标。如果实施第二种政策建议，浙江省、河南省、山东省、河北省、云南省、重庆市、福建省、江西省、甘肃省等有可能新增1~2所“双一流”建设高校及建设学科。

值得注意的是，第二轮“双一流”建设高校及建设学科中上海科技大学、南方科技大学等异军突起实现了“换道超车”，苏州大学也是147所“双一流”建设高校中的“黑马”，分析可见“苏大模式”有六大成功因素：一是苏州大学与党和政府良性互动，全力服务党和政府战略需求，苏州市委、市政府对苏州大学立体支持；二是党政领导治校理政能力及治理体系的现代化、民主化、科学化，党政主要为教学和科研服务；三是持续高薪礼聘高层次人才，在拔尖人才培育、引进、使用和发展等全环节、全流程上尊重知识、尊重人才；四是坚持卓越标准，打造一流教育教学体系、一流科技研发体系、一流社会服务体系、一流国际交流与合作体系；五是强化学生职业生涯规划和校友职业发展全程服务，与校友形成良性发展共同体，校友捐赠和社会捐赠成为苏州大学腾飞的动力；六是离上海较近，在长三角全球学术交流与合作共同体中具有天然地缘优势和交通优势，初步实现了长三角学术一体化发展。苏州大学这些做法值得其他候选高校学习借鉴。

最后，作为一项先导研究，高校遴选评价本质上要符合新时代高质量高等教育体系的评价导向和高等教育高质量发展新理念。按照 2035 年建成高等教育强国的战略目标，在高等教育普及化阶段，只有加快发展高等教育，才能确保在完善高等教育体系的同时，完成提高高等教育质量的战略任务。高等教育普及化并不代表高等教育质量普及化，高等教育机构完成培养拔尖创新人才和推进基础理论关键技术突破的使命更加急迫。教育评价改革是教育改革的“牛鼻子”，在多元化高等教育质量观指导下，元宇宙时代的高等教育评价表现出一些新的趋势，特别是针对“双一流”大学建设成效的评价，更加强调建设成效的分类评价和个性化校本评价、更加强调教师道德素养和引领知识创新的成效评价、更加强调对学生的全面发展和毕业生的职场发展成就的评价、更加强调对国家发展的重大贡献和解决急难险重问题的评价、更加强调内部质量监测保障现代化和持续改进质量体制机制的评价，以构建以结果评价、过程评价、增值评价、综合评价为核心的“四个全面”功能互补的评价新体系和自我评估、院校评估（含合格评估和审核评估）、专业认证与评估、国际评估、教学状态常态监测的中国特色“五位一体”评估新制度。教育评价改革“牵一发而动全身”，需要基于制度顶层设计思维，从教育评价改革的系统性规定与结构性要求出发。[5]中国“双一流”大学建设成效监测评价作为新时代教育评价改革的标志性工程，评价结果是我国高校自主创新能力和高质量人才培养水平的重要体现。对于进入第三轮“双一流”建设高校遴选名单的高校而言，需要正确认识并妥善处理高校服务党和国家重大战略需求与学校自主发展及所在地方经济社会发展需求、中国特色本土化评价指标与世界一流国际化评估指标、一流大学建设整体实力提升与一流学科建设水平重点提高[5]、一流学科建设项目短期目标考核与学校中长期发展目标实现等四对关系，依法利用一切可利用的国内外资源、团结国内外一切可以团结的力量，促进“双一流”建设不断取得实质性成效，建大建强、建优建特，早日成长为名副其实的中国特色世界一流大学。

【参考文献】

［1］教育改革发展的“九个坚持”［J］. 中国教育学刊，2019（1）：92.

［2］马陆亭，刘承波，张伟，等．教育思想理念的重大创新：关于教育改革发展规律的“九个坚持”［J］. 中国高等教育，2019（2）：4-7.

［3］周光礼．以“九个坚持”为根本遵循扎根中国大地办大学［J］. 中国高教研究，2018（11）：1-4.

［4］本报评论员．牢牢把握教育改革发展的“九个坚持”［N］. 人民日报，2018-09-14（2）.

［5］刘海峰，李木洲．构建“四位一体”功能互补的教育评价新体系［J］. 中国考试，2020（9）：1-4，14.

［6］钟秉林．“双一流”建设成效评价的价值、方向与反思［J］. 河北师范大学学报（教育科学版），2022（2）：17-21.

第十一章　中国“双一流”大学历史名校文化遗产保护与利用研究

导读：推动中华优秀传统文化原生态传承、创造性转化与创新性发展是中国大学特别是中国“双一流”大学的五大核心职能之一，以国立西南联合大学、国立西北联合大学等为代表的中国历史名校的文化遗产是中华优秀传统文化的重要组成部分，也是当代中国“双一流”大学必须继承的宝贵精神财富。中国历史名校主要是抗战西迁高校和离世界一流大学最近的中国高校集合，是众多中国“双一流”大学的前身，它们的曲折办学历程既创造了中国近代高等教育史上的奇迹，也给中国大学历史文化研究留下了丰富的文化遗产范本，更为新时代落实《中国教育现代化2035》推动高等教育高质量发展等提供了重要办学经验借鉴。文化遗产是大学的宝贵精神财富，一流校园文化是一流大学的底色，在科学界定中国历史名校和大学文化遗产等核心概念基础上，以若干抗战时期南渡西迁高校如唐山交通大学（西南交通大学等的前身）等为案例，分析中国历史名校文化遗产的共生内涵和重要价值，提出以继承校为主体的历史文化遗产有效传承、科学保护和合理利用的对策建议，以丰厚中国特色世界一流大学建设的历史底蕴和文化积淀，助力中国早日建成一批文化文明意义而非“排行榜意义”的“双一流”大学集群和学科部落，为坚定文化自信建设社会主义文化强国做出新贡献。

传承和创新中华优秀传统文化、开展中华优秀传统文化教育是中国大学集团特别是“双一流”大学集群的重要职能之一，大学要早抓常抓中华优秀传统文化教育，久久为功，让大学生耳濡目染、潜移默化，有利于夯实德智体美劳全面发展的社会主义建设者和接班人传承中华优秀传统文化的根基，铸牢中华民族共同体意识。《大学》开篇指出，“大学之道，在明明德，在亲民，在止于至善”。中华优秀传统文化是中国人民和中华民族在五千年发展历史中创造、积累起来的物质化、精神性成果的总和，是维系国家与民族生生不息的精神血脉和人民的精神家园，秉承“大学之道”的中国历史名校文化是中华优秀传统文化的一种亚文化，是培养传承和创新中华文化人才之根基。推动中华优秀传统文化原生态传承、创造性转化与创新性发展是中国大学承担立德树人、科技研发、社会服务、国际交流之外的第五大核心职能，抗日战争时期南渡西迁的中国历史名校的文化遗产是中华优秀传统文化的重要组成部分。中国历史名校主要是抗战期间南渡西迁高校和与世界一流大学水平最接近的中国高校集合，它们的曲折办学历程既创造了中国近代高等教育史上的奇迹，也给中国大学历史文化研究留下了丰富的文化遗产范本，更为新时代落实《中国教育现代化2035》推动高等教育高质量发展等提供了重要办学经验借鉴。文化传承创新是大学的核心使命之一，文化遗产是大学的宝贵精神财富，一流校园文化是一流大学的底色。本书在科学界定中国历史名校和大学文化遗产等核心概念基础上，以抗战时期南渡西迁高校中的国立唐山交通大学等为案例，分析中国历史名校文化遗产的共生内涵和重要价值，提出其主体继承校有效传承、科学保护和合理利用文化遗产的对策建议，以丰厚抗战时期南渡西迁高校的继承校建设中国特色世界一流大学的历史底蕴和文化积淀，助力中国早日建成一批文化文明意义而非“排行榜意义”的“双一流”大学集群和学科部落，为坚定道路自信、理论自信、制度自信、文化自信，建设社会主义物质文明强国、政治文明强国、精神文明强国、社会文明强国、生态文明强国做出新贡献。

第一节　天开文运：中国“双一流”大学历史名校文化遗产的内涵重构

传承和创新文化是大学的核心职能之一，中国历史名校是传承和创新中华优秀传统文化的主要践行者。中国历史名校既不是中国古代的辟雍、成均、太学、稷下学宫、岳麓书院等，也不是中国近代的京师大学堂、北洋大学堂、南洋公学、山西大学堂、广西大学堂等，而是一个特定时代的学术概念，起源于“中国科技众帅之帅”——“两院院士”朱光亚先生于中国历史名校国立西南联合大学旧址的题词。1942年夏天，朱光亚转入抗战西迁至昆明的国立西南联合大学（今北京大学、清华大学、南开大学、云南师范大学）物理系，1945 年秋毕业后留校任助教，被誉为“中国工程科学界支柱性的科学家”。中国历史名校特指抗战时期为保留中华民族文化血脉、传承中国教育命脉和培育薪火相传中兴人杰的南渡西迁高校的集合体，代表性历史名校如国立西南联合大学（平津→长沙→昆明）、国立西北联合大学（平津→西安→汉中）、唐山交通大学（唐山→平越）、国立厦门大学（厦门→长汀）、国立浙江大学（杭州→遵义）、私立复旦大学（上海→重庆）、国立同济大学（上海→李庄）、国立武汉大学（武汉→乐山）、国立中山大学（广州→澄江）、私立华中大学（武汉→喜洲，今华中师范大学）等，[1]一时间全中国的知名学者和亟待学成救国的青年学子云集于此。文化不死，民族永存，中国人民生存欲望之顽强、承受磨难意志之坚韧、刚毅坚卓之精神世所罕见，高校南渡西迁途中，师生们在山野茅棚下、田间地头上，阅读着《中华文明史》这本“乡土中国大书”，这段“迁徙的课桌”的悲壮历史正如《国立西南联合大学校歌》所言“千秋耻，终当雪；中兴业，须人杰”，“内迁精神”充分证明“纵使天崩地裂，中华民族绵延不绝”。

中国历史名校的南渡西迁遗址承载着中国人自强不息的精神，是中华优秀传统文化的重要组成部分，也是世界高等教育文化遗产的有机组成部分。文化遗产是“地球之光”，分为有形文化遗产和无形文化遗产，包括物质文化遗产和非物质文化遗产，[2]根据审定单位划分为不同等级（世界级、国级、省级、市级、县级等），如联合国教科文组织评选的《世界遗产名录》、中国国务院批准的《中国文化遗产》等。抗战南渡西迁高校是中国历史名校的“四梁八柱”，以国立西南联合大学、唐山交通大学等为代表的中国历史名校的文化遗产是一类比较特殊的文化遗产，德国有一个类似的大学文化遗产项目，叫作“包豪斯学院”（Bauhaus，1919 年 4 月 1 日至 1933 年 7 月），这个艺术学校把古典的或者说传统的建筑教育和艺术设计教育转化为现代主义的教育方式，[3]反映了 20 世纪 20 年代人类思想观念、审美观念包括教育观念的转化。尽管它只存在了短短 14 年，但是其校址于 1996 年被联合国教科文组织列入《世界遗产名录》，2017 年增列了位于贝尔瑙（Bernau）的包豪斯式建筑——德国贸易联盟联合学校校舍。另一个经典案例是 1956 年卢西奥·科斯塔总体规划、奥斯卡·尼迈耶设计建筑的巴西新都巴西利亚（Brasilia），包括教育区建筑群，承载着厚重的多元历史文化和想象力，体现了人的精神、智慧及伟大创造力，充满了人类的理想和诗意，1978 年被联合国教科文组织确定为“人类文化遗产”，成为众多世界人类文化遗产中最年轻的一个。抗日战争时期南渡西迁高校的校园文化遗址，是人类文化遗产的重要组成部分，纵观抗战时期南渡西迁高校校园遗址集群，如国立西南联合大学小菜园校址、国立西北联合大学古路坝校址、国立浙江大学湄潭校址、国立南京大学沙坪坝校址、国立武汉大学乐山校址、国立厦门大学长汀校址、国立中山大学澄江校址、国立同济大学李庄校址、金陵大学华西坝校址、唐山交通大学平越校址等皆有类似包豪斯学院、巴西利亚等人类文化遗产的元素特征。这些史迹是传承校园历史文脉、人文精神价值的重要载体和校园风貌特色的集中体现，[4]见证了近代中国历史的剧烈变迁、文化的滥觞流变、教育的曲折发展。当年在华西坝齐鲁大学任教的顾颉刚先生曾说：“我们站在教育的立场上，站在服务社会的立场上，这些史迹是值得称赞的。这些史迹现在固然因为没有人宣传而觉得黯淡，但在将来一定会有万丈光辉的。”[5]

第二节　文化强国：中国“双一流”大学历史名校文化遗产的价值界说

大学是国家强盛和民族复兴的重要基石。决定一个国家、一个民族、一座城市高度的不是大楼，而是大学。清华大学前校长梅贻琦先生曾言：“大学者，非谓有大楼之谓也，大师之谓也。”[6]习近平总书记在党的十九大报告中指出：“文化是一个国家、一个民族的灵魂。文化兴国运兴，文化强民族强。”[7]党的十九届五中全会明确提出到2035年建成文化强国的远景目标，对“十四五”时期推进社会主义文化强国建设进行了战略部署。中国大学不仅是传承创新中华文化的自强力量，部分还是全国重点文物保护单位所在地，如云南师范大学校内的国立西南联合大学旧址、厦门大学校内的民国建筑等，唐山交通大学发源地山海关近现代铁路附属建筑属于河北省第五批文物保护单位。2022年是唐山交通大学建校126周年，也是中国高等工程教育诞生126周年，更是“十四五”规划、“第二个一百年”奋斗目标良好开局后的接续奋斗之年。百年转瞬即逝，未来已来，唐山交通大学以新形态存在于中国当代高等教育系统中，那就是分散在全国各地的现代“交大系”，但人们对唐山交通大学以及与其一脉相承的“交大系”的了解和评价往往不够全面、不尽客观，特别是对其文化遗产的传承、保护和利用的重大现实意义与长远历史价值了解得不够、认识不足。

国立西南联合大学“内树学术自由之规模，外来民主堡垒之称号”，八年弦歌不辍英才辈出，被誉为“世界教育史上的奇迹”，堪与其比肩者还有如唐山交通大学、国立西北联合大学等。清华大学校史也载“清华工学院初创时，国内已有南洋、唐山及北洋诸校，工科教育已十分成功”。[8]由此可见，在工科教育质量方面，唐山交通大学不亚于清华大学等工科强校，即使是在抗战南渡西迁期间。作为中华文化符号的“交通”二字取自《易经·泰卦》，辞曰：“天地交而万物通也，上下交而其志同也。”天地之交是最大的“交”，是万物大“通”之时，交通大学文化和合、天工开物而万物生长。唐山交通大学是中国交通大学系统的先驱和源泉，是中国高等教育发展史上办学水准最接近世界一流大学或世界一流学科高水平大学的历史名校之一，它是京津冀文化教育系统的一张名片和一面旗帜，更是中国近代史上堪与其他中国历史名校“并驾齐驱”的办学奇迹，是在世界上享誉“东方康奈尔”美名的“中国教育史上的珠穆朗玛峰”之一，毕业生可以免试进入康奈尔大学等美国名校攻读硕士研究生。唐山交通大学，1896 年诞生于秦皇岛山海关，[9]初名山海关北洋铁路官学堂，承光绪谕旨新办，是中国近代第二所钦定国立大学（第一所是 1895 年建立的北洋西学学堂），也是中国最早为培养“造桥、造路、制造车辆及行车司机等”人才而专门建立的大学堂，其成立标志着中国近现代高等教育特别是工科高等教育肇基。唐山交通大学催生了中国的现代学制，[10]开创了哲学（伦理学）、文学（散文）、理学（算术、微分等）、工学（力学、材料等）、教育学（体育）、管理学（管理工程）、艺术学（制图）等大学学科和专业课程，是中国近代土木工程、矿冶工程、交通工程教育等的发祥地，为中国革命、建设和改革培养了大批人才、创新了众多科技，为中国深化“政教科产四融合”办好高等工程教育、服务“工业 4.0”等积累了丰富办学经验。

众所周知，民国时期是中国早期高等教育现代化的重要历史阶段，在此期间涌现出一大批优秀的教育家，其教育理念、办学思想、治理实践对推动高等教育高质量发展起到重要作用。[11]有一批学校多由科学家出身的教育家掌校，唐山交通大学等是民国时期科学家掌校的典范。唐山交通大学是中国近现代史上最著名的大学之一，虽然其本体已经消失，但是作为“西迁精神”重要组成部分的“交大精神”理应得到传承弘扬，汇入新时代文化强国的潮流。在创校早期，唐山交通大学校长多为具有世界视野的新式官员担任，如晚清外交大臣周寿臣、民国参议院首任院长赵仕北、外交总长章宗元、外交次长刘式训等都曾先后出任。此后，教育家罗忠忱、李书田、孙鸿哲、顾宜孙、胡博渊、唐振绪等都曾执掌校印，著名桥梁专家茅以升（唐山交通大学1916届毕业生校友）曾四次出任唐山交通大学校长。在这些科学家、教育家校长的治理和善治下，唐山交通大学建立了比较先进的现代大学治理体系，是中国最早采用本科四年制、设置毕业设计环节的大学之一，堪称文化底蕴丰厚的中国特色世界一流工科大学。同时逐步形成了以罗忠忱、顾宜孙、伍镜湖、黄寿恒、李斐英为核心的教授团队（被誉为“交大五老”），他们立德树人、教书育人、弦歌不辍、文脉不绝，在唐山交通大学从教四五十年甚至终身，真正为唐山交通大学奉献了一切。一流师资和工匠、一流本科和研究生教育、一流教学和实习才能培育一流人才、创造一流成果，建成一流学科、一流大学，唐山交通大学以“五老”为核心，辅之以林炳贤、范治纶、王钧豪、何杰、罗河、李汶、许元启、朱泰信等教授，形成了长期稳定的一流本科教授团队。此外，侯家源、刘仙洲、朱物华、徐中、胡刚复等名家也曾先后执教培英育才。

中国历史名校基本是当代“双一流”建设高校，既是时代的记录者和见证者，也是时代的创造者和贡献者，定期或不定期地举办抗战南渡西迁旧址纪念活动，对于警醒国人和传扬中华民族自强精神意义重大。唐山交通大学是一所历史中的中国大学，是中国历史名校之一，于当代大学生乃至社会大众而言只能从史料中看到它的名字。上百年来，社会各界对唐山交通大学的评价总体是积极的、正能量的，但唐山交通大学的历史、贡献、声誉、文化等还需要更多宣介。唐山交通大学开中国工科高等教育之先河，为苦难深重的中国、危亡之际的中华民族“实业救国”和百废待兴的新中国建设提供了大批人才与大量技术支撑，为人类文明发展和社会进步抹下一笔浓墨重彩。1971年唐山交通大学西迁四川、改名西南交通大学后，老交大遗址在唐山大地震后慢慢湮没，唯留图书馆台阶遗址等少数遗存，唐山交通大学逐渐被人们淡忘了。自改革开放以来，随着一系列国家战略和“211工程”、“985工程”、“2011计划”、“双一流”战略、“新工科”建设等国家高等教育战略工程的相继实施，特别是建设世界一流大学和世界一流学科高水平大学的“中国教育梦”的提出及践行，享誉“东方康奈尔”的唐山交通大学及其文化遗产慢慢重新回到人们的视野。大学是文化强国战略的智慧源，在交大双百年校庆之后，为了更好地传承唐山交通大学精神、保护唐山交通大学遗产、利用唐山交通大学遗址，有必要重提其文化遗产的传承弘扬、保护利用问题，充分发挥西南交通大学在唐山交通大学文化遗产传承、保护和利用上的主人翁精神及主体性功能。众所周知，以唐山交通大学等为代表的中国历史名校的文化遗产具有濒危性、唯一性、不可再生性和可传承性，具有极高的历史、文化、艺术、旅游、教育和科考价值，其内容丰富、特色鲜明、价值重大，科学、人文与时代精神源远流长。在文化强国战略布局和坚定文化自信中，应以唐山交通大学等历史名校的相关遗存和原始文献为依据，立足服务唐山“历史文化名城”“经济强省、美丽河北”建设和“京津冀协同发展”战略决策，加快启动其文化遗产的传承、保护和利用系统工程。

第三节　文化流觞：中国“双一流”大学历史名校文化遗产的变迁沉淀

中国历史名校诞生地和抗战时期南渡西迁地多是物华天宝、人杰地灵，是成就中国历史名校的重要地域文化因素。唐山是一座灿烂的历史文化名城，下辖迁安早在4.5万年前的旧石器时代就有人类居住，5000年前成为中华始祖轩辕黄帝部落的龙兴之地，曾出土重要黄帝文化遗存，被中国民间文艺家协会命名为“中国轩辕黄帝姓氏文化之乡”，全国人大常委会原副委员长费孝通曾为迁安题词：“黄帝胜迹，光耀千秋。”[12]唐山也是中国近代工业摇篮、沿海工业重镇，虽遭1976年大地震劫难，但中国人民创造了凤凰涅槃的奇迹，[13]被誉为“英雄之城”，并获得联合国人居奖和联合国教科文组织“特别贡献奖”。因矿（开滦煤矿）而起、为路（唐胥铁路）而兴的唐山交通大学作为唐山最早、最高学府，在唐山办学66年，是唐山“文化之魂”和唐山交通大学“文脉之源”，1971年“三线建设”末期奉中共中央、国务院令迁往四川峨眉山，1972年3月1日改名“西南交通大学”。[14]从1896年到2022年，唐山交通大学这所“流浪高校”先后历经18次迁徙、18次更名，但在海内外校友心目中仍耳熟能详。唐山交通大学是中国教育史上的一所神奇高校，也是中国近现代史的一个缩影，其126年传奇办学历程，留下了山海关、唐山、上海、北京、湘潭、湘乡、平越、璧山、锦州、兰州、峨眉山、成都等诸多办学遗址或文化遗产（如表11-1所示），部分已经受到保护，如唐山交通大学发源地山海关交大旧址纪念园、交通部唐山大学锦县分校旧址（锦州东北交大旧址）、抗战时期唐山交通大学临时南迁的贵州平越旧址纪念园先后落成；部分已经濒危，如唐山交通大学校友最有感情的唐山交通大学旧址。在“十四五”期间特别是到21世纪中叶建国100年间，推动唐山转型发展、服务京津冀协同、引领环渤海大湾区全面建设社会主义现代化强区等关键时刻，从理论上系统研究唐山交通大学文化遗产的有效传承、科学保护和合理利用问题，从实践上借鉴国立西南联合大学、国立西北联合大学等抗战南渡西迁高校旧址保护经验，稳步推进其校园文化旧址的预研、规划和复建行动，功在当代、利在千秋，意义重大。

表 11-1　唐山交通大学发展变迁简表

序号	校名	时间	校址	国家定位	顶尖学科	标志事件
1	山海关北洋铁路官学堂	1896 —1905 年	山海关	皇家专校	铁路工程、矿冶工程	1896 年，光绪朱批同意创办山海关北洋铁路官学堂
2	山海关内外路矿学堂	1905—1908 年	唐山	国立专校	铁路工程、土木工程	1906 年，在天津、上海、香港等地考试录取学生 121 名
3	唐山路矿学堂	1908—1912 年	唐山	部属专校	土木工程、矿冶工程	1909 年，录取竺可桢入土木工程系学习
4	唐山铁路学校	1912—1913 年	唐山	部属专校	铁路工程、土木工程	1912 年，教育部颁发《普通教育暂行办法》，学堂改学校
5	唐山工业专门学校	1913—1920 年	唐山	部属专校	铁路工程、土木工程、矿冶工程	1914 届毕业生黄寿恒入麻省理工学院、1916 届毕业生茅以升入康奈尔大学；学校获得美国高校研究生入学免试资格；1917 年，以 94 分的优异成绩荣获全国高等学校作业成绩展览评比第一名，教育部颁发优等奖状一张，教育总长范源濂特奖“竢实扬华”匾额一方
6	交通大学唐山学校	1920—1922 年	唐山	部属高校	铁路工程、土木工程	1920 年，举办唐山复校 15 周年（建校 24 周年）纪念大会
7	唐山大学（唐山大学北京分校、唐山大学锦县分校）	1922—1928 年	唐山	部属高校	铁路工程、土木工程	1926 年，交通部代理总长兼唐山大学校长常荫槐筹建交通部唐山大学锦县分校
8	唐山交通大学（第二交通大学）	1928 年	唐山	部属高校	铁路工程、土木工程	1928 年，国民政府交通部公布《交通大学组织纲要》

续表

序号	校名	时间	校址	国家定位	顶尖学科	标志事件
9	交通大学唐山工程学院	1928—1941 年	唐山、北京、上海、武昌、南昌、湘潭、湘乡、平越	部属高校	铁路工程、土木工程	1930 年，交通大学公布校训，蒋梦麟为建（复）校 25 周年题“宏规大启”贺词；1934 年，《交通大学唐山工程学院院歌》谱写完成
10	国立交通大学唐山工程、北平铁道管理联合学院	1941—1942 年	平越	部属高校	铁路工程、土木工程	1941 年，院长茅以升辞职抗议联校
11	国立交通大学贵州分校、唐山工程学院	1942—1946 年	重庆、天水	部属高校	铁路工程、土木工程	1945 年，罗忠忱校长到重庆璧山丁家坳考察复课
12	国立唐山工学院	1946—1949 年	上海、萍乡、北京、唐山	部属高校	土木工程、矿冶工程	1949 年，唐振绪院长率领爱国师生从上海北返，与中共接管代表顾稀为首的华北交通学院师生员工会师唐山
13	中国交通大学唐山工学院	1949—1950 年	唐山	部属高校	土木工程、交通工程、矿冶工程	1950 年，铁道部唐山铁道技术研究所迁往北京，后改名中国铁道科学研究院
14	北方交通大学唐山工学院	1950—1952 年	唐山	部属高校	土木工程、交通工程、矿冶工程	1951 年，毛泽东主席应茅以升校长之请亲笔为学校题写校名
15	唐山铁道学院（唐山铁道学院兰州分校）	1952—1971 年	唐山	部属高校	铁道工务、机务及电务	1952 年，唐山铁道学院院校调整组建北京钢铁学院、中国矿业学院、北京地质学院、天津大学、北京铁道学院、哈尔滨铁道学院、清华大学
16	西南交通大学	1971 年—	峨眉山、成都	部属高校	交通运输工程、土木工程	1980 年，邓小平同志视察学校时评价说“这所学校出了不少人才”
17	西南交通大学唐山分院（校）	1985—2002 年	唐山	部属高校	交通运输工程	2002 年，与唐山市职工大学、唐山高等专科学校合并组建唐山学院

唐山交通大学文化遗产包括物质文化遗产和非物质文化遗产（含记忆遗产）两大部分。唐山交通大学物质文化遗产包括历史文物、历史建筑和相关文化遗址。具体而言，历史文物包括唐山交通大学各个时期的档案、学生名录、教材教辅、课本、作业、试卷、成绩单、调查报告、校徽、校旗、校歌谱、校名题字、匾额、录取通知、招生广告、录取通知书、毕业证书、结业证书、肄业证书、处罚通知、教具教案、电报书信、饭票邮票、试验器材、火车铁轨、被子床单、课桌椅、照片影像、管理规章、讲话报告、期刊、书籍报纸、建筑零部件、粉笔黑板、讲台、校内广告、社团材料、奖励材料等；历史建筑包括建校和迁校校园范围内的教学用建筑及其附属设施、科研类建筑及其附属设施、管理类建筑及其附属设施、服务类建筑及其附属设施、教学实践类建筑及其附属设施、产学研协同类建筑及其附属设施、师生住宿楼及食堂等；相关文化遗址包括山海关北洋铁路官学堂遗址、唐山路矿学堂遗址、湖南湘潭抗战南迁办学遗址、湘乡杨家滩办学遗址、贵州平越（今福泉）办学遗址、重庆璧山丁家坳办学遗址、上海交通大学文治堂办学遗址和实习见习遗址等。唐山交通大学非物质文化遗产包括口头传说和表述，表演艺术，社会风俗、礼仪、节庆，有关自然界和宇宙的知识及实践，传统手工艺技能。口头传说和表述包括唐山交通大学的口头传说和表述、唐山交通大学在世师生的口述、唐山交通大学去世师生的口述录音、校训、校歌、校风、教风、学风等；表演艺术包括唐山交通大学师生传承创新的评剧表演艺术、京剧表演艺术、歌圩等传统文化表现形式和文化空间；社会风俗、礼仪、节庆包括校园风俗、学校礼仪、校庆日、传统节日庆典、民俗活动、校歌演唱等；有关自然界和宇宙的知识及实践，包括铁路测量实践、矿冶工程研究、土木工程研究等；传统手工艺技能包括挖矿、打铁、锻造、冶炼、冲压、轧制等。总之，事关唐山交通大学的一切软硬件要素，包括其校长、教职工、学生、教学、实习等皆是其文化遗产的重要组成部分。唐山交通大学 126 年的曲折办学历程，既创造了中国高等教育史特别是中国高等工程教育史上的奇迹，也给中国大学校园文化研究留下了一份丰富的文化遗产范本，更为新时代聚焦“中国智造”加速“新工科”等建设“双一流”大学提供了重要办学启示，其办学理念、遗址遗迹等文化遗产亟须系统研究、有效传承、科学保护和合理利用。

第四节　文脉赓续：中国“双一流”大学历史名校文化遗产的保护传承

“历史文化是城市的灵魂，要像爱惜自己的生命一样保护好城市历史文化遗产。”[15]习近平总书记历来高度重视历史文化遗产保护，并身体力行推动保护和抢救文物工作，2022年1月27日他在山西省晋中市考察调研时指出：“历史文化遗产承载着中华民族的基因和血脉，不仅属于我们这一代人，也属于子孙万代。要敬畏历史、敬畏文化、敬畏生态，全面保护好历史文化遗产，统筹好旅游发展、特色经营、古城保护，筑牢文物安全底线，守护好前人留给我们的宝贵财富。”[16]中国历史名校校园遗址没有得到足够的重视，保护情况并不乐观，其保护力度离党和国家加强文化遗产保护的政策要求尚有差距，也不符合新时代文化强国的战略部署。具体到唐山交通大学文化遗产保护传承上，还存在很多方面的瓶颈问题，如文化遗产的摸底问题、文化遗产名录的创建问题、文化遗产保护现状的评估问题、文化遗产的管理和经费问题、文化遗产的旅游开发问题、老交大人的口述史研究问题等。因此，“交大系”必须在赓续和弘扬“交大精神”的基础上，创新唐山交通大学文化遗产保护和传承的纹理与路径，利用现代工程科学技术方法抢救性发掘和保护唐山交通大学文化遗产，利用现代组织机构的力量规范传承唐山交通大学文化遗产，讲述好交大故事、传播好交大声音。

一、重视名校文化遗产的科学性保护

中国历史名校文化遗产具有濒危性、唯一性、不可再生性和可传承性四大特征，唐山交通大学也不例外。从前期实地走访调查和文化遗产目录编定的结果来看，在商业化、工业化、城镇化和信息化多重因素驱动下，唐山交通大学文化遗产的存留状况和保护现状都不容乐观，存在许多不容忽视和亟待解决的重大问题，有的从遗物变成了遗迹、有的从遗迹变成了残迹、有的从实物变成了传说、有的甚至遭到毁灭性破坏。对中国历史名校文化遗址周边及其相关文化遗存的现状进行评估发现，不少抗战南渡西迁高校校园旧址湮没于危旧房改造区内，总体而言遗产真实性较好、价值较高，遗产完整性和遗产延续性以低等居多，稀有性和洁净性较好的文化遗存基本没有。唐山

文脉在交大，交大文脉在南湖。在文化强国战略顶层设计指导下，应尽快将历届唐山市委、市政府与西南交通大学签订的双方或多方战略合作协议落到实处，以文化大市、文化兴市、文化强市建设推进唐山交通大学文化遗产抢救性发掘与科学保护工作。建议西南交通大学与中共唐山市委、市政府成立“唐山交通大学保护与利用、改善和复兴”联合领导小组及办公室，高起点制定百亩交大园保护和开发利用方案，将复建与保护后的交大旧址，作为老交大的永久性精神家园，实现新形式的交大文化重回故土。具体地说，应尽快确立唐山交通大学文化遗产的保护红线，圈定保护范围和建设控制带，确定标志说明、纪录档案和保管机构，红线范围内的遗存残迹决不允许人为破坏，并尽快处理好震后危旧平房改造、棚户区居民搬迁等障碍性物理空间的迁址重建，为唐山交通大学旧址复建与保护、西南交通大学唐山国际学院建设等腾出空间。同时，坚持“修旧如旧”原则不动摇，对唐山交通大学周边的建筑物进行限高（如有需要可对已有建筑进行沉降或削高处理），使唐山交通大学图书馆在遗址上复建原型仍是唐山交通大学旧址“空间的制高点”和“文化的制高点”，尽量使唐山交通大学旧址复建后周边每栋建筑的高度、风貌、色彩等与唐山交通大学复建建筑保持整体协调和有机统一。

二、重视名校文化遗产的组织性传承

中国历史名校具有诸多优良传统和办学法宝，应传承其文化遗产，努力弘扬“西迁精神”。[17]唐山交通大学在长期办学过程中，形成了“精勤求学，敦笃励志，果毅力行，忠恕任事”的校训、“自强不息”的校风、“竢实扬华”的学风和“窥学术，贯西中，相期同造最高峰”的办学目标与发展愿景，集成为“交大精神”。唐山交通大学已逝，但诸多文脉尚存，如西南交通大学唐山研究院、唐山师范学院唐山交通大学文化遗产保护与开发协同创新中心、西南（唐山）交通大学唐山校友会、西南交通大学唐山办事处等，这些组织机构有的属于科研型（协创中心）、有的属于教学型/人才培养型（研究院）、有的属于服务型（校友会/办事处），没有专业的唐山交通大学文化遗产传习所，专门负责“交大精神”“交大文化”“交大思想”的传承和修习，应引起西南交通大学和唐山市委、市政府的高度重视，加快唐山交通大学文化遗产陈展、研习、传承场所（唐山交通大学博物馆/校史馆）建设进度和唐山交通大学代表性建筑复建（图书馆、东西讲堂、东西楼、明诚堂、眷诚斋等）、办学纪念园（山海关、唐山、湘潭、湘乡、平越、璧山、峨眉山、成都、锦州、兰州等）、中外合作办学机构唐山国际学院（中共唐山市委、市政府，西南交通大学，境外大学等筹建）建设工程。另外，西南交通大学等原唐山交通大学血脉或文脉传承院校应组织并长期坚持开展“重走交大之路”和“交大寻根之旅”活动，主题可以是“献礼新时代、文脉永相承”，深度体验唐山交通大学“五个一工程”（唱一次校歌、上一堂早课、游一日校园、坐一次火车、吃一顿午饭）。同时，应有意识、有计划地培养一批批坚定的唐山交通大学文化讲解员和传习者，让更多交大师生缅怀唐山交通大学、记住唐山交通大学、学习唐山交通大学，确保“交大精神”代代传扬！

第五节　文以载道：中国“双一流”大学历史名校文化遗产的开发利用

文化自信，是更基础、更广泛、更深厚的自信，是更基本、更深沉、更持久的力量。2021 年 3 月 22 日下午，习近平总书记考察福建省武夷山市的朱熹园时指出：“如果没有中华五千年文明，哪里有什么中国特色？如果不是中国特色，哪有我们今天这么成功的中国特色社会主义道路？我们要特别重视挖掘中华五千年文明中的精华，弘扬优秀传统文化，把其中的精华同马克思主义立场观点方法结合起来，坚定不移走中国特色社会主义道路。”[18] 文明之光能照亮复兴之路，中国大学不仅是挖掘中华五千年文明精华的主力军，也是持续培育弘扬优秀传统文化人才的生力军，以高度的历史自觉与文化自信开展唐山交通大学文化遗产的传承、保护和利用，不仅能留住文化根脉、守住教育魂魄，而且对“交大人”及其子孙后代是负责的。唐山交通大学文化遗产是不可再生的历史文化资源，蕴含着全球“交大人”不屈的奋斗精神、深远的教育内涵、厚重的办学特色和伟大的红色基因，西南交通大学等“交大系”高校在保护好、传承好的基础上，开发好、利用好唐山交通大学系列办学遗址遗迹等稀缺资源，无论是对于继承与弘扬唐山交通大学优秀办学传统、“双严”教学基因，挖掘与丰富以“竢实扬华”为校风的“交大精神”，继而培英育才、突破一批“卡脖子”的关键核心技术，还是对于建设中国特色世界一流交通专业、学科和大学系统，提升中国高等工程教育全球核心竞争力，培养新工科拔尖创新人才，推动铁道行业中外人文交流互鉴等，都具有非常重大的现实意义和深远的文史价值。

一、高度重视名校文化遗产的合理性开发

抗战南渡西迁高校校园遗址是中国历史名校文化遗产的重要组成部分和代表，是中国抗战期间保存民族教育文化命脉的重要见证，承载了全球华人的不朽贡献和情感寄托，其历史价值、文教价值、研学价值和产业价值等显而易见。在完成唐山交通大学旧址周边环境整治工程后，以世界交通名城为建设目标，借力中车集团打造“中国动车城”等契机，规划“世界交通大观园”（世界动车博物馆/世界车文化博物馆），举办世界交通博览会、世界火车大会和世界交通大学论坛；以申请各级重点文物保护单位为契机，大力建设唐山交通大学文化纪念园创意产业带，充分发挥唐山交通大学文化遗产“加减乘除”效应，加强唐山交通大学遗址的保护，减少唐山交通大学遗迹的破坏，大力发展文化创新、创意、创业产业，发挥“乘数效应”，适度去除唐山交通大学遗址周边的商业气息，最终将唐山交通大学旧址建设成集交通、教育、科技、人才、创业、资本、产业、文创、旅游观光等为一体的协同创新全球体系——“路谷”“车谷”“智谷”。同时，整合全要素进行综合集成创新，将文化遗产开发的轴向生长模式、节点开发模式和横向延展模式有机结合起来，打造唐山交通大学旧址文化创意产业圈、产业轴和文化产业工业纪念园、交大元宇宙博物馆（Jiaotong University Metaverse Museum，JUMM）等，使之成为“唐山城市文化客厅”、冀东现代化建设先导区的“教育文化名片”[19]、京津冀协同发展文教产业“和弦共振”的“文化奇点”。

二、系统挖掘名校文化遗产的精神性内涵

中国历史名校文化遗产是先辈留给后代的宝贵文化遗产，是流动的精神文化河流。读万卷书不如行万里路，行万里路不如阅人无数，阅人无数不如名师指路，名师指路不如自己体悟。交大根基、精神和灵魂在唐山，[20] 中共西南交通大学党委和中共唐山市委可共同组织年度“重走唐山交通大学之路”和“交大寻根”活动，西南交通大学师生等通过“重走交大路”的方式来传承交大精神。借鉴国立西南联合大学“湘黔滇旅行团”模式，每年在西南交通大学师生中海选征集、投票确定一个主题，由相关领域资深教授和青年教师中的旅途生存专家联合带队，西南交通大学在校生（本科生、研究生、留

学生等）自由报名严格遴选（每年入选学生数=唐山交通大学建校周年数，如2021年为125名），“重走交大路”暨“交大寻根”之旅在西南交通大学九里堤校区（成都）举行启动仪式。建议由唐山交通大学老校友授旗，南下西南交通大学峨眉校区，继续南下（重庆、璧山、平越、湘乡、湘潭），东行（上海交通大学），北上到北京（北京交通大学）、唐山（唐山交通大学旧址）、秦皇岛（山海关北洋铁路官学堂发源地）等，再返回成都，接受交大“双严传统”（严谨治学和严格要求）和“竢实扬华”精神的身心双重洗礼，完成从西南交通大学到唐山交通大学再到西南交通大学的历史时空轮回，历时月余跋涉数千公里，完成追梦寻根之旅、文化爱国苦旅。“重走交大路”暨“交大寻根”之旅全程可步行，亦可乘坐由交大不断创新研发的“交大号”火车系统，或者两者有机结合，理论联系实践、大学融入社会。用脚丈量中国大地、用眼饱览大美山川、用心了解沿途风土人情，采集沿途史料，既可以开阔视野、增长见识、拓展才干、提升素养，又可以学以致用、研以致用、用以促学，用所学专业知识进行科普宣传（文化、科技、卫生“三下乡”）、服务沿途百姓、振兴乡村旅游，扎根中国大地办交大、育新人。西南交通大学可与传媒机构合作全程直播，打造“交大研学”品牌，走出新时代“交大道路”。

三、充分利用名校办学经验建设“新工科”

作为全球第二大经济体，中国的高等工程教育已发生深刻变革。但我国高校工科教育存在学科导向投入导向而不是应用导向成效导向，教育界、学术界与工业界、产业界对接互动严重不足，评价学生知识能力的国际实质等效标准缺乏，《华盛顿协议》等工程教育本科专业学位互认协议校较少，存在工科教育“理科化”和“重硬轻软”“重事轻人”“重理论轻实践”等瓶颈问题，必须充分借鉴麻省理工学院等当代世界一流大学和唐山交通大学等历史世界一流大学的办学经验。唐山交通大学是中国高校“工科”教育的发源地和杰出代表，其交通、矿业、土木等工科办学经验丰富、工科人才培养质量远胜于同时期高校，毕业生普遍具备工程技能与科技知识、高阶思维与深度学习能力、智能工具与数字化技术、工程伦理与职业素养等“大工程观”下的高效能卓越工科人才综合素质。[21]同时，唐山交通大学的时任校长和核心教授团队亦多是本校工科教育的杰出人才，如唐山交通大学1909级校友庄俊

（主持建造唐山路矿学堂、清华学堂等）、1916 届校友茅以升（主持设计钱塘江大桥、武汉长江大桥等）。可以说，唐山交通大学在螺旋办学历程中形成了传统工科范式（“小而精”理念、“复合型”结构、“一体化”模式、“国际化”质量和“系统性”体系）、提出了传统工科三大关键任务（教/研—学—习/产协同育人、自主办学与创新创业、本土化与国际化）、奠定了传统工科三大发展重点（工程教育法定规范、工程教育办学机制、工程教育评价体系）。唐山交通大学工科办学经验为新时代中国工科院校主动应对第五轮科技革命与产业变革、落实《教育部高等教育司关于开展新工科研究与实践的通知》和《高等学校人工智能创新行动计划》、支撑服务创新驱动发展和“制造强国”等一系列国家战略提供了历史成功样本。“勇立潮头、引领创新，是广大知识分子应有的品格。”[22]决策层、理论界和实践者联合解剖唐山交通大学工科教育样本，对于西南交通大学率先建构新时代新工科的内涵特征、新工科建设与发展的生长路径、新工科绩效评估与专业认证体系、高等工程教育发展整体推进战略、复合型新工程人才建制培养等也有助益。另外，唐山交通大学工科办学经验是全体“交大亲缘院校所”的宝贵历史文化遗产，西南交通大学可以海峡两岸“交大共同体”（Jiaotong Universities Community，JUC）为文化双核心，全力探索在“复旦共识”“天大行动”“北京指南”的基础上形成“交大道路”，融汇“交通互联网+人工智能”创造领跑全球工程教育特别是“大工程观”“大交通教育观”（天通 iTrafic）的中国模式、中国经验、中国智慧，全面服务《中国教育现代化 2035》、高教强国、智造强国战略和“一带一路”倡议，构建人类命运共同体。

四、全力争取交大组团支撑教育高地建设

教育是民族振兴、社会进步的基石，高等教育是推动经济社会发展的核动力，强国必先强教。在“京津冀协同发展”战略架构内和中西部对口支援框架下，唐山要实现“三个努力建成”“三个走在前列”，从工业城市转型为文化城市、科技城市、国际城市，要优先保护好“交大”的“根脉”“文脉”“学脉”“人脉”，深入发掘以唐山交通大学文化遗产为核心的“中国近代工业文明体系”，推动“交大精神”进大学、进中小学、进社区活动。充分发挥唐山交通大学遗址的教育作用和文化功能，使其真正成为对广大干部群众进行革命传统、爱国主义、社会主义核心价值观教育和文化遗产科普教育等的

示范基地。不忘初心，方能开辟未来，要保持并扩大与国内外唐山交通大学老校友等的联系，并积极向他们汇报、推荐合作项目，重建唐山交通大学云校园，争取唐山交通大学老校友支持河北交通大学建设，打造唐山教育高地。争取在教育部支持和指导下，在中共河北省委、河北省人民政府领导下，扩大与深化国内外特别是京津高校和科研院所分类、分层、分区对口支援唐山的范围及力度。以西南交通大学唐山研究院等为基础筹建河北交通大学，[23]争取交通运输部、中国国家铁路集团有限公司、中国铁道科学院、上海交通大学、西安交通大学、北京交通大学、西南交通大学、兰州交通大学、台湾交通大学等唐山交通大学血脉校和大连交通大学、华东交通大学、石家庄铁道大学等组团协作与对口支援，采用合建、共建、援建、联建、中外合作办学等新体制、新机制、新模式建设唐山分校和南湖高等研究院等。可先行开展研究生教育，培养具有“工匠精神”的一流工科人才，作为西南交通大学主动服务、创新服务、高效服务京津冀协同发展、雄安新区规划、中国（河北）自贸区建设等新时代推进改革开放的重大部署和环渤海大湾区等战略的关键支点。[24]

五、积极打造名校遗址中外人文交流平台

周虽旧邦，其命维新。唐山是中国面向东北亚人文交流的“桥头堡”，要充分借力“教育部—西南交通大学铁路行业中外人文交流研究院”综合功能，秉持共商、共建、共享、共赢原则，积极争取在唐山交通大学旧址博物馆设立校地共建唐山分院智库，为科学利用唐山交通大学文化遗产加强铁路交通行业中外人文交流工作奠定坚实基础，使唐山交通大学遗址在新时代焕发新生机。同时，交大唐山分院智库必须贯彻习近平相关重要论述、按照中央加强和改进中外人文交流工作精神要求，秉承“交通强国”历史初心和“灌输文化尚交通”时代使命，坚持用创新思维和良性善治理念建院办院，千方百计挖掘唐山交通大学校友与世界各国和地区的交流互鉴资源，在可持续发展中让唐山交通大学文化遗产在服务国家“一带一路”倡议，特别是服务中国铁路企业助力“一带一路”沿线国家铁路行业发展和轨道文化交流中，闪出新火花、提供新思路、做出新贡献，使其真正成为“交得其道，千里通好”的人文交流典范。具体地说，使“唐山交通大学”系列“文化标志”“品牌符号”“城市地标”成为中外人文交流的跨学科平台，合理区分文化事业和文

化产业的发展边界，引进国内外顶尖文旅产业发展集团资源，对老交大、老火车站片区进行综合整治，打造唐山老交大、老火车站遗址文旅综合体，使之成为传承唐山交通大学历史文脉、促进城市有机更新、提升区域颜值品位的精品文保项目。在此基础上，加强以“唐山校”为中心的“唐山车”“唐山厂”“唐山瓷”“唐山宴”等文化旅游元素综合开发推介，把研学旅游、人文旅游、体验旅游与生态旅游、工业旅游、红色旅游等有机结合起来，全方位研究、挖掘与提炼唐山文教资源，整合红色（李大钊故居等）、黑色（开滦煤矿等）、白色（北方瓷都等）、紫色（清东陵等）、绿色（南湖等）、青色（启新水泥厂等）、蓝色（“冀东三枝花”等）等七彩资源，培育形成以老交大、老火车站为中轴线的开环辐射文教旅游线路，作为唐山新文旅品牌向东北亚推广。同时，加大唐山交通大学遗址周边历史环境风貌整治和老交大文物征集投入，加快完善唐山交通大学遗址综合体并提升基础服务设施质量和国际化水平，把老交大博物馆打造成唐山交通海内、链接中外的人文交流中心。

交通强国，交大先行，[25]建设交通类“双一流”大学系统，必须主动从中国历史名校的文化遗产中汲取营养和借鉴成功经验。大学文化遗产的开发利用应以保护为前提，保护的目的是传承，传承的目的是弘扬。“双一流”大学主持南渡西迁校址等文化遗产可持续传承、传承性保护和保护性利用，必然需要投入大量人力、财力、物力资源，对大学文化遗产的适度开发与合理利用可以反过来为其有效传承和科学保护提供部分支撑。要千方百计拓宽中国历史名校文化遗产传承、保护和利用的多元筹融资渠道，争取政府拨一点、集体筹一点、校友捐一点、社会募一点与企业助一点等多元协同模式，通过组建学缘校院所联盟、设立校园遗址保护基金，切实解决南渡西迁校园遗址保护资金匮乏和不可持续等问题，使之成为大学毕业生校友返乡创新创业、振兴南渡西迁校园遗址所在地的典范之一。同时，中国历史名校的主体继承校应努力争取政策性银行与各类商业性银行对本校文化遗产资源项目提供开发性金融支持；在文化生态融媒体平台的各类再开发利用项目中，注意引导各类企业组织参与建设运营，如采用 PPP 模式（Public-Private-Partnership，公共私营合作制）建设南渡西迁校园遗址文旅综合体。中国历史名校文化遗产传承、保护和开发、利用，不仅应成为海内外全体校友的“家务事”，还应成为文化学者、历史学者、教育学者等的“分内事”，因为南渡西迁校园文化遗产传承、保护、利用这项工程关注度、重视度、知名度等都不够，还存在很多方面的问题，是一座亟待挖掘的“学术富矿”。因此，西南交通大学未来必须胸怀“两个大局”、牢记“国之大者”，充分利用“元宇宙”和“互联网+”等创新唐山交通大学文化遗产传承、保护与利用的理路、方案、路径和举措，从系统工程视角多维推进其有效传承、科学保护和合理利用，既能为新时代唐山交通大学“亲缘校院所”等聚焦工程教育、进一步推动“新工科”建设、培养“新工科拔尖创新人才”（世界工程师、大国工匠等）、推动治理体系和治理能力现代化、实现大学高质量发展、服务智能交通强国等提供重要的办学经验借鉴，也能为其他中国历史名校文化遗产传承、保护和利用提供“交大智慧”，进而助力中国轨道交通特色世界一流大学、世界一流学科、世界一流本科、世界一流专业高水平大学建设，[26]引领中国历史名校的主体继承校率先建成文化文明意义而非“排行榜意义”上的“双一流”大学，持续为坚持社会主义先进文化前进方向、树立高度文化自觉、坚定文化自信建设社会主义文化强国做出新贡献。[27]

【参考文献】

[1] 曾江．传承抗战时期大学内迁精神［N］．中国社会科学报，2015－07－17（5）．

[2] 孙克勤．世界文化与自然遗产概论（第二版）［M］．武汉：中国地质大学出版社，2012：2．

[3] 高璐．从包豪斯遗产到乌尔姆模式：乌尔姆与包豪斯关系的再思考［J］．装饰，2009（12）：39．

[4] 陈飞，邓蕴奇，陈娟．文物价值体系下的高校建筑遗产识别与保护：以武汉大学为例［J］．中国文化遗产，2017（5）：12．

[5] 潘媛，王越．华西坝：为战时中国留一尺讲台［N］．成都商报，2015-08-14（5）．

[6] 梅贻琦．中国的大学［M］．北京：北京理工大学出版社，2012：27．

[7] 蔡利民．文化兴国运兴，文化强民族强［N］．光明日报，2018-06-07（2）．

[8] 杨永琪．相期同造最高峰：西南（唐山）交通大学辉煌中的传奇［J］．博览群书，2016（4）：28-35．

[9] 汤润清．寻找唐山“老交大”［N］．河北日报，2015-03-04（9）．

[10] 编辑部．西南（唐山）交通大学简介［J］．西南交通大学学报（社会科学版），2000（1）：2．

[11] 王琦，谢小萌．论民国时期的科学家掌校［J］．高教发展与评估，2021（5）：27-32，80，122-123．

[12] 董军．“天下唐人从这里走来：黄帝故都、唐人祖庭及唐山文化”座谈会专家发言摘登［N］．唐山劳动日报，2010-03-15（6）．

[13] 施文婵，李学军．唐山交通大学纪念园遗址保护及空间规划［J］．河北建筑工程学院学报，2009（3）：77.

[14] 何云庵．西南交通大学史 1972—1989（第五卷）［M］．成都：西南交通大学出版社，2016：2.

[15] 习近平．着力提高国家文化软实力［J］．中国人才，2014（9）：2.

[16] 本报．习近平春节前夕赴山西看望慰问基层干部群众　向全国各族人民致以美好的新春祝福　祝各族人民幸福安康祝伟大祖国繁荣富强［N］．人民日报，2022-01-28（1）．

[17] 翟婉明．传承交大精神建言唐山发展：访中国科学院院士、西南交通大学首席教授［N］．唐山劳动日报，2014-04-22（1）．

[18] 冯用军，赵雪．文化自信背景下科举文化的遗产、功能及其现代价值［J］．中国考试，2022（2）：9-22.

[19] 冯用军，赵雪．中国历史名校游客满意度调查：以唐山交通大学旧址景区为例［J］．唐山师范学院学报，2015（4）：10.

[20] 本报赴西南交通大学采访组．传承交大精神　建言唐山发展［N］．唐山劳动日报，2014-04-22（1）．

[21] 徐飞．办一流工程教育　育卓越工科人才［J］．高等工程教育研究，2016（6）：1-6+36.

[22] 习近平．在知识分子、劳动模范、青年代表座谈会上的讲话［N］．新华每日电讯，2016-04-30（2）．

[23] 冯用军，赵雪．后普及化时代省域“双一流”大学建设研究：以京津冀协同发展中的河北省为例［J］．河北师范大学学报（教育科学版），2021（6）：35-45.

[24] 王哲．环渤海大湾区设想能实现吗？［J］．中国报道，2019（5）：74-75.

[25] 李彦宏．智能交通：影响人类未来 10-40 年的重大变革［M］．北京：人民出版社，2021：序．

[26] 冯用军，赵雪，朱立明．中国特色世界一流大学建设成效评价体系理论建构与实践验证［J］．江苏高教，2019（1）：20-26.

[27] 丁红卫，冯用军．中国历史名校文化遗产研究：以抗战时期西迁高校为中心［J］．学术探索，2022（6）：107-115.

第十二章　高等教育学：中国“双一流”大学评价现代化的“中国学派”

导读：没有经过实践检验的理论是空洞的理论，没有科学理论指导的实践是盲目的实践，建成若干所中国特色世界一流大学和一批中国特色世界一流学科，必须有中国特色世界一流的高等教育学，而中国特色世界一流的高等教育学科则是构建新型高等教育学的重要支撑。高等教育学是一门研究高等教育人物、思想、制度、活动现象及其发展问题与运行规律的学科，建成中国风格、中国气派、中国学派的中国高等教育学科，是指导评价中国特色世界一流大学建设的理论之源。本章在分析高等学校建设一流学科的历史机遇基础上，系统回顾了高等教育学从领域到学科的世纪嬗变，特别是其发展成就、发展差距和发展优势，从人才培养、科学研究、社会服务、文化传承、国际交流五大核心职能入手建构高等教育学一流学科的判别标准并进行了验证，提出了建设高等教育学一流学科的未来构想，即持续推动高等教育学一级学科建设、持续承担高等教育学新时代使命、持续建设中国特色高等教育学派，以化解其“学科危机”并走向“成熟学科”，更好地发挥其推进中国特色世界一流大学评价现代化、实现中国高等教育现代化的理论支撑和实践指导作用。

《中国教育现代化 2035》提出高等教育是科教兴国、人才强国、创新富国战略的重要支撑，也是实现中华民族伟大复兴中国梦的重大动力。[1]世界一流学科建设已成为当代中国高等教育改革与发展的重大时代议题。世界一流学科是世界一流国家的重要品牌、核心竞争力和软实力。对于拥有五千年历史文明的古老中国而言，既创造了辉煌的先发内生型古代高等教育体系，也经历了坎坷的后发外生型近代高等教育变迁。建成一批中国特色鲜明的世界一流学科是中国人民百年来的重大梦想之一，也是建成世界高等教育中心助力中国和平崛起的重大举措，更是在“两个一百年”内加快实现中华民族伟大复兴中国梦及建成人类命运共同体的重要核动力。高等教育现代化助力高教强国梦，必然要求建设一流大学、一流学科、一流本科和研究生教育、一流专业和一流课程（“五个一流”），培育一流人才、产出一流科技、提供一流服务。建设和建成一批中国特色世界一流学科，让中国高等教育真正由大变强、由强变优、由优变特，任重道远。只有先扎扎实实建成高等教育强省（自治区、直辖市），才能一步一个脚印建成高等教育强国和世界高等教育中心，并从中孕育出一批中国特色世界一流学科；而且毫无疑问首批中国特色世界一流学科，如同国立西南联合大学的物理学、国立西北联合大学的地质学、唐山交通大学的土木工程、北洋大学的化学化工、圣约翰大学的医学等中国历史名校的一流学科群一样，必然诞生于“中国土壤”“中国生态”“中国场域”中，进而从中国大学集团内生长出享誉世界、引领人类命运共同体的伟大大学，即中国特色社会主义大学。[2]科学理论是指导实践的武器，建设“五个一流”大学，推动中国高等教育现代化，必须重视高等教育理论的作用。没有科学的高等教育理论支撑，中国高等教育实践很难有可持续发展的强劲后劲，也不能行将致远持续突破，[3]高等教育理论研究队伍怎么做、做什么、做得怎样，直接影响中国高等教育的未来。高等教育学理论研究与高等教育现代化是良性互动的，通过“五个一流”大学建设推动高等教育现代化，需要建设世界一流的高等教育学科、培育世界一流的高等教育学者、产出世界一流的高等教育研究成果，这是高等教育学人改造学科建设范式化解“学科危机”的必由之路。[4]具体而言，学术界特别是高等教育理论工作者的道德使命和社会责任之一是建设中国特色世界一流的高等教育学科、形成一流的高等教育思想体系。[5]在遵循社会进步规律、人才成长规律和教育发展规律的基础上，科学构建高等教育现代化等的评估标准，从而为国家、政府和大学科学决策提供参考咨询。

第一节　高等学校建设中国特色世界一流学科的历史机遇

中国现代学科的理论建构、研究方法、研究对象和研究范围深受自然科学的影响，[6]高等教育学也不例外。高等教育学是世界性学科，在国外一般以“高等教育研究”领域状态存在，一流大学、一流学科、一流教育、一流专业、一流课程是高等教育研究者的热门话题和重要选题。2015 年 8 月 18 日，《“双一流”建设总体方案》获得中央深改组审议通过，明晰了中共中央、国务院建设中国特色世界一流大学与学科的坚定决心、指导方针、战略目标、运行机制和保障措施。[7]2015 年 10 月 29 日，《中共中央关于制定国民经济和社会发展第十三个五年规划的建议》颁行，重申要持续提升大学教育教学水平与协同创新能力，使若干所大学与一批学科达到或接近世界一流水平，提升中国大学的综合实力和全球核心竞争力，培育一流人才，产出一流成果。高等教育事关国家发展、影响民族未来。只有淘汰“水课”打造“金课”建设一流本科教育，通过一流本科教育建设“双一流”大学，才能奋力开辟中国高等教育新境界。[8]2017 年 1 月 24 日，教育部、财政部、国家发展改革委联合出台《“双一流”建设实施办法》，“双一流”战略顶层设计、配套制度、工作方案、遴选标准、遴选机构、工作程序等日益完善。在竞争优选、专家评选、政府比选、动态筛选的基础上，确定了第一轮一流大学建设高校 42 所、一流学科建设高校 95 所。2018 年 9 月 10 日，全国教育大会在北京召开，习近平总书记发表重要讲话，系统完整论述了“培养什么人、怎样培养人、为谁培养人、靠谁培养人”等根本性问题，要求调整优化高校区域布局、学科结构、专业设置，建立健全学科专业动态调整机制，加快一流大学、一流学科建设。[9]2019 年 2 月 23 日，中共中央办公厅、国务院办公厅印发《加快推进教育现代化实施方案（2018—2022 年）》，要求“加快‘双一流’建设”，“研究建立中国特色‘双一流’建设的综合评价体系”和“继续实施高等学校哲学社会科学繁荣计划”，推进高等教育内涵发展等。[10]新时代对中国高等教育提出了新要求，中国高等教育领域的主要矛盾已经转化为人民日益增长的优质高等教育需要和不平衡、不充分的高等教育发展之间的矛盾。纾解中国高等教育现代化的主要矛盾，为中国高等教育研究者在新时代构化中国特色世界一流高等教育学理论提供了百年未有之新实践，也是中国高等教育研究者必须答好的“人民关切议题”。

建设一流大学、一流学科、一流本科、一流专业和一流课程是党和政府在新时代为推动我国高等教育现代化、增强国家核心软实力[11]、奠定永续发展基础而做出的重大决策，其方案论证、基线定位、动态遴选、过程监控、成效监测等离不开高等教育工作者的主体作用。“五个一流”战略由党来领导、政府推动，从中央到地方政府持续投入资源扶优扶强扶特，这是中国特色社会主义高等教育建设的制度和比较优势。中国高校可借此实现“变轨超车”，迅速迈向、接近与赶超世界一流大学。“五个一流”战略的目标非常清晰，即坚持“四个服务”做出世界一流贡献，核心是培养世界一流人才、产出世界一流科技成果，推动中国高校走向世界一流，对区域、行业、国家、民族、世界等产生积极影响。打造世界一流学科是建设世界一流大学的重要前提，“五个一流”战略作为中国继重点大学工程（1959 年）、“211 工程”（1995 年）、“985 工程”（1998 年）之后的第四轮高等教育战略工程，不断涌现的高等教育理论问题、实践难题、决策新题等客观上为高等教育理论工作者发挥高等教育研究的决策咨询作用等提供了千载难逢的历史机遇。中国高等教育研究者要抓住并用好这个历史机遇，必须主动开展高等教育重大理论和实践问题研究，不断取得高质量的高等教育重大理论和实践问题研究成果，努力建设中国特色世界一流的高等教育学科和学派。为此，必须先弄清楚建设世界一流高等教育学科的一些关键问题：什么是世界一流的高等教育学科？中国高等教育学与世界一流高等教育研究相比存在哪些差距？怎样建设世界一流的高等教育学科？建设世界一流高等教育学科的前提是什么？在新的发展阶段，就这些重大问题展开分析、提出看法、发表见解，有助于共同探索如何建设中国特色世界一流的高等教育学科，更好地为中国式高等教育现代化服务。

第二节　高等教育学从研究领域到学科专业的世纪嬗变

中华人民共和国成立 70 多年特别是改革开放 40 多年来，通过对内改革、对外开放，经济持续发展、社会不断进步。与此同时，中国高等教育经过历史性变革，也取得了历史性成就。高等教育规模位居世界第一，高等教育质量稳步提升，以研究高等教育人物、思想、制度、活动及其运行规律见长的高等教育学科处于深刻转型过程中，在人才培养、科技研发、社会服务、文化传承与创新、国际交流与合作及学科建设等方面取得了长足进步。一是高等教育学科课程设置发生重大转变，从深受苏联教科书影响的教育学和传统社会主义计划性教育实践课程转变为具有中国特色的马克思主义高等教育学与符合高级专门人才培养规律的课程体系，并培养了大量高等教育专门人才，包括高等教育理论研究人才、决策管理人才和实践应用人才。二是高等教育研究范式逐步规范、科学和严谨，开始大规模使用钱学森院士创立的 MS，质性研究与量化分析有机结合，单学科研究、多学科研究和跨学科研究协同，特别是以高等教育大数据为基础且比较严谨的实证研究逐渐成为高等教育学科研究主流方法，如利用联合国教科文组织国际大学协会（International Association of Universities，IAU，official partner of UNESCO）的世界高等教育数据库（The World Higher Education Database，WHED）、厦门大学的中国高等教育数据库（Higher Education Database，HEDB）、清华大学的大学生学习情况调查研究（National Student College Survey，NCSS）数据库、中国教育大数据研究院（Chinese Academy of Education Big Data，CAEBD）等产出的高等教育研究成果。三是高等教育研究逐渐与国际接轨，国际学术交流和联合科研日益频繁。首先，中国高等教育研究者已经能够在国际主流高等教育学期刊上发表关于中国高等教育的学术论文；其次，越来越多的中国高等教育研究者出版了高等教育研究英文著作，或部分经典高等教育研究著作被翻译成英文，如潘懋元教授的 *Selected Academic Papers of Pan Maoyuan on Higher Education*（Brill Press，2015）、刘海峰教授的 *The Examination Culture in Imperial China*（Paths International Ltd，2018）等；最后，越来越多的国际高等教育研究者开始关注和研究中国高等教育，发表了很多关于中国高等教育的论文和著作，如加州大学伯克利分校教授马丁·特罗（Martin Trow）所著 *Reflections on China and Carleton's Ethical Investment Policy*，美国波士顿学院终身教授菲利普·G. 阿尔特巴赫（Philip G. Altbach）所著 *Twisted Roots*：*The Western Impact on Asian Higher Education*，挪威奥斯陆大学教授阿里·谢沃（Arild Tjeldvoll）所著 *Pan Maoyuan*：*A Founding Father of Chinese Higher Education Research*（NTNUPLU，2005），芬兰坦佩雷大学教授蔡瑜琢（Yuzhuo Cai）、吉斯·基维斯（Jussi Kivistö）所著 *Higher Education Reforms in Finland and China*：*Experiences and Challenge in Post-massification Era*（Tampere University Press，2011）等。

总之，无论是从高等教育学课程体系的转型（理论课程、应用课程等）、人才培养模式的创新（如“学习—研究—教学三结合”“情景交融的学术沙龙”等）、师资队伍国际化（国外进修、海归博士等）、发表国际学术论文，还是国际交流与合作等方面，高等教育学科已经成为中国哲学社会科学中国际化程度较高的学科之一。但是应该看到，中国高等教育学科没能和中国高等教育改革与发展保持相对同步或适度领先，无法给予中国高等教育改革与发展实践适时而科学的理论指导。这从一个侧面反映了中国高等教育学科与世界先进水平还有相当大的差距，主要反映在五个方面。一是鲜有中国原创性高等教育理论为国际高等教育学界所熟悉并被广泛认可与引用。二是在国际高等教育学界鲜有具有重大学术影响力的中国本土高等教育学家，中国高等教育研究者在高等教育顶尖级学术刊物发表的论文数量较少、在顶尖级出版社出版的外文著作数量较少。三是鲜有中国大学自主培养的高等教育学博士能够到世界高水平大学任教，进而成长为世界知名的高等教育专家。同时，中国大学特别是一流大学内设的高教研究机构教职人员招聘多停留在重视第一学历，而不是优先侧重其学术贡献和发展潜力等低级评价阶段。四是鲜有世界一流大学的本科生或硕士研究生进入中国高等教育学科系统深造，鲜有世界著名高等教育专家进入中国高等教育机构开展联合研究。五是鲜有中国高等教育研究者在联合国教科文组织等官方高等教育组织和非官方世界性高等教育组织任职，或在联合国教科文组织亚太地区高等教育质量保证地区性会议等国际顶尖高等教育会议上做大会报告等。这些从侧面反映了无论是中国高等教育学教育，还是中国高等教育学研究，与世界一流高等教育学科相比，还存在相当大的差距。

在中国文化背景下发展高等教育学科，不仅要按照国际的学科标准，采用国际学术话语体系进行发展，而且要传承中国学科文化，彰显并弘扬中国学科特色。扎根中国大地的高等教育学的发展如何兼顾国际化和本土化？高等教育学的中国特色，与世界高等教育领域研究有通约的成分。国际化是建设世界一流学科的重要途径，中国高等教育学科在国际化过程中，将会拥有越来越大的世界话语权与影响力，并且保持鲜明的中国特色。多元化是现代社会的主要特征，坚持世界评价标准与保持中国特色并不矛盾。中国高等教育学要成为世界一流学科，就必须做到以下五点。一是中国高等教育学科必须以研究中国高等教育问题为主，这是中国高等教育学科的最大特色。随着中国国际地位的上升，中国高等教育问题正日益成为世界高等教育问题，中国高等教育研究的重要性日益得到世界高等教育学界的关注。当然，随着人类命运共同体的构建，世界高等教育领域的很多重要问题正在变成中国高等教育问题，中国高等教育研究者需要对世界重要高等教育问题提出中国观点和中国方案，贡献中国智慧和中国模式。二是中国高等教育的转型与改革、发展与变迁为高等教育研究者提供了丰富素材和大数据，特别是政府与高校之间关系问题以及党委领导下的校长负责制、现代大学制度、大学治理等问题，都是中国高等教育研究的主要议题，是中国高等教育学科的第二个主要特色，是中国高等教育学科理论最能够取得原创性突破之处，即诞生世界原创的中国高等教育理论。中国高等教育系统具有世界大部分国家特别是西方发达国家高等教育体系所没有的重要特征，特别在政府与大学的关系方面，中国政府所掌握的教育资源及其通过各项法律和政策对教育活动进行调节的深度、广度与高度，在全球找不到第二个这样的海量样本。三是中国有不同于欧美国家的高等教育体制、机制和高等教育历史文化。在中国大地上发生的高等教育事件、现象与问题等，有着显著不同于世界其他国家和地区高等教育的特点。高等教育运行的一般原理与一般规律，在中国特有的社会主义教育制度与教育历史文化背景下，将高等教育的多样性和特殊性充分展现出来，这在西方高等教育研究教科书中很难找到答案。中国高等教育研究者在创建中国特色社会主义高等教育理论体系方面大有可为、大有作为，如高等教育从精英到大众的过渡阶段理论、从大众到普及的过渡阶段理论、后普及化理论等。四是中国高等教育研究者可以在高等教育学科中做出重大贡献。例如，在“互联网+高等教育”方面、在共享高等教育方面、在高等教育大数据云计算方面等，中国高等教育由于其规模受“互联网+”边际效应等利好因素影响，在世界上处于并将长期处于第一地位或第一梯队。与之相对应的是，中国在高等教育大数据和复杂海量数据的产生、收集、挖掘、分析与应用等方面，也有比较优势和后发优势，这些新型海量数据特别是非结构化数据的产生，呼唤着计量高等教育学理论与方法创新。在人工智能介入下，与这些高等教育大数据相关的重要高等教育问题，将是高等教育学研究的前沿问题，是中国高等教育实证研究的理性课题。五是中国高等教育研究者需要站在中国的立场上，针对中国与世界重大高等教育问题提供基于严谨理论支持的核心观点和解决办法。过去 300 多年来，欧美作为高等教育理论供给者和高等教育国际化领跑者，除了其现代高等教育体系具有先发内生优势外，还有一个重要原因就是这些国家拥有众多的高等教育学家，创立了可迭代的高等教育理论体系，占据了高等教育理论的世界话语权与制高点，如威廉·冯·洪堡的大学改革三原则论、伯顿·R. 克拉克的高等教育系统“三角协调”理论以及马丁·特罗的高等教育发展阶段理论等。在新时代，中国高等教育研究者肩负着解释中国高等教育发展现象、问题和规律，凝练打造中国高等教育发展模式，在世界学术舞台上传播以中国特色社会主义高等教育理论为核心的“中国高等教育学派”，并将高等教育理论用于指导中国高等教育改革与国际化实践，更好地维护中国教育主权与国家安全，推动中国高等教育国际化以维护国家利益等重大历史使命和时代责任。

第三节　建构高等教育学中国特色世界一流学科的判别标准

学科是高等教育的知识范畴，必须纳入高等教育学学科分析框架。[12]学科承载了高等教育的基本功能和大学的核心职能，既是促进个体成长的平台，也是推动社会发展的平台；既是教育教学的平台，也是科技研发的平台；既是协同创新的平台，也是创业创富的平台；既是产学融合的平台，也是科教贯通的平台；既是大师工匠会聚的平台，也是青年才俊扎堆的平台。发挥高等教育学理论优势建构世界一流学科的评价标准，既是科学衡量高等教育学与世界一流学科距离的需要，也是客观评价一流学科建设高校与世界一流大学差距的需要。世界一流学科是世界大学集团中各大学最有特色、最具优势与成就的顶尖学科群域，是建设世界一流大学的前提、基石和“中流砥柱”，同时是拥有一流学者队伍、一流学生质量、一流科技成果、一流学术声誉、一流社会服务和一流国际影响等的学科聚合。建设世界一流大学必须以建设世界一流学科为基点和抓手，这是因为学科是大学的核心细胞，专业是大学的核心基因。世界一流学科是世界一流大学的底色、灵魂和图腾。教育大数据推演发现，学科建设水平与大学发展水平间呈现高度正相关关系，学科建设质量、成效会明显影响大学的学术声望与世界地位，因此“扎根中国大地办大学”的中心工作就是“扎根中国大地办学科”。[13]世界一流学科不仅要有中国特色，还需要得到世界公认，特别是全球顶尖学者的认可。世界一流学科的评价既要注重中国特色，这是社会需求的逻辑；也要注重国际标准，这是学术发展的逻辑。在学术逻辑上，评价指标包括一流科技研发、一流学术论文、一流学术团队、一流教育教学、一流文化传承等；在社会需求逻辑上，评价指标包括一流毕业生、一流发明专利、一流咨询服务、一流国际交流与合作。因此，科学的世界一流学科评价，必然要平衡学术逻辑和社会逻辑、认识论与政治论、中国特色与世界标准的关系。

世界一流学科各具特色、极富个性，但也有一些共性、可以量化的表征，所谓形散神似，共性寓于个性之中。这为研发有中国特色、与世界接轨的一流学科评价标准奠定了实然前提和理论基础，也为科学划分世界一流学科提供了测算标准和参照体系。世界大学学科排名是展示各个国家和地区高校影响和地位的重要舞台，也是中国高等教育战略科学家、大学排名专家共同主导全球教育评估事务的重要体现。由中国高等教育科学家主导研制富含中国元素、接轨世界标准的全球大学学科排名，有利于中国在相关领域制定国际标准、发起国际高等教育评价计划、凝聚大学排名共识、倡行大学排名规范、优化大学排名标准、积聚大学排名资源、协调大学排名利益，构建全球大学命运共同体。众所周知，一个国家主导世界大学排名的数量和质量，是反映其国际大学排名界的话语权和影响力的“晴雨表”。迄今为止，全球影响较大且连续发布评鉴报告的大学排名组织有 20 余家，中国有 5 家，综合集成历史较长、影响较大、公信较好、知名度较高的大学评价组织的指标体系，归纳总结出三类“核心标准”：人才培养（学生规模、校友质量）、科技研发（论文数量、成果质量）、国际影响（学术声誉、媒体影响）。[14] 为动态评估、科学监测、大力推动中国特色世界一流学科建设，必须融汇中国特色、中国元素和世界理念、世界规则，站在第三方中介评估立场，坚持世界眼光、国际标准、中国特色、高点定位。立足高等教育的两大基本功能和现代大学的五大核心职能，借鉴国内外大学办学水平评估、学科绩效评价的有益经验和成熟做法，遵循“iREG 排名柏林原则”，利用“新闻洞”理论与金字塔原理挑选参照指标和标杆学科，我们最终构建出兼具世界眼光、国际视野和中国特色、华夏风格的世界一流学科评价标准（如表 12-1 所示），据此对一流学科建设成效进行跟踪评估（标准参照测验）和质量监测（常模参照测验）。

表 12-1　中国特色世界一流学科评估标准

一级指标	二级指标	三级指标	指标权重	指标观测点	指标侧重
人才培养	教学质量	教学水平	0.06	国家级教学成果奖	中国特色
				学生创新创业教育质量	中国特色
				国家级学生奖励	中国特色
		杰出校友	0.13	世界级学、政、商、艺体、慈善界等杰出校友	世界标准
				国家级学、政、商、艺体、慈善界等杰出校友	中国特色
				部级学、政、商、艺体、慈善界等杰出校友	中国特色
	教师质量	杰出师资	0.12	世界级杰出科学家和专家学者	世界标准
				国家级与部级杰出科学家和专家学者	中国特色
				国家级教学名师	中国特色
	培养基地	学科实力	0.05	世界一流学科入选学科（第三方评价）	世界标准
				国家重点（培育）学科	中国特色
				ESI 1%、1‰、1‱学科	世界标准
				教育部学科评估结果	中国特色
科学研究	科技平台	创新基地	0.03	国家知识创新、技术创新和工程转化基地	中国特色
				教育部科研创新基地	中国特色
				国家级智库	中国特色
		学术平台	0.03	国际三大索引期刊	世界标准
				全国哲社办资助学术期刊	中国特色
				国内七大核心收录学术期刊	中国特色
	科技项目	科技项目	0.04	国际或跨国科技项目	世界标准
				国家级和部级科技项目	中国特色
				总科研经费和师均科研经费	中国特色
	科技成果	科技产出	0.08	*Nature*、*Science* 等世界顶尖学术论文	世界标准
				中国顶尖学术论文	中国特色
				国际专利	世界标准
				国家专利	中国特色
				国际标准	世界标准
				国家标准	中国特色
	科技奖励	科技表彰	0.08	诺贝尔奖等世界级科技奖励	世界标准
				国家级、部级科技奖励	中国特色
	科技转化	技术转化	0.05	技术转让收益	中国特色
		咨询报告	0.05	国家级决策咨询报告	中国特色

续表

一级指标	二级指标	三级指标	指标权重	指标观测点	指标侧重
社会服务	社会贡献	产教融合	0.05	产学研用一体化情况	中国特色
		对口支援	0.05	对口支援高校或地方情况	中国特色
文化传创	文化影响	文化产出	0.08	世界和国家文化遗产保护贡献	中国特色
国际交流	国际声誉	国际合作	0.03	孔子学院、国际分校等	中国特色
		国际师生	0.03	国际教师、学历类留学生	世界标准
		国际报道	0.02	国际传媒正面报道	世界标准
		国际访问	0.02	国际组织和外国领导人到访	世界标准

综合高等教育学的学科建设历史、学科文化和发展成就、现状、趋势等，对标世界一流学科的特征和标准可以发现，我国高等教育学已经具备世界一流学科的基本特质并逐步接近世界一流学科的评价标准，如秉持“不求最大，只求最好”理念的厦门大学高教所开创的高等教育学。但在一些关键领域仍需取得重大突破，如吸引更多优秀国际学生、卓越外籍教师来华从事高等教育研究等。“一花独放不是春，百花齐放春满园。”必须时刻牢记，中国高等教育学的主要特色体现在用中国方法研究中国高等教育实践，站在中国立场研究中国高等教育问题、提出中国高等教育发展道路；同时应遵从世界学术评价标准与国际学术规则，用全球语言讲述中国高等教育故事、传播中国高等教育声音，创立中国特色社会主义高等教育思想理论，形成更多具有鲜明特色的“中国高等教育流派”，构建世界一流高等教育话语体系，以提升中国高等教育学的世界话语权与全球影响力，服务“一带一路”等国际倡议。

第四节　建设高等教育学中国特色世界一流学科的未来构化

40 多年前，高等教育学科创始人潘懋元先生以“敢为天下先”的开创精神创建了高等教育学；40 多年后，以潘懋元先生为首的中国高等教育学术共同体，不忘初心，持续推动建设中国特色世界一流高等教育学。可以说，高等教育学学科建设的 40 多年，是指导中国大学由外延式扩张转向内涵式发展的 40 多年，也是引领中国高等教育从精英化渡过大众化迈向普及化阶段的 40 多年，更是促进中国高等教育学家和中国高等教育学派成长壮大的 40 多年；

经历了“星星之火可以燎原”的孕育兴起期、“到中流击水”的成熟定型期、“待到山花烂漫时”的繁荣鼎盛期，已经来到了新时代的十字路口，必须寻求新突破。众所周知，厦门大学教育研究院（高等教育科学研究所）是我国高等教育学诞生地。1978 年 5 月 17 日成立的厦门大学高等教育科学研究室——厦门大学教育研究院（高等教育研究所）的前身，是我国第一个高等教育研究机构，它的建立在中国高等教育研究史、中国高等教育学科史上具有标志性意义。40 多年来，厦门大学高教所为我国高等教育研究的发展、高等教育学科的建设和高等教育实践的进化做出了开创性贡献，推动了我国高等教育事业的历史性变革，取得了辉煌的成就。[15] 作为中国高等教育改革和发展的国家级高等教育智库与高教研究重镇，“厦大高教学人”相继提出了具有中国特色的“精英到大众的过渡阶段论”[16]、“大众到普及的过渡阶段论”（后大众化理论）[17]、“民办高等教育发展道路论”[18]、“高考稳健改革论”[19]、“中外合作办学发展论”[20] 以及“高等教育规模波动与经济波动关系论”[21] 等，在高等教育评估和大学评价研究与实践上独树一帜[22]，持续为中国高等教育大改革、大发展、大繁荣提供先导引领且及时高效的理论指导，逐步形成了以潘懋元先生为首的高等教育学“厦大学派”。[23]

持续推动高等教育学一级学科建设。在新时代，高等教育学从二级学科进阶到一流学科已具备基本的内外部条件，即国家深化落实依法治教、管办评分离、下放学位授权自主审核和实施“五个一流”战略等。高校开展学位授权自主审核工作是学位授权审核改革的重要内容，也是落实依法治教、完善党委领导下的校长负责制、建设现代大学制度和治理体系等的重要举措。2018 年 4 月 19 日，国务院学位委员会印发《关于高等学校开展学位授权自主审核工作的意见》和《国务院学位委员会关于印发学位授权自主审核单位名单的通知》，公布了高校开展学位授权自主审核的要求和可开展学位授权自主审核的高校名单，厦门大学与北京大学、清华大学等 20 所高校获准开展学位授权自主审核。[24]“五个一流”战略和《中国教育现代化 2035》，给高等教育学跻身一级学科和建设一流学科提供了法理前提、时代机遇与行动条件，必须推动高等教育学科成熟行动，为厦门大学等中国顶尖大学建设中国特色世界一流大学、一流学科、一流本科、一流专业和一流课程等提供重要智力支持与理论支撑，进而为创建高等教育强国服务人类命运共同体发挥更大作用。[25] 经过五千年积淀、百多年磨炼、40 多年发展，按照国家学位授权自主审核条件，根据高等教育改革发展前沿趋势、经济社会发展需求和相关大学学科基础条件以及资源配置能力，高等教育学已完全具备开展一级学科学位授权自主审核的基础和条件。在异构共轭中加速高等教育学共同体的耦合协同是新时代对高等教育学人提出的新要求，全球跨学科高等教育学同人应紧密团结起来，在教育部和中国高等教育学会的科学指导下，在第一代、第二代高等教育学术共同体引领下展现出新气象、奋发出新作为，贯彻落实好党的十九大关于“加快一流大学和一流学科建设，实现高等教育内涵式发展”指示与全国教育大会精神，乘势而上、借势而为，同心同德、共襄盛举，力争早日将高等教育学列入高校自主审核新增的一级学科学位授权点并报国务院学位委员会办公室备查，成为新增《学位授予和人才培养学科目录》内的一级学科和专业学位类别，从而更高效地培育高等教育理论研究、决策管理与运营实务等拔尖创新人才，更科学地指导新时代高等教育改革与发展实践。通过高等教育理论与实践的共同推进，逐步把高等教育学建设为一门研究对象独特、学科性质清晰、研究方法通约、术语框架系统、核心观点科学、理论体系完善、分支领域生长、实践指导力强和专业人才辈出的中国特色世界一流学科。

持续承担高等教育学新时代使命。中国高等教育发展已经进入新时代，面临着前所未有的新情况、新问题、新挑战、新机遇。20 多年前，人类迈入 21 世纪，中国高等教育理论研究与中国高等教育决策共赏互鉴，开启了从精英高等教育迈向大众高等教育的步伐；20 多年后，在“两个一百年”中“建党一百年”目标实现之际，中国高等教育理论研究与中国高等教育决策并未同步同频，高等教育即将迈入普及化初级阶段，“双一流”战略（一流大学、一流学科）、“双万计划”（一流专业）、“六卓越一拔尖”计划 2.0（一流人才）、“金课”建设（一流本科教育）、“教育现代化 2035”、现代大学治理、高等教育强国、世界高等教育中心等关涉高等教育现代化的一系列工程，其中的关键性理论突破和控制性实践推进，都亟待高等教育学科、高等教育学人主动作答、趋前服务，提出“一揽子”、一体化智慧解决方案。建设世界一流中国特色高等教育体系和世界一流中国特色高等教育学科，必须确保高等教育理论研究与高等教育实践同步规划、同步实施和同步运行，在丰富的高等教育改革与发展实践中检验高等教育理论、发展高等教育学，高等教育学只有在“顶天立地”中求得认同、获得发展、实现质的飞跃，如创新院校研究、发展战略规划，为党委、校长团队治校理政服务。以潘懋元先生为首的第一代、第二代高等教育学人在筚路蓝缕中以“敢为天下先”的勇气魄力完成了高等教育学“站起来”“富起来”的历史使命，第三代、第四代高等教育学人应该秉持“一张蓝图绘到底”的历史耐心和战略定力，主动接过前辈的接力棒，勇挑推动高等教育学“强起来”“特起来”的时代重任。功成不必在我，功成必定有我，完成我们这一代人的“赶考作业”，争取交出令人满意的答卷，力争为下一代高等教育学人奠定更好的学科建设和发展基础。

持续建设中国特色高等教育学派。高等教育学派是产出高质量学术、产生高层次政策影响、发生高水平智慧传播的聚合创新体，是高等教育人才培育基地、高等教育政策咨询智库、高等教育战略孵化中心，更是加强高等教育学学科史梳理、建设、研究和独特研究方法论重建、转型、构化的先导力量，因为系统化学科史和独特方法论是一门学科走向成熟的核心标志。以高等教育学基本理论研究等为特色的“厦门大学学派”（潘懋元创立，邬大光、谢作栩、史秋衡、别敦荣、王洪才、刘振天、赵婷婷、郑若玲、林金辉、覃红霞等为代表）、以高等教育经济学跨学科研究等为特色的“北京大学学派”（汪永铨创立，闵维方、阎凤桥、陈洪捷、岳昌君、丁小浩、文东茅、陈晓宇等为代表）、以高等教育课程与教学论等研究为特色的“华东师范大学学派”（刘佛年创立，叶澜、丁钢、薛天祥、谢安邦、袁振国、闫光才等为代表）、以高等教育管理学多学科研究等为特色的“华中科技大学学派”（朱九思创立，杨叔子、刘献君、冯向东、赵炬明、陈廷柱、柯佑祥等为代表）、以高等教育政策学研究等为特色的“清华大学学派”（李卓宝创立，谢维和、史静寰、石中英、Hamish Coates、林健、文雯等为代表）、以高等教育评价学研究等为特色的“北京师范大学学派”（张厚粲创立，顾明远、钟秉林、周作宇、王英杰、张斌贤等为代表）等，这些是建设中国特色高等教育学派的“中流砥柱”。同时，还应充分发挥中国高等教育学会全国高等教育研究机构协作组等学会联盟的作用，系统整合浙江大学（刘海峰、徐小洲、顾建民、眭一凡、张应强等）、武汉大学（刘道玉等）、大连理工大学（张德祥等）、南京师范大学（胡建华、王建华等）、华南师范大学（莫雷、卢晓中等）、湖南师范大学（张楚廷等）、南京大学（龚放、冒荣、桑新民等）、华中师范大学（周洪宇等）、上海师范大学（杨德广等）、苏州大学（周川等）、西北师范大学（王嘉毅等）、西南大学（张诗亚等）、东北师范大学（柳海民等）、上海交通大学（刘念才等）、北京理工大学（王战军等）、北京航空航天大学（雷庆等）、云南大学（董云川等）、陕西师范大学（郝文武等）等优质高等教育资源（高等教育学硕博士点、高等教育研究者等），各负其责、各展所长、优势互补、融合攻关、协同创新，在构建新时代中国特色高等教育学学科体系中实现高等教育内学（高等教育原理等）、外学（高等教育经济学等）和间学（高等教育方法论等）等的理论突破或实践创新，为共建中国特色高等教育学派添砖加瓦。

其物初生，其行必丑，但其神也旺。人生如此，高等教育学一流学科建设亦如此。中华人民共和国成立 73 年来，高等教育学人始终秉持自强不息的大学精神、止于至善的大学理念，在建设高等教育学高原学科的进程中主动服务中国伟大大学建设。逆水行舟，不进则退。高等教育学必须抓住机遇奋力向一流学科高峰冲刺，通过学科国际评估认证等奠定一流学科地位。[26]知困当自强不息也，明势当奋力而为也。在“不惑之年”回顾高等教育学的世纪嬗变、展望其未来构想，砥砺前行，正当其时。敢为天下先，在叩石垦壤、开宗立学的时代，潘懋元先生以“板凳敢坐十年冷”的刚毅坚卓、“文章不写半句空”的实事求是、“其物初生其神也旺”的首善精神，主动超越自身的现代性困境，开创了高等教育学新天地，作为“史上最牛高教战线老兵”至今还奋斗在高等教育现代化前沿。志当存高远，在百花齐放春满园的新时代、百家争鸣崇其善的新阶段，“懋元精神”激励着第三代、第四代高等教育学人肩负繁荣中国高等教育事业、创新中国高等教育理论的新担当，在扎根中国大地建设高等教育学一级学科中不断创造新作为。高等教育学是中国的一个伟大创举，这在过往的人类学科分类建设实践中还从未有过。在世界范围内，中国实行高等教育学科建制，在国外则以高等教育研究存在。潘懋元先生等用超凡的勇气探索和突破教育学科建设的樊篱，后人要以更加坚定的信念实践和发展高等教育学，强化其学科内涵、专业标准和课程体系建设，开创高等教育活动史等新分支领域并构建新方法论。当然，在“百年未有之大变局”的新时代，建设世界一流高等教育学科的道路并不平坦，但初心不会改变，决心不会动摇。我们比历史上任何时期都更需要人才，高等教育体主要任务是出人才出成果、高等教育学主要任务是出思想出智慧。建设高等教育学世界一流学科必须坚定中国特色社会主义高等教育“四个自信”，[27]主动适应新时代新形势，发展高等教育中国学派，[28]努力承担为“高等教育现代化 2035”和世界高等教育中心出谋划策的历史重任。[29]在新时代，高等教育学应超前将大数据、人工智能、“互联网+”、物联网、超级通信技术、元宇宙等和“六卓越一拔尖”计划 3.0、“双一流”战略、“四新学科”计划、“双万计划”、“双创计划”、“乡村振兴”、“共同富裕”、“一带一路”倡议、人类命运共同体等纳入研究范畴，不断推进高等教育学学科理论体系构化和内容完善，特别是在人工智能时代和数字社会，高等教育既要培养自然人，还要培养机器人，[30]使之成为各行各业的专门人才，为推进中国特色世界一流大学评价体系和评价能力现代化做出应有的理论创新贡献。

【参考文献】

［1］中共中央国务院印发《中国教育现代化 2035》［N］. 人民日报，2019-02-24（1）.

［2］陈宝生 . 认真学习贯彻习近平总书记高等教育重要论述努力办好中国特色社会主义大学［J］. 中国高等教育，2017（1）：4-5.

［3］吴岩 . 教育部高教司司长吴岩在教育研究院 40 周年庆祝会上的讲话［EB/OL］.（2018-05-30）［2018-06-20］. http：//ihe. xmu. edu. cn/3e/54/c16595a343636/page. htm.

［4］张继明 . 论我国高等教育学的学科危机及其范式改造［J］. 现代大学教育，2019（1）：15-21.

［5］冯用军 . 大学及学术人员的道德使命与社会责任：读《走向良性大学：学术实践的道德基石》［J］. 大学（学术版），2010（7）：53-58.

［6］崔延强，卫苗苗 . 现代社会科学的现代性问题：从现代社会科学的起源看［J］. 陕西师范大学学报（哲学社会科学版），2019（3）：39-48.

［7］国务院 . 国务院印发《统筹推进世界一流大学和一流学科建设总体方案》［J］. 大学（研究版），2015（11）：96.

［8］吴岩 . 奋力开辟中国高等教育新境界［N］. 中国教育报，2018-11-23（2）.

［9］周洪宇，程光旭，宋乃庆，等 . 学习贯彻全国教育大会精神加快推进教育现代化［J］. 陕西师范大学学报（哲学社会科学版），2018（6）：5-28.

［10］. 中共中央办公厅、国务院办公厅印发《加快推进教育现代化实施方案（2018—2022 年）》［EB/OL］.（2019-02-23）［2018-06-30］. http：//www. moe. gov. cn/jyb_ xwfb/s6052/moe_ 838/201902/t20190223_ 370859. html.

［11］张烁 . 习近平在全国高校思想政治工作会议上强调把思想政治工作贯穿教育教学全过程开创我国高等教育事业发展新局面［N］. 人民日报，2016-12-09（1）.

［12］冯用军 . 高等教育学学科建设探析：跨学科的视角［D］. 汕头：汕头大学，2006.

［13］周光礼 . 世界一流学科的中国标准是什么［N］. 光明日报，2016-02-16（13）.

［14］冯用军，赵雪 . 中国“双一流”战略：概念框架、分类特征和评估标准［J］. 现代教育管理，2018（1）：14-15.

［15］刘献君 . 三十而立：祝贺厦门大学教育研究院建院三十周年［J］. 高等教育

研究，2008（4）：17-18.

［16］潘懋元，谢作栩．试论从精英到大众高等教育的“过渡阶段”［J］．高等教育研究，2001（2）：1-6.

［17］杨移贻．后大众化阶段高等教育的审视［J］．深圳大学学报（人文社会科学版），2009（5）：144-148.

［18］沈丹丹，韩延明．我国民办高校的发展道路：研读潘懋元《我国民办高等教育发展的第三条道路》之感悟［J］．山东高等教育，2015（8）：53-58.

［19］刘海峰．高校招生考试制度改革研究［M］．北京：经济科学出版社，2009：1-5.

［20］林金辉．中外合作办学教育学［M］．厦门：厦门大学出版社，2011：2-6.

［21］冯用军．扩招十年来高等教育规模发展波动与经济波动的关系研究：以高等教育毛入学率和人均国内生产总值为分析单元［J］．中国高教研究，2010（9）：11-14.

［22］胡建华．中国高等教育学科发展40年［J］．教育研究，2018（9）：24-35.

［23］刘海峰，史秋衡．高等教育研究的国家队：厦门大学教育研究院40年的研究贡献［M］．厦门：厦门大学出版社，2018：1-4.

［24］国务院学位委员会．国务院学位委员会关于高等学校开展学位授权自主审核工作的意见［Z］．学位〔2018〕18号，2018-04-19.

［25］李均．作为一级学科的高等教育学：基于学科政策与学科历史的视角［J］．高等教育研究，2011（11）：32-37.

［26］刘海涛．“双一流”建设视角下高校开展学科国际评估的探析［J］．黑龙江高教研究，2017（5）：68-72.

［27］邹贵波．习近平新时代中国特色社会主义思想的四维图景［J］．贵州师范大学学报（社会科学版），2018（2）：18.

［28］潘懋元．主动适应新时代新形势发展高等教育中国学派：在厦门大学教育研究院40周年庆祝大会上的讲话［J］．高等教育研究，2018（6）：1-2.

［29］冯用军，赵雪．教育现代化视域下高等教育学的世纪嬗变与未来构化［J］．陕西师范大学学报（哲学社会科学版），2019（5）：105-115.

［30］潘懋元，贺祖斌．关于地方高校内涵式发展的对话［J］．高等教育研究，2019（2）：34-38.

余 论

中国共产党成立一百多年来，中国人民在党的领导下踔厉奋发建设中国特色世界一流大学，经历了历史之变、时代之变、战略之变——从“全国重点大学”到“211 工程”“985 工程”再到“双一流”战略。具体地说，在新民主主义革命、社会主义革命和建设、改革开放和社会主义现代化建设、中国特色社会主义新时代四大时期，中国共产党领导中国人民积极探索“双一流”大学跨越式、内涵式、特色化、高质量发展策略，在推进中国高等教育实现从精英化、大众化到普及化的伟大进程中取得历史性成就、发生历史性变革。2015 年，国务院印发《“双一流”建设总体方案》（国发〔2015〕64 号），高瞻远瞩地擘画了分“三步走”建成“双一流”大学的任务书、时间表、路线图和行动案。2017 年，教育部、财政部、国家发展改革委印发《关于公布世界一流大学和一流学科建设高校及建设学科名单的通知》（教研函〔2017〕2 号），140 所高校入选，其间，教育部宣布了一批“211 工程”“985 工程”相关文件失效，标志着我国大学建设进入了“双一流”新时代。2022 年，教育部、财政部、国家发展改革委公布了第二轮“双一流”大学及学科建设名单，标志着中国拉开了“十四五”期间高等教育高质量发展的新序幕，充分证明在“世界百年未有之大变局”加速演进下，中国“双一流”大学建设顺利实现了从“第一个百年奋斗目标”到“第二个百年奋斗目标”的新转折。

一、主动探索中国特色世界一流大学建设的中国方案

世界一流大学、世界一流学科是世界一流国家、世界一流民族的重要品牌和核心竞争力。对于拥有五千年历史文明的古老中国而言，既创造了辉煌的先发内生型古代高等教育体系，也经历了坎坷的后发外生型的近代高等教

育变迁，建成若干所中国特色鲜明的世界一流大学与一批世界一流学科高水平大学是中国人的百年梦想，也是建成世界高等教育中心助力中国和平崛起的重大举措，更是在“两个一百年”内加快实现中华民族伟大复兴中国梦及建成人类命运共同体的重要核动力。

为了实现中国人的百年梦想，自中华人民共和国成立以来，中共中央、国务院相继实施了“全国重点大学”“211 工程”“985 工程”和“双一流”计划。1954 年，国务院高等教育部发布《关于重点高等学校和专家工作范围的决议》，中国人民大学、北京大学、清华大学、哈尔滨工业大学、北京农业大学（今中国农业大学）、北京医学院（今北京大学医学部）成为首批全国重点高等学校。1959 年，中共中央印发《关于在高等学校中指定一批重点学校的决定》，北京大学、清华大学等 16 所高校成为全国重点大学，同年增补 4 所。1960 年，中央指定中国人民大学、北京大学等 64 所高校为全国重点大学，1963 年增补 4 所，1964 年增补 1 所。1978 年，国务院确定北京大学、清华大学等 88 所院校为全国重点大学，此后陆续追加 11 所，至 1981 年，共 99 所重点大学。为了支撑“科教兴国”战略，1995 年，经国务院批准，国家计委、国家教委、财政部联合发布《关于印发〈“211 工程”总体建设规划〉的通知》，从 1995 年到 2008 年分五批建设清华大学、北京大学等 118 所高校，安排总计 821 个重点学科和三个全国高等教育公共服务体系建设项目。为了实现现代化，1998 年，江泽民在庆祝北京大学建校 100 周年大会上提出“我国要有若干所具有世界先进水平的一流大学”，北京大学、清华大学率先签署“985 工程”建设协议。1999 年，国务院批转教育部《面向 21 世纪教育振兴行动计划》，“985 工程”建设步入快车道，从 1998 年到 2004 年，共有 39 所高校分两期进入“985 工程”建设序列；同时为了注重学科导向，引入竞争机制，国家实施了“985 工程优势学科创新平台”，33 所高校获批建设。2015 年，国务院印发《“双一流”建设总体方案》，标志着“双一流”建设完成顶层设计。2016 年，教育部发布《关于宣布失效一批规范性文件的通知》，宣布《“211 工程”建设实施管理办法》《关于继续实施“985 工程”建设项目的意见》等一批规范性文件失效。2017 年，经国务院批准同意，教育部等三部委印发《“双一流”建设实施办法》，并发布《关于公布世界一流大学和一流学科建设高校及建设学科名单的通知》，140 所高校进入“双一流”建设计划。2019 年，教育部声明将“211 工程”和“985 工程”等重点建设项目统筹为“双一流”建设计划。2021 年，中央全面深化改革委员会第二十三次会议审议通过《关于深入推进世界一流大学和一流学科建设的若干意见》。2022年，教育部等三部委公布《第二轮“双一流”建设高校及建设学科名单》，计划建设147所高校。其间，为了推动高等教育高质量发展，我国还实施了“中西部高等教育振兴计划”（含中西部高校基础能力建设工程、中西部高校综合能力提升工程）、“2011计划”、“国家特色重点学科项目建设高校工程”、“双一流专业”计划等。

二、科学分析中国特色世界一流大学建设的中国因素

“双一流”建设计划是“全国重点大学”“211工程”“985工程”等国家高等教育战略工程的自然传承延续，也是新时代党和国家迎接世界百年未有之大变局的重大战略举措。党的十八大以来，党中央、国务院审时度势做出建设世界一流大学和一流学科的重大战略决策，有其特定的时代背景及形成因素。

一是主动应对国际形势变化和世界科技革命浪潮。知识创新、科技进步与人才辈出是大学的内部原动力和联结外部世界的纽带桥梁，大学作为第三部门高等教育组织是国家知识创新体系的轴心和智源。进入21世纪以来，国际形势保持总体平稳局部动荡态势，“逆全球化”等挑战日趋严峻，贸易保护主义重新抬头，世界经济下行压力加大，大国围绕国际秩序和地区热点加强博弈，世界多极化格局变化更加复杂和不确定性，和平与发展的时代主题面临巨大挑战。为了主动应对国际局势风云变幻和世界科技革命浪潮，我国需要有若干所世界一流大学和一批世界一流学科高水平大学。“双一流”大学科技研发能力的提升和基础拔尖人才的培养是建设创新型国家的基础，是国家创新体系的重要组成部分。只有以创新型大学服务创新型国家建设，才能助力我国在6G通信、汽车电子、物联网、人工智能、高性能运算、大数据、类人机器人、智能穿戴、高端芯片、4D打印等领域逐步突破“卡脖子工程”难题，尽快掌握能从根本上保障国家在重大关键领域自主可控和创新发展的相关核心技术、关键装备、核心部件、控制系统、基础材料、软件系统、生产工艺等，特别是加速掌握一批颠覆性技术并形成相应知识产权和产品。为此，在第二轮“双一流”学科建设中，国家特别安排资助发展集成电路科学与工程、航空宇航科学与技术、公共卫生与预防医学等急难险重学科，以应对“缺芯”、星际探测、新型冠状病毒肺炎疫情持续肆虐等全球难题。

二是主动服务中国国际倡议和国家协同发展战略。发展是第一要务，人才是第一资源，创新是第一动力。党的十八大以来，党中央、国务院审时度势提出“一带一路”国际倡议、“人类命运共同体”全球价值观和京津冀协同发展、长江经济带发展、粤港澳大湾区建设、长三角一体化发展、黄河流域生态保护与高质量发展等区域重大协调发展战略。“双一流”大学是支撑全球倡议和国家重大战略部署、“十四五”规划的“四梁八柱”，也是推动区域经济社会高质量发展、创新驱动发展的“知识高地”。习近平总书记指出“核心技术是买不来的”“我国发展必须依靠创新。掌握核心技术的过程很艰难，但这条道路必须走”。进入21世纪以来，我国面临的“卡脖子”技术问题根源还是基础理论研究和基础创新人才跟不上，要像端牢“中国饭碗”确保粮食安全那样，让事关中华民族复兴的集成电路、软件、高端芯片、新一代半导体技术等高新技术牢牢掌握在中国人手里，就必然要求扎根中国大地办成具有中国特色的“双一流”大学，培养具有国际竞争力、能够担当民族复兴大任、推进构建人类命运共同体的卓越人才。

三是主动创建高校发展范式和世界高等教育中心。我国高校经过百余年的持续建设，特别是中华人民共和国成立后一批高校经过国家“重点大学”“211工程”“985工程”等专项财政倾斜性投入后，取得了历史性成就，做出了历史性贡献，在硬件方面（如校园建筑、仪器设备等）已经接近世界高水平大学，但在软件方面（如师资队伍、科研质量）与世界高水平大学还有较大差距。同时，出现高校身份固化、改革开放力度不大、竞争缺失、发展活力不足、重复交叉、特色质量不彰、投入单一、动态协同不够等制约高等教育高质量发展的“瓶颈”问题，迫切需要科学总结经验、反省教训，加强系统谋划、资源整合，加大改革力度、投入量度，强化目标管理、绩效评估，创新发展路径、实施方式，完善推进机制、建设生态。这就必然要求认真吸收世界上先进的办学治学经验，遵循高等教育规律和人才成长规律，统筹推进世界一流大学和一流学科建设，积极探索发展中国家创建“双一流”大学的“中国智慧”“中国方案”“中国道路”“中国制度”，以加快实现我国从高等教育大国到高等教育强国、从亚洲高等教育轴心到世界高等教育中心的历史性跨越，为全球高等教育系统绿色生态发展贡献“中国力量”。

三、积极开拓中国特色世界一流大学建设的中国道路

“双一流”建设吹响了中国高校从“跟跑”到“并跑”再到“领跑”

国际前列、打造世界顶尖学府集群的“冲锋号”。相比第一轮“双一流”建设计划，第二轮“双一流”建设计划有五点显著变化。一是首次不再区分一流大学建设高校（A 类、B 类）和一流学科建设高校（C 类），统称为“‘双一流’建设高校及建设学科”，其中数学、物理、化学、生物学等基础学科布局 59 个、工程类学科布局 180 个、哲学社会科学学科布局 92 个，主要目的是坚决纠正高校数人头、拼硬件、铺摊子等恶性竞争、短期行为，促使和引导高校聚焦一流学科集群建设，实施资源整合、优化学科结构等。二是根据高校认真履行主责主业及落实主体责任情况，为增强建设动力、完善约束机制，对首轮建设成效并未完全达到预期、相比同类学科在整体发展水平、可持续发展能力和成长提升程度方面相对偏后的 15 所高校的 16 个（2 个撤销调整）学科首次给予警示（含撤销）；要求对标对表建设方案找差距，聚焦聚力整改方案强落实，2023 年接受评价，届时未通过的，将调出建设范围。三是首次按照分类发展、分类支持、分类评价的原则，依法授权北京大学、清华大学在第二轮“双一流”建设中自主确定建设学科并自行公布建设学科名单，既是示范引导其他建设高校坚持和完善党委领导下的校长负责制，进一步落实和扩大高校办学自主权推动治理体系和治理能力现代化，切实把精力和重心聚焦优特强学科领域、方向的创新与实质突破上，创造真正意义上的世界一流；也是充分发挥“双一流”建设专家委员会、战略专家咨询组织、验收评议专家组的智库作用。四是首次完整落实“双一流”核心要求、五项建设任务和五项改革任务，打破身份固化和地域限制，遵循“效率优先兼顾公平”的理念和跟踪监测动态支持原则，根据高校建设方案、自评报告和“双一流”专家组评议意见、第三方权威评价结果，按照国家战略、水平质量、特殊需求、不可替代的认定标准，第二轮遴选新增 7 所非“211 工程”“985 工程”大学，其中华南农业大学、湘潭大学曾经是“全国重点大学”，山西大学（1902 年）、南京医科大学（1934 年）是省属重点大学，广州医科大学（1958 年）是市属重点建设大学，南方科技大学（2010 年）、上海科技大学（2013 年）属于新建新型研究型院校。五是新增“双一流”建设高校及建设学科首次向党和国家重大战略布局与重大急需领域倾斜，服务长江经济带新增湘潭大学、南京医科大学，服务粤港澳大湾区建设新增华南农业大学、广州医科大学、南方科技大学，服务长三角一体化发展新增上海科技大学，服务黄河流域生态保护和高质量发展新增山西大学；南京医科大学、广州医科大学与新型冠状病毒肺炎疫情导致的健康安全密切相关，湘潭大学、山西大学、南方科技大学与基础学科人才培养密切相关，华南农业大学与粮食安全密切相关，上海科技大学与先进制造材料密切相关。

四、优化应用中国特色世界一流大学建设的中国智慧

建设世界一流大学和一流学科是党中央、国务院做出的重大战略决策，是新时代高等教育强国建设的引领性和标志性工程，不仅对提高高等教育综合实力、支撑创新驱动发展战略、服务经济社会高质量发展等具有重大意义，而且对考生、家长填报志愿也有现实影响。

众所周知，我国高校考试招生主要实行平行志愿投档录取模式，即录取时按照“分数优先，遵循志愿”的专业大类招生原则进行投档。随着第二轮“双一流”建设高校及建设学科名单的公布，新增7所高校、16个被警示或撤销学科2023年将接受复查，新一轮“双一流”大学建设“淡化身份、聚焦学科”的“石头”终于落地，必然对未来参加普通高等学校招生全国统一考试、全国硕士研究生统一招生考试、博士研究生招生考试（包括全国博士“申请—考核”制）、国家公务员考试等考生带来深远的影响。虽然教育部废除“211工程”“985工程”等建设文件，但是由于用人单位定势思维和大众心理惯性使然，“211工程”“985工程”高校招牌还有较高社会认可度，加之“双一流”建设高校及建设学科实施动态监测、动态管理、动态调整，有进有出不搞终身制，因此考生和家长在填报志愿时要根据不同情况改变“挑大学选专业”的传统模式，逐步过渡为“挑学科选大学”的新型模式。具体地说，高考志愿填报要坚持以考生为中心，尊重考生的特长兴趣和个性心理，在社会价值和个体价值、兴趣爱好和发展潜力、性格禀赋和学科特质三结合基础上，参考职业性向测验和职业生涯规划，倾向毕业深造的考生填报志愿时应“挑学科选大学”兼顾专业，同等条件下优先选择“双一流”建设学科；倾向毕业就业的考生填报志愿时应“挑大学选学科”兼顾城市，同等条件下优先选择“双一流”建设高校及学科。①

总之，从“十四五”到2035年、2050年，“双一流”建设高校及建设学科要胸怀“两个大局”、心系“国之大者”，立足新发展阶段，贯彻新发展理念，构建新发展格局；坚持服务国家战略需求和应对全球共同挑战，瞄准科

① 冯用军．从“重点”到“双一流”，高等教育强国的奋进路［J］．高校招生，2022（6）：5-6.

技前沿和关键领域，加强党校融合、科教融合、产学协同、校企合作、校地合作，通过与世界高水平大学双向交流提升国际合作水平，全力推进“双一流”大学高质量发展，向高等教育强国和世界高等教育中心进一步迈进；在服务中国需要、破解全球问题中展现新作为、创造新业绩、做出新贡献、书写新篇章，持续引领中国之变、世界之变、人类之变、宇宙之变。

索　引

后 记

百年大计，教育为本。教育是国家崛起、民族振兴、社会进步的重要基石，是国之大计、党之大计、民族之大计，对促进人的全面发展、提高人民综合素质、增强中华民族创新创造活力、实现中华民族伟大复兴、构建人类命运共同体等具有决定性意义。教育大计中，“双一流”大学是“中流砥柱”。高等教育是教育的重要组成部分，是人才培育工程的集大成者。大学是承担高等教育的主要载体，“双一流”大学在国家崛起、民族复兴、社会进步、人类和谐中发挥着决定性作用，是世界各国优先建设符合本国国情、具有本国特色的世界一流大学、世界一流学科高水平大学的“不传之秘”。清代钱德苍重辑《解人颐》收录的《勤懒歌》对古代的“四民”——士、农、工、商进行劝勤戒懒，歌曰：“为人在世莫嗜懒，嗜懒之人才智短。百事由懒做不成，临老噬脐悲已晚。士而懒，终身布衣不能换；农而懒，食不充肠衣不暖；工而懒，积聚万贯成星散。又不见，人生天地惟在勤，原勤之本在乎心。若能自强而不息，先须抖擞己精神。士而勤，万里青云可致身；农而勤，盈盈仓廪成红陈；工而勤，巧手超群能动人；商而勤，腰中常缠千万金。噫嘻噫嘻复噫嘻，只在勤兮与懒兮。丈夫志气掀天地，拟上百尺竿头立。百尺竿头立不难，一勤天下无难事。”民生在勤，勤则不匮，读书如此，修书如此，著书如此，人生亦如此。幸福是奋斗出来的，早日建成一批中国特色世界一流大学、中国特色世界一流学科高水平大学更需要“撸起袖子加油干”。清代章学诚在《文史通义》中说“记诵以为学也，辞采以为才也，去断以为识也”。在“百年未有之大变局”加速演进的新时代，推进中国高等教育评价体系和评价能力现代化、中国“双一流”大学治理体系和治理能力现代化的道路并不平坦。但作为第三方独立的专业大学评价组织和个体，我们的初心不会改变，我们的决心不会动摇，我们的目标一定会实现，我们的历史任务也一定能够完成。在新时代，高等教育学、大学评价学、计算教育学等应超前将人工智能、“互联网+”、大数据、云计算、物联网（IoT）、虚拟现实（AR）、增强现实（VR）、混合现实（MR）、超级通信技术（6G 等）、元宇宙等纳入研究范畴和应用示范轨道，不断推进大学评价学等学科理论体系构化和评价工具优化完善。特别是在人工智能时代、数字社会和元宇宙星云空间，未来大学既要能培养自然人，也要能培养机器人，还要能培养半机器人，培养融入世界的未来化智慧人才，才能持续建设人才高地，为实现中华民族伟大复兴中国梦、构建人类命运共同体、建设和谐和平宇宙等添砖加瓦！

元代范梈《王氏能远楼》诗云：“游莫羡天池鹏，归莫问辽东鹤。人生万事须自为，跬步江山即寥廓。”在新时代，扎根中国大地办世界一流大学已经取得了显著成效。但是，对中国第一轮“双一流”大学中期建设成效、终期建设成效的跟踪监测和动态评估结果显示，在世界大学集团金字塔排名上，第一轮“双一流”大学中期建设并未全面完成党中央、国务院制定的“双一流”“三步走”战略的近期目标——到 2020 年，若干所大学和一批学科进入世界一流行列，若干学科进入世界一流学科前列。全体高教人一定要自觉把思想统一到习近平关于高等教育的重要论述上来，按照坚守初心、勇担使命、找准差距、紧抓落实的总体要求，把高等教育改革发展同“双一流”战略的任务目标结合起来，对标对表、倒排工期、校正偏差、精准发力，全心全意抓“五个一流”建设、一心一意谋“四个伟大”发展，逐步把“双一流”战略绘就的宏伟蓝图画到底。“双一流”大学是办人民满意大学的“排头兵”和示范者，是为中国人民谋幸福、为中华民族谋复兴的“压舱石”和“推进器”，是实现中国共产党人的初心和使命的“智力库”与“反应堆”。当越来越多的中国大学出现在世界大学集团顶端、走上世界舞台中心的时候，特别是世界顶尖大学集团中中国大学的数量越来越多的时候，摆在高等教育评估人面前的新使命就是增强中国在世界教育评估领域的话语权，为世界大学排名提供更科学的中国方案，为中国建设 21 世纪世界教育中心服务，使“双一流”大学成为维护国家原则立场和民族核心利益的“盾牌”。

教育强国，评价先行。初步建立并完整掌握中国特色“五个一流”建设综合评价体系及其自主知识产权是《中国教育现代化 2035》的重要任务。守正创新，殊方共享，多元与融合是新时代大学排名模式的核心特征，高等教育政策决策者、高等教育理论工作者、高等教育实践运营者和高等教育消费共享者应联合起来，努力建构凸显中国特色、接轨全球标准的多元综合智能的第四代大学排名体系（4.0版），即主体多元、平等会商的评估理念，内外协同、智能优化的评估技术，科教融合、贡献导向的评估内容，动态诊断、弹性适应的评估过程。在“双一流”大学建设成效评估实践中，要主动借鉴与吸收国外评估的发展性价值取向、投入产出的内容指向、认证及专业机构的制度保障等有益经验，为发展中国家评估世界一流大学、世界一流学科、世界一流专业、世界一流本科教育、世界一流研究生教育等建设成效提供“中国智慧”。

周虽旧邦，其命维新。中国历史上有大批“好大学”，但“伟大的大学”屈指可数。中国历史悠久、文化博大、国情独特，决定了中国大学必须走具有中国特色的世界一流高等教育发展道路，建成中国特色社会主义一流大学。立德树人是“双一流”大学建设的出发点和落脚点，大学的根本使命是立德树人、以学养人。在新时代，高等教育学理论工作者的核心使命是加强研究，助力中国大学通过“五个一流”建设等持续培养各行各业拔尖创新人才、传承华夏文明弘扬中华优秀传统文化、提供经济发展亟须智慧技术、产出促进中国与全人类社会进步的重大关键性创新成果。不忘初心方得始终，牢记扎根中国大地办好中国大学，并建成“双一流”大学的使命，必须深入学习习近平有关教育的主要论述和全面落实全国教育大会精神，坚持中国特色社会主义高等教育内涵式发展道路，并系统思考中国大学的历史基因、文化基因、变革基因与时代基因的深刻理念内涵，客观分析高等教育全球化与本土化的动因、冲突、规则及潮流，充分把握民族国家内文化观念与高等教育制度间的耦合共轭关系，才能早日建成文化文明意义而非大学“排名榜”意义上的“双一流”大学，为中国国家战略和国际倡议的实现做出历史新贡献！

文章千古事，得失寸心知。折射到评价领域，自古评价无小事，一评一价总关情。教育是国之大者，教育评价是国之大事，教育评价权是国之大柄，关涉方方面面，牵涉千家万户，与每一个个体都密切相关；大学是立体化的国之重器，是文化强国的重要标志、科教强国的重要动源、人才强国的重要平台，对大学的评价易陷入“盲人摸象”境地。因为大学是

“横看成岭侧成峰，远近高低各不同”，评价者常误入“不识庐山真面目，只缘身在此山中”的“迷境”和“否思”，专业的第三方中立性大学评价机制显得非常必要且有价值。

新时代，我们已经义无反顾地踏上了全面建设社会主义现代化国家新征程，要高质量实现新时代、新阶段、新格局下各项发展目标任务，人才是第一资源。实现教育评价体系和评价能力现代化、教育评价治理体系和治理能力现代化，评价者的现代化非常关键，必须永葆“赶考”的清醒和坚定。评价者是评价指挥棒的指挥棒，作为全球教育评价科学工作者中的关键一员，要大其心，容天下评价之物；虚其心，受天下评价之善；平其心，论天下评价之事；潜其心，观天下评价之理；定其心，应天下评价之变，才能切实推动高等教育评价体系和评价能力现代化，基于大（大数据）、智（人工智能）、移（移动通信）、云（云计算）、元（元宇宙）构建起高质量的数字化教育评价系统（Education Evaluation Data Brain，EEDB，教育评价“数脑”），力争到2035年，基本形成富有时代特征、彰显中国特色、体现世界水平的教育评价体系，为世界教育评价组织或个人等提供中国智慧、中国道路、中国模式和中国方案。

唐代韩愈在《古今贤文·劝学篇》中说“书山有路勤为径，学海无涯苦作舟”，宋代陆游在《冬夜读书示子聿》中又说“纸上得来终觉浅，绝知此事要躬行”，教育家陶行知先生说“千教万教教人求真、千学万学学做真人”，语言学家赵元任先生也曾告诫王力先生说“天下事，言有易，言无难”。实践是检验真理的唯一标准，著书立说既要钻故纸堆里“上穷碧落下黄泉，动手动脚找东西”，必须做到历史学家傅斯年先生遵循的“有一分史料说一分话”，也要“读万卷书行万里路”，以知促行、以行促知，努力做到明代大儒王阳明追求的“知为行之始，行为知之成，知行合一，致良知”的理性场域、理想境界。本书融汇了笔者到境内外100多所高校，包括50余所“双一流”建设高校讲学、调研、访谈等的所学所行、所思所想、所见所闻、所验所感，按照“有一分证据说一分话”的治学座右铭，论从史出、史由证来、古为今用、洋为中用，希望在立德、立言、立功方面的一点点创新尝试能经得起实践、历史、时间和人民的检验。

中国谚语有云“一个篱笆三个桩，一个好汉三个帮”。本书从最初的立意到最后的付梓，受益于国内外学界同人的指点和帮助，众多专家学者对书中主要观点、章节内容等提出了诸多修改和完善意见，在此要特别感谢钟登华教授、杜玉波研究员、林蕙青博士、瞿振元研究员、朱永新教授、林建华教授、管培俊教授、李家俊教授、吴岩研究员、刘伟教授、张大良研究员、范海林主任、马陆亭研究员、林梦泉研究员、高书国研究员、李智博士、周满生研究员、杨德广教授、张力研究员、施一公教授、姜大源研究员、叶之红研究员、刘小强教授、袁振国教授、陈洪捷教授、陈向明教授、张民选研究员、董松寿研究员、黄福涛教授、湛中乐教授、刘宝存教授、黄荣怀教授、李政涛教授、范国睿教授、邬志辉教授、李军教授、于伟教授、程天君教授、冯建军教授、杨锐教授、孙杰远教授、朱德全教授、邓友超研究员、陈厚丰研究员、贺祖斌教授、仲伟民教授、曾伟教授、高宝立研究员、王运来教授、王小梅编审、余东升教授、周光礼教授、黄兆信教授、陆根书教授、杨颉研究员、曾天山研究员、周海涛教授、薛二勇教授、罗良教授、秦玉友教授、刘善槐教授、储朝晖研究员、胡钦晓教授、洪成文教授、姚云教授、陈安研究员、李均教授、林杰教授、蒋凯教授、唐滢教授、周文辉教授、闫月勤编审、王顶明教授、何菊玲编审、李祖超教授、操太圣教授、李枭鹰教授、郭卉教授、陆一研究员、李义宝教授、吕林海教授、王建梁教授、罗志敏教授、付八军教授、吴根洲教授、刘希伟教授、吕慈仙教授、吴薇教授、尚俊杰副教授、王传毅副教授、翟雪松研究员、陈兴德副教授、姜朝晖副研究员、蔡磊砢副研究员、沈文钦副教授、朱红副教授、马莉萍副教授、田凌晖副研究员、蔡宁副教授、罗立祝副教授、汪雅霜副教授、卞翠副研究员、彭耀平副教授、杜彬恒博士等以及《江苏高教》（沈广斌、肖地生、邱梅生、刘梦青等)、《大学教育科学》(余小波、李震声、胡弼成、蒋家琼、陈剑光等)、《现代教育管理》（徐治中、杨玉、李作章、于翔、张德诚、侯月明等)、《学术探索》（张瑞才、李官等)、《河北师范大学学报（教育科学版）》(高小立、宗健梅等)、《黑龙江高教研究》（陈云奔等)、《中国高等教育评估》(翁伟斌等)、《民族高等教育研究》（徐寿军等）等期刊的编辑老师。在高等教育评价和大学排名领域，还得到了蒋国华教授、邱均平教授、武书连研究员、蔡言厚教授、刘念才教授、王伯庆教授、蒋继宁研究员、程莹副研究员、菲尔·巴蒂（Phil Baty）主编、伦卓·跨跨雷利(Nunzio Quacquarelli）主编、鲁多·沃特曼（Ludo Waltman）教授等的指点和帮助，特此致谢。

伟大的物理学家艾萨克·牛顿在晚年谈论他的工作时曾说：“如果说我比别人看得更远一点，那是因为我站在了巨人的肩膀上。”（If I saw further than other men，it was because I stood on the shoulders of giants）本书从构想到框架、从初稿到定稿、从修改到完善，先后得到浙江大学文科资深教授刘海峰先生、加州大学常桐善教授、教育部教育发展研究中心刘承波研究员、北京师范大学中国教育与社会发展研究院李芳副研究员、中国教育科学研究院杜云英博士、清华大学李锋亮教授、浙江大学李木洲研究员、四川大学黄荣夫研究员、西安交通大学李重教授、武汉大学冯惠敏教授、吉林大学任增元教授、哈尔滨工业大学黄超副教授、南开大学刘清华副研究员、耶鲁大学申天恩研究员、中国人民大学周详副教授、中国科学技术大学彭莉君博士、天津大学程伟副教授、华东师范大学姚荣副教授、中山大学杨凌云主任、南京大学王飞博士、同济大学李玲玲副教授、上海交通大学鲁世林博士和中国香港大学黄凌云博士后、中国澳门大学潘冬冬博士后、中国台湾明新科技大学杨秋兰助理教授等的支持和帮助，特此致谢。同时，要特别感谢陕西师范大学学校党委李忠军书记、游旭群校长、党怀兴副校长、任晓伟副校长、人才工作处姚若侠处长、社会科学处柯西钢处长和吴合文副处长、后勤服务集团党委荆峰书记、马克思主义学院刘力波院长、工会阮小飞副主席等领导和学部张旻书记、李森部长、陈鹏教授、王楠副书记、祁占勇副部长、王庭照副部长、马红亮副部长、郭祥超副部长、吕逸副部长、郝文武教授、司晓宏教授、傅钢善教授、栗洪武教授、陈晓端教授、张立昌教授、田建荣教授、张立国教授、龙宝新教授、张文兰教授、杨洁教授、李延平教授、程秀兰教授、赵薇教授、张宝辉教授、李少梅教授、刘鹏教授、孙峰教授、王鹏炜教授、乜勇教授、任维教授、胡金木教授、袁利平教授、常亚辉教授、张旸教授、李忠教授、刘骥教授、周筠教授、郭文斌教授、陈秋珠教授、赵丹教授、陈亮教授、张斌副教授等同事的关心和关照。

万丈高楼平地起，众人拾柴火焰高。本书得到了唐山中岳艾迪教育科技有限公司的大力支持，该公司领导审时度势，于 2017 年富有前瞻性地成立了安邦中国评价科学院（前身为安邦研究院）、安邦中国教育评价文科实验室，邀请笔者担任主持人和首席知识官，资助 2002 年启动的“中国高等教育追踪调查项目”（CHESP），联合开发能利用人工智能、超级计算（Super Computation，SC）和教育元宇宙（Educational Metaverse，EM）技术采集、挖掘及分析的“世界高等教育大数据库”（WHEDD）子库“中国高等教育大数据库”（CHEBD），专用于安邦大学评价中心团队内部评价世界大学和中国大学，并对外提供决策咨询服务。安邦中国评价科学院、安邦中国教育评价文科实验室广泛汇集国内外评价专家学者智慧、全力凝聚高层评价决策理念精华，教育评价信息专供迅捷，教育评价政策解读权威公信，教育评价思想呈现震撼力强，是中国领先的第三方教育评价智库。从“十四五”到2035年、2050年，我们将继续胸怀“国之大者”，持续服务世界教育战略决策者、大学治理者、高等教育评价研究者，准确把握中长期教育评价改革发展的平衡点、着力点和结合点，在讲好教育评价的“中国故事”、阐明教育评价的“中国机遇”、提出教育评价的“中国方案”、贡献教育评价的“中国智慧”、发表教育评价的“中国声音”的同时，根据《中华人民共和国标准化法》开展《高等教育认证标准》《高等教育认证工作规范》《高等教育/大学评价认证标准》《高等教育/大学评价认证工作规范》等国家标准、行业标准、地方标准、团体标准、企业标准（中文版、英文版）等的预研工作。另外，本书从策划到出版、从“养在深闺”到“公之于世”，还要专门感谢“为他人作嫁衣裳”的中国经济出版社，为作者、读者架起“金桥”、酿出“美酒”、打磨“精品”。

唐代诗人孟郊于《游子吟》中写道：“慈母手中线，游子身上衣。临行密密缝，意恐迟迟归。”1999年离开家乡四川，先后辗转安徽、广东、福建、上海求学问道，前后腾挪云南、河北、北京、陕西治学拜水，始终破解不了学与术、尽忠与尽孝、工作与生活等“大学问”，终日在自省中忙碌、在自责中奋发、在自强中反躬，也许注定要和合“孩儿立志出乡关，学不成名誓不还。埋骨何须桑梓地，人生无处不青山”中的诗情画意。借此机会，再三跪谢父母的养育之恩、感谢岳父母的再造之德、感念妻儿的星辰大海、感恩亲朋好友的诗和远方，我们一定不会留下皋鱼“夫树欲静而风不止”（汉代韩婴编《韩诗外传》卷九）、“子欲养而亲不待也”（三国魏王肃注《孔子家语·卷二》致思第八）的“吾失之三矣”（少而学，游诸侯，以后吾亲，失之一也；高尚吾志，间吾事君，失之二也；与友厚而小绝之，失之三也）的遗憾。

春秋时代左丘明编撰的《左传·宣公二年》言曰：“人谁无过，过而能改，善莫大焉。”《中国“双一流”大学评价研究报告（2022）》（红皮报告）是由冯用军担任主编的“全球大学评价智库丛书”的第一本，后期力争按年度出版，“全球大学评价智库丛书”第二本《全球大学评价智库成果研究报告（2023）》（蓝皮报告）已经完成“四梁八柱”，正处于“内部施工”阶段，敬请关注。本书在写作过程中参考了国内外众多学术前辈和同行的高水平研究成果，已尽可能在参考文献中予以注明。但智者千虑必有一失，如挂一漏万，恳请来信来电，以期再版更正。

古人有云：人非圣贤，孰能无过，过也，人皆见之，及其更也，人皆仰之。中国第一部纪传体通史《史记·淮阴侯列传》写道“愚者千虑，必有一得”。信达雅、义理顺、考据准、辞章美是衡量一本书优劣的“不二法门”，由于笔者学术水平有限，这本“愚者千虑”之书难免有错漏之处，烦请读者批评指正，以助我们持续改善，为嘉惠学林尽绵薄之力。英国剧作家威廉·莎士比亚说“一千个读者就有一千个哈姆雷特”，笔者深知本书不可能让读者达到“一篇读罢头飞雪”而拍案叫绝的境地，但仍恳切期望读者读罢此书后犹“记得斑斑点点，几行陈迹”。

司马迁在《太史公自序》中写道：“亦欲以究天人之际，通古今之变，成一家之言。”秉持史实、史才、史论、史学、史识、史观，本书批阅六载、增删五次、寒来暑往、数易其稿，希望“它”能“成一家之言”，既能“藏之名山”，也能“纳于大麓”。这样于笔者而言，终无虞不学孔丘“述而不作”之憾，而得行唐代韩愈《进学解》“焚膏油以继晷，恒兀兀以穷年”之果，借此人生得法，犹度二世，终不悔矣。

谨以此书献给伟大的党、伟大的祖国、伟大的人民，是为后记。

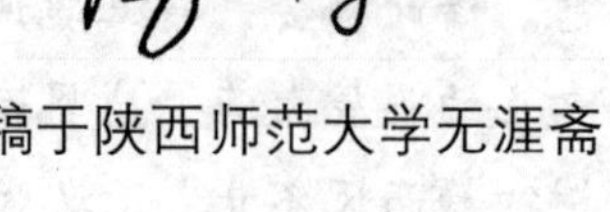

2022年8月定稿于陕西师范大学无涯斋